उपन्यास

निर्वासन

निर्वासन

अखिलेश

राजकमल प्रकाशन

ISBN : 978-81-267-2635-6

मूल्य : ₹995

पहला संस्करण : 2014
चौथा संस्करण : 2024

प्रकाशक : राजकमल प्रकाशन प्रा. लि.
1-बी, नेताजी सुभाष मार्ग, दरियागंज
नई दिल्ली-110 002
शाखाएँ : अशोक राजपथ, साइंस कॉलेज के सामने, पटना-800 006
पहली मंज़िल, दरबारी बिल्डिंग, महात्मा गांधी मार्ग, प्रयागराज-211 001
1, अनमोल सोराबजी सन्तुक लेन, धोबी तलाव, मरीन लाइंस, मुम्बई-400 002
वेबसाइट : www.rajkamalprakashan.com
ई-मेल : info@rajkamalprakashan.com

मुद्रक : विकास कंप्यूटर एंड प्रिंटर्स
ट्रॉनिका सिटी-201 102

NIRVASAN
Novel by Akhilesh

गुज़र गए

सर्वश्री श्रीलाल शुक्ल, राजेन्द्र यादव, परमानन्द श्रीवास्तव

और

अम्मा-बाबू की याद में

सादर

इस कृति के पात्र, वातावरण, स्थान और घटनाएँ काल्पनिक हैं। इनका यथार्थ से मिलान महज़ संयोग है। उसी तरह जैसे यथार्थ से मिलान न होना महज़ संयोग है।

कथा-क्रम

मौत का मज़ाक़

दाएँ गलफड़े में उभर आया वह नन्हा-सा छाला था।

हालाँकि सूर्यकान्त के दाएँ गलफड़े में प्रकट होकर वह लौट गया था। वह कुछ ही दिन दिखा था और फिर अदृश्य हो गया था लेकिन उसके गमन के भी पदचिह्नों में इतनी ताक़त, हिंसा और क़िलेबन्दी थी कि सूर्यकान्त सुख-शान्ति की दिशा में क़दम बढ़ाता, लड़खड़ाकर लुढ़क पड़ता था।

प्रयत्न और नाकामयाबी की इसी स्थिति में उसने जीवन में पहली बार कुछेक काव्य पंक्तियाँ लिख डालीं :

मेरे दाएँ गलफड़े में प्रकट हुए नवागन्तुक
ओ अदम्य नन्हे से छाले
अपराजेय प्रसन्नता और जीवन तक को
अपने एक ही पग में नापते-रौंदते
ओ अदम्य नन्हे से फफोले
तुमने मुझको पटक-पटक मारा
बरबाद हुआ मेरा जीवन सारा
न यह घाट रहा
न वह घाट रहा
न पानी रहा
न पाट रहा
तुमने मुझको इस तरह उबारा
ज़्यादा बरबाद हुआ जीवन सारा

उसने बहुगुणा के दफ़्तर में दाख़िल होने के पहले सोचा : बहुगुणा से मिलने

पर सबसे पहले यह कविता सुनाएगा, फिर पूछेगा—"मेरी नौकरी का क्या हुआ?" इस उम्र में नई नौकरी तलाश करने का मुख्य कारण वह छोटा सा सफ़ेद छाला नहीं था बल्कि उसके दफ़्तर का नया-नया आया उम्रदराज़ चेयरमैन था।

सम्पूर्णानन्द 'बृहस्पति' नाम था उनका। सम्पूर्णानन्द 'बृहस्पति' का 'बृहस्पति' उपनाम होने की वजह लोग नहीं जानते थे। वह इतने बुज़ुर्ग और सत्तावान थे कि उनके बृहस्पति होने का कारण सीधे उनसे पूछने का साहस लोग कर नहीं पाते थे। फिर भी यदा-कदा कोई पूछ लेता था तो वह उसका उत्तर ज़रूर देते। उनके उत्तर इतने भिन्न-भिन्न होते थे कि 'बृहस्पति' के बारे में कुहासा घना हो जाता था। उनके अनुसार बृहस्पति उनके पिता का नाम था। उनके प्रति श्रद्धास्वरूप उन्होंने अपने नाम के सम्मुख 'बृहस्पति' लिखना शुरू कर दिया था। लेकिन दूसरे से उन्होंने यह कहा था कि देवताओं के गुरु बृहस्पति के नाम पर उन्होंने यह तख़ल्लुस रखा है। कभी वह इसके पीछे वजह अपना बृहस्पति के लग्न में जन्म लेना बताते, कभी कहते कि वह बृहस्पतिवार को पैदा हुए थे, इसलिए। एक बार उन्होंने किसी से कहा—"मैंने स्वयं यह नाम नहीं रखा है। दरअसल प्रभु स्वामी करपात्री जी महाराज मेरी विद्वत्ता से प्रसन्न होकर मुझे 'देवगुरु बृहस्पति' सम्बोधन से पुकारने लगे थे, फिर यह चल निकला।"

लगभग साठ वर्षों से किताबें लिख रहे थे वह। अब तक तैंतीस पुस्तकें-पुस्तिकाएँ छपी थीं। उनमें अधिकतर प्राचीन इमारतों के मूल स्वरूप की तलाश पर केन्द्रित थीं। उन्होंने देश की पाँच सौ एक मस्जिदों के मूल रूप से मन्दिर होने का सिद्धान्त प्रतिपादित किया था। सम्पूर्णानन्द 'बृहस्पति' का दावा था कि राम का धनुष, कृष्ण का सुदर्शन चक्र, कालीदेवी का ख़ंजर आज भी इस देश के एक स्थान पर मौजूद हैं जिनको जल्द ही विश्व के दर्शनार्थ वह प्रस्तुत करेंगे। उनकी जिस किताब में यह बात थी उसमें यह भी लिखा गया था कि इस कड़ी में वह हनुमानजी की गदा ढूँढ़ने की अभिलाषा रखते थे किन्तु वह सम्भव नहीं। क्योंकि राम, कृष्ण स्वर्गारूढ़ होकर देवलोक चले गए जबकि हनुमानजी अपनी गदा लिये आज भी पृथ्वी पर विचरण कर रहे हैं और एक पल के लिए अपनी गदा को छोड़ते नहीं हैं।

सम्पूर्णानन्द 'बृहस्पति' के अनुसार ये बातें कोई कल्पना की हवाई उड़ान न थीं, इन्हें उन्होंने इतिहास के गहन अध्ययन के उपरान्त जाना था। उनकी विनम्रता थी कि इस ज्ञान को वह अपने परिश्रम का फल न मानकर, यह बताते थे कि ऐसा इसलिए सम्भव हुआ कि उन्हें भवानी सिद्ध हैं जोकि उनके 1440 नवरात्र उपवासों

का चमत्कार है जिसे उन्होंने जन्मवर्ष से लेकर 90 वर्षों की अवस्था तक अखंड रूप से साधा है। वह अपने एक साक्षात्कार में कह चुके हैं कि उनके पिता, बाबा तब दंग रह गए थे जब जन्मवर्ष में उन्होंने नवरात्र बिना अपनी माँ का दूध पिये गुज़ार दिया था क्योंकि माँ के स्तनाग्र पसीने के कारण अशुद्ध हो गए थे और उनमें नमक का स्वाद लग गया था जो निश्चय ही सेंधा नमक सरीखा फलाहारी नहीं था।

सम्पूर्णानन्द 'बृहस्पति' को लेकर जो चर्चाएँ सार्वजनिक नहीं हैं अथवा जिनसे चन्द गिने-चुने लोग ही अवगत हैं उनमें सबसे विशेष है, बाबरी मस्जिद विध्वंस प्रकरण में उनकी भूमिका। कहा जाता है कि 6 दिसम्बर, 1992 को अयोध्या में बाबरी मस्जिद के ढहाए जाने के वक़्त जब कई बड़े नेता और नेत्रियाँ जो बाद के दिनों में भारत सरकार में मंत्री बने थे, मंच माइक पर ज़ोर-ज़ोर से नारे लगाकर वहाँ उपस्थित समुदाय का हौसला बढ़ा रहे थे, उस वक़्त सम्पूर्णानन्द भी वहाँ यही कार्य कर रहे थे। वह अपने पान मसाला के अनगिनत पाउच लेकर सुबह से ही वहाँ जम गए थे। एक पत्रकार ने अपने मित्रों को बताया था कि जब बाबरी मस्जिद नेस्तनाबूद कर दी गई तब सम्पूर्णानन्द जो उस समय सत्तर साल के आसपास थे, खड़े होकर नाचने लगे थे। वह इतने भावावेश में आ गए थे कि कुछ न सूझा तो आडवाणी जी, मुरली मनोहर जोशी सरीखे वहाँ मौजूद नेताओं को पान मसाला के पाउच भेंट करने लगे थे। पत्रकार के अनुसार आडवाणी ने नाराज़ होकर पाउच फेंक दिया जबकि जोशी जी ने पान मसाला के पाउचों की लड़ी को अपने गले में डाल लिया था जो उनके गले में सुशोभायभान भगवा गमछे के ठीक ऊपर खिल रहा था। उमा भारती और ऋतंभरा ने उसे रख लिया था। दोनों ने उक्त पत्रकार से कहा कि वह गुटखा नहीं खाती हैं लेकिन बृहस्पति जी जैसे श्रद्धेय का सम्मान रखने के लिए उन्होंने गुटखों को स्वीकारने से इनकार नहीं किया। पत्रकार का कहना था कि ऋतंभरा ने गुटखों पर माथा नवाया था।

आज विरोधी दल की सरकार होते हुए भी वह सरकार में पर्यटन निदेशालय में अध्यक्ष बने। साथ ही वह मुख्यमंत्री के सलाहकार भी बनाए गए थे। पर यह कोई नहीं जानता था कि अब जब विरोधी राजनीतिक पार्टी की सरकार बनी है तब भी किस प्रकार उन्होंने ये पद हस्तगत कर लिये थे? वैसे इस सौभाग्य की दो-तीन वजहें आँकी गईं। एक : उन्होंने मौजूदा मुख्यमंत्री को अपनी सन्तान की तरह मान लिया था और उसकी जन्मकुंडली के आधार पर उसका आगामी दस वर्षों का

भविष्यफल तैयार किया था जिसमें उसका पाँचवें वर्ष में इस देश का प्रधानमंत्री बनना अवश्यंभावी था।

उड़ती-पुड़ती सूचना यह भी थी कि मुख्यमंत्री से किसी को कोई भी लाभ यूँ ही नहीं मिलता, क़ीमत चुकानी पड़ती है। सम्पूर्णानन्द को यह पद इसलिए मिला क्योंकि उनके एक प्रशंसक अनुयायी ने, जो प्रदेश का एक जाना-माना उद्योगपति था, मुख्यमंत्री को इस पद के लिए सात करोड़ रुपये दिये थे। इस ख़बर की अन्य मीमांसा यह थी कि उस उद्योगपति ने म.प्र. आदि प्रान्तों में जहाँ सम्पूर्णानन्द जी के अनुयायी सत्ता में थे, सम्पूर्णानन्द जी की मदद से अपने धंधे के लिए सुविधाएँ हासिल की थीं।

फ़िलहाल ये सब अपनी जगह था और ज़्यादातर पत्रकारों, राजनेताओं, अफ़सरों के बीच में ही चर्चित था। पर्यटन निदेशालय में काम करने वालों के लिए कौतूहल और चिन्ता का विषय यह था कि सम्पूर्णानन्द 'बृहस्पति' सचिवालय स्थित अपने कक्ष में कम बैठते थे, यहाँ निदेशालय स्थित अपने दफ़्तर में अधिक समय गुज़ारते थे। सम्पूर्णानन्द बिना नागा दस बजे आ जाते थे और जमे रहते थे। इससे निदेशालय के महानिदेशक से लेकर चपरासी तक अशान्त हो गए थे और कुछ न कर सकने के कारण इस नई मुसीबत के कारणों का क़यास लगाते रहते थे। 'बृहस्पति' के इस फ़ैसले के पीछे अधिसंख्य लोग ज्योतिषीय या तंत्र-मंत्र सम्बन्धी कारण मानते थे। कुछ का कहना था कि ऐसा गुटखा खाने के कारण था। विधानसभा में गुटखा खाने, सिगरेट पीने पर पाबन्दी लग गई थी अत: सम्पूर्णानन्द जी को वहाँ समस्या थी। वैसे जो गुटखा खाते थे विधानसभा में भी खा रहे थे। जो तमाकू चबाते थे वे चबा रहे थे इसलिए इसे कोई प्रामाणिक तथा एकमात्र कारण के रूप में नहीं लिया जा सकता था। जो भी हो न हो, वस्तुस्थिति यह थी कि अध्यक्ष—पर्यटन/सलाहकार—मुख्यमंत्री, सम्पूर्णानन्द 'बृहस्पति' प्रत्येक कार्यदिवस पर पर्यटन निदेशालय के अपने ऑफ़िस में आने लगे।

सम्पूर्णानन्द 'बृहस्पति' से सूर्यकान्त का अपने दफ़्तर में सामना यूँ हुआ—

सूर्यकान्त उनके कमरे में निदेशक के परामर्श से एक फ़ाइल लेकर दाख़िल हुआ। वह कुर्सी पर लुढ़के पड़े थे। उनकी आँखें बन्द थीं और मुँह खुला। वह डर गया, कहीं निधन तो नहीं हो गया। पर वे जीवित थे और जल्द जग गए—"क्या है?"

"सर, मैं सूर्यकान्त हूँ, इस ऑफ़िस में डिप्टी डायरेक्टर।"

"क्या हो?" उनका चेहरा टेढ़ा और कान सीधा हो गया।

"सूर्यकान्त!" वह तेज़ बोला।

"गोश्त-मछली खाते हो? ज़रा ऊँचा बोलो।"

"जी नहीं, शाकाहारी हूँ।" वह तेज़ बोला।

"सिगरेट-शराब पीते हो?"

"बिलकुल नहीं।" सिगरेट वह दिन में तीन-चार और शराब महीने में पाँच-छह बार पीता था।

"बताओ क्या काम है?"

"जी ये फ़ाइल है।" उसने फ़ाइल उनके सामने रखी—"आप 'मुक्तिपथ' वाली योजना के बारे में जानना चाहते हैं, ये वही फ़ाइल है।"

अठारह सौ सत्तावन के मुक्ति संग्राम की 150वीं वर्षगाँठ का वर्ष था। योजना यह थी कि सन् 1857 में विद्रोही लड़ाके जिन-जिन रास्तों से होते हुए आगे बढ़े थे उसे 'मुक्तिपथ' नाम देते हुए पर्यटन स्थल के रूप में विकसित किया जाए। झाँसी, बिठूर, लखनऊ जैसे अनेक शहर जहाँ पर बड़ी तेजस्वी लड़ाइयाँ हुई थीं उन नगरों पर आज़ादी की थीम पर संग्रहालय बनाए जाएँ और स्वतंत्रता सेनानियों की स्मृति में बड़े-बड़े भव्य पार्कों का निर्माण हो। इस सन्दर्भ में अन्य भी कई कार्यक्रम एवं परियोजनाएँ थीं जो उक्त फ़ाइल में बन्द थीं।

वह फ़ाइल खोलकर ज़ोर-ज़ोर से पढ़ने लगे। पढ़ते वक़्त उनके मुँह से तमाकू, लौंग और पान मसाले के चूर्ण बाहर निकलकर फ़ाइल के काग़ज़ पर गिर रहे थे।

उन्होंने कुछ लिखने के लिए क़लम उठाई लेकिन रुक गए—"ज़रा टट्टी हो लूँ।" वह उठकर कमरे में रखी अलमारी की तरफ़ बढ़ने लगे। सूर्यकान्त डरा, कहीं अलमारी से टकरा न जाएँ—"उधर अलमारी है। बाथरूम उस ओर है।" उन्होंने क्रोध से घूरा—"मालूम है। अन्धा नहीं हूँ मैं।" उन्होंने अपने शरीर पर धारण बनियान के नीचे से जनेऊ निकाला। जनेऊ में एक कुंजी बँधी हुई थी जिसे उन्होंने अपनी काँपती उँगलियों से पकड़कर अलमारी का ताला खोला। भीतर कपड़ों के कई सेट थे। कुर्ता-पायजामा का एक सेट निकालकर वह बोले—"मैं जितनी बार शौच जाता हूँ उतनी बार नहाता हूँ। चाहे एकदम कड़ाके की ठंड क्यों न हो।" उन्होंने सगर्व कहा—"और हाँ, नहाकर कपड़े भी चेंज करता हूँ।" जनेऊ कान पर चढ़ाकर वह बाथरूम के भीतर चले गए।

सूर्यकान्त उनके बाहर आने का इन्तज़ार करने लगा।

सम्पूर्णानन्द 'बृहस्पति' का मस्तिष्क बाथरूम में बहुत उर्वर हो जाता था। उनके जीवन के तमाम महत्त्वपूर्ण निर्णय, दाँव, कूटनीति, स्वप्न, कार्यक्रम आदि बाथरूम में ही जन्मे थे और वहीं पर उन्होंने इन सबको स्वरूप दिया था। यही नहीं, हनुमानजी की गदा, पूजा-स्थलों, स्थापत्यों आदि के बारे में उनकी अनेक मान्यताएँ और स्थापनाएँ अध्ययन तथा शोध का परिणाम न होकर बाथरूम का सहज उपहार थीं। इस प्रकार की उपलब्धि होने पर वह एक दिव्य स्नान करते थे और धुले साफ़ कपड़ों में निकलकर उक्त मानसिक ख़ाक़े को साकार करने की दिशा में जुट जाते थे। बाथरूम से निकलने के बाद उनकी ज़बान और दिमाग़ औसत से कई गुना अधिक तेज़ चलने लगते थे।

वह बाहर आकर अपनी कुर्सी पर बैठे। सामने सूर्यकान्त बैठा ही था।

"मैं सोचता हूँ कि ये योजना पिछली सरकार की है। वह एक भ्रष्टतम सरकार थी, उसने भ्रष्टाचार के इरादे से कार्यक्रमों का ये स्वरूप बनाया है। हम अपनी सरकार में इसे कैसे होने दे सकते हैं?"

"सर! आज़ादी की लड़ाई एक बहुत संवेदनशील मुद्दा है।" वह ऊँची आवाज़ में ही बोल रहा था अत: बृहस्पति जी को साफ़-साफ़ सुनाई दे रहा था—"इसे छेड़ना या छोड़ना उचित नहीं होगा।"

"तो यह कैसा रहेगा कि प्रदेश के प्रत्येक मंडल मुख्यालय पर आज़ादी के भव्य मन्दिर बनाए जाएँ जिनमें राणा प्रताप, शिवाजी से लेकर तमाम योद्धाओं की मूर्तियाँ लगाई जाएँ। इन मन्दिरों का स्थापत्य ठीक मीनाक्षीपुरम, विजयनगर के मन्दिरों की टक्कर का हो और मूर्तियों का निर्माण दुनिया के नामी-गिरामी मूर्तिकार करें।"

"लेकिन सर, विनम्र निवेदन है कि इस योजना में एक समस्या है। पहली बात यह कि उपरोक्त नायक मध्यकाल के हैं जिनका 1857 से प्रत्यक्ष सम्बन्ध नहीं। दूसरे यह कि 1857 की लड़ाई हिन्दुओं और मुसलमानों ने मिलकर लड़ी थी, इसी उत्तर प्रदेश के अवध की धरती पर। फिर मन्दिरों का निर्माण अल्पसंख्यक लोगों की भावनाओं और उनके बलिदान के ख़िलाफ़ हो सकता है। यदि हम मन्दिर के बदले..."

"ये सब दलीलें नास्तिकों ने तैयार की हैं जो इस राष्ट्र की बहुसंख्यक जनता की भावनाओं, विश्वासों और स्वाभिमान को बिलकुल नहीं समझते हैं। देखिएगा, इस वज्राघात को लोग बहुत दिन सहन नहीं करेंगे। अगर यही रहा तो इस पर्यटन निदेशालय पर भी ईश्वर का ऐसा कोप होगा कि यह रसातल में चला जाएगा।"

"जी सर," सूर्यकान्त इसके अलावा क्या कहता। थोड़ी देर वहाँ बिताकर वह अपने कमरे में आकर सरकारी फ़ाइलें करने में व्यस्त हो गया था।

सम्पूर्णानन्द जी के यहाँ से जो भी फ़ाइल उसके पास लौटती उसके प्रत्येक पृष्ठ पर तमाकू, पान मसाले, लौंग के बुरादे भुरभुराए रहते। वह उनके पन्ने खोलता तो उसके हाथ गंदे हो जाते थे। अत: उसने एक झाड़न रख लिया। वह पन्ने को चुटकी से पकड़कर खोलता फिर उस पर झाड़न मारता। यह अभ्यास इतना प्रबल हो गया था कि कई बार पन्ने बाद में खुलते थे उसके हाथ में झाड़न पहले आ जाती थी।

एक दिन 1857 वाली फ़ाइल भी अध्यक्ष बृहस्पति जी के यहाँ से लौटी। उसने खोलकर झाड़न मारा और पढ़ने लगा—

> 1857 की 150वीं वर्षगाँठ के अवसर पर मुक्तिपथ के निर्माण की परियोजना निश्चय ही इस देश की आज़ादी के लिए बलिदान करने वाले वीरों की स्मृति को सच्ची श्रद्धांजलि होगी किन्तु इसका क्रियान्वयन संस्कृति विभाग के माध्यम से होना चाहिए। पर्यटन निदेशालय का काम पर्यटन की दृष्टि से उन स्थलों तथा योजनाओं का विकास है जो पर्यटकों को आकर्षित करें एवं प्रदेश की जनता के लिए पर्यटन उद्योग के माध्यम से अधिकाधिक राजस्व की सृष्टि कर सकें। इस पक्ष से देखने पर निश्चयपूर्वक कहा जा सकता है कि मुक्तिपथ का निर्माण तथा विकास पर्यटन विभाग के लिए उपयोगी नहीं है। क्योंकि
>
> - पर्यटन के मूलाधार हैं—बच्चे, युवा और स्त्रियाँ। सभी जानते हैं कि इन वर्गों की अपने देश के इतिहास में रुचि समाप्त हो चुकी है। बच्चे कार्टूनों और विज्ञान में रुचि ले रहे हैं, युवा मस्ती और कैरियर में, स्त्रियाँ फ़ैशन और मनोरंजन में। और उक्त तत्त्वों में कोई भी 1857 की लड़ाई में नहीं था।
> - पर्यटन के द्वारा राजस्व उगाही की मुहिम में अत्यंत प्रमुख स्रोत हैं—विदेशी पर्यटक। उनकी 1857 संग्राम में क्या दिलचस्पी हो सकती है? उलटे 1857 की याद दिलाने वाले मुक्तिपथ से विदेशी पर्यटक भड़क भी सकते हैं क्योंकि इसमें बेशुमार गोरों को मौत के घाट उतार देने की कथाएँ शामिल होंगी। सभी को मालूम है कि विदेशी पर्यटकों में गोरे ही अधिक लाभकारी होते हैं।

- 1857 को स्मरण करने का जितना उत्साह 2007 में है, 2008 में उतना नहीं रहेगा, कम हो जाएगा। 2009 में और कम और 2010 तक काफ़ी कम हो जाएगा। और हमारा समाज जिस दिशा में तेज़ रफ़्तार से बढ़ रहा है उसको देखते हुए यह भविष्यवाणी ग़लत नहीं होगी कि लोग जल्द ही इतिहास से पूरी तरह अनभिज्ञ हो जाएँगे। इसलिए महज़ डेढ़ सौवीं जयंती मनाने के जोश के लिए चार सौ पच्चीस करोड़ की योजना पर काम करना पर्यटन विभाग के लिए क़तई ठीक नहीं होगा।

अत: उचित रहेगा कि उपरोक्त परियोजना का प्रस्ताव शासन को इस अनुरोध के साथ वापस कर दिया जाए कि यदि वह आवश्यक समझे तो इसे संस्कृति विभाग या शिक्षा विभाग द्वारा क्रियान्वित करा ले।

इसी कड़ी में यह भी कहना होगा कि पर्यटन निदेशालय शीघ्र ही प्रदेश पर्यटन उद्योग को बुलंदियों पर पहुँचा देने वाला कोई नया प्रस्ताव तैयार करेगा। इस सम्बन्ध में मेरे कक्ष में आगामी दिनांक 16, दिन शुक्रवार को एक बैठक होनी है जिसमें निदेशक तथा विभाग के समस्त अधिकारियों की उपस्थिति अपेक्षित है।

ठीक इसी समय उसके गलफड़े में प्रवेश के लिए उसने साँकल खटकाई थी। उसे महसूस हुआ कि उसके मुँह के अन्दर कुछ बुरा सा हो रहा है। डर लगा। उसके स्वभाव में था कि वह बड़ी जल्दी भयग्रस्त हो उठता था और अपशकुनों, आशंकाओं के घेरे में चला जाता था। उसका डर रात होते-होते प्रगाढ़ हो गया था। लेकिन उसके स्वभाव में यह भी था कि नींद उसके ख़ौफ़ को मिटा देती थी या काफ़ी हल्का कर देती थी। इसी भरोसे वह सोया था कि सुबह न केवल उसका डर मिट चुका होगा वरन् यह छाला—यह मुसीबत भी ग़ायब हो चुकी होगी।

जगने पर उसने गौरी को पुकारा तो पाया कि तकलीफ़ से उसके जबड़े ऐंठ गए। उसका मुँह पूरी तरह खुल नहीं रहा था। वह ठीक से सारे शब्दों का उच्चारण नहीं कर पा रहा था। मसलन उसने गौरी को 'ओरी' कहा था और अख़बार को

'अकबार' या शायद 'ओकबार' कहा था।

गौरी गौरव को स्कूल के लिए तैयार करने में व्यस्त थी, इसलिए सूर्यकान्त की बदली हुई अभिव्यक्ति शैली पर उसका ध्यान नहीं गया। उसने गौरी को गौरी और अख़बार को अख़बार ही सुना-समझा। गौरव की स्कूल बस के चले जाने के बाद वह चाय के साथ पहुँची।

सूर्यकान्त ने चाय का घूँट लेने के लिए मुँह को चिड़िया की चोंच बराबर खोला, बल्कि चिड़िया की चोंच बराबर ही उसका मुँह खुल सका था। चाय की चुस्की भीतर उतरी।

"देखो ये तुम्हारे ऑफ़िस के बारे में है कुछ।" गौरी ने अख़बार उसकी ओर बढ़ाया।

'1857 के शहीदों की शहादत ठंडे बस्ते में' शीर्षक समाचार में इस बात का ख़ुलासा था कि सम्पूर्णानन्द 'बृहस्पति' के दबाव के चलते 1857 के 150वें वर्ष के मौक़े पर प्रदेश सरकार की प्रस्तावित मुक्तिपथ योजना से पर्यटन विभाग पीछा छुड़ाने जा रहा है। पत्रकार ने इस मुद्‌दे पर त्वरित प्रतिक्रियाएँ भी ली थीं जिनमें अधिकतर लोगों ने इसे शर्मनाक और क्रान्तिकारियों के बलिदान के साथ किया जा रहा धोखा बताया था। एक सामाजिक कार्यकर्ता ने इसे बरदाश्त न की जाने वाली हरकत कहा था। मुख्य विपक्षी दल के नेता ने मुख्यमंत्री से फ़ौरन इस्तीफ़े की माँग की थी जबकि एक शराबी कवि ने सम्पूर्णानन्द 'बृहस्पति' को 'ख़तरनाक मूर्ख' कहा था।

ख़बर पढ़कर उसे ख़ुशी हुई लेकिन मुँह के कष्ट की वजह से वह ज़्यादा ख़ुश नहीं हो सकता था। उसकी ख़ुशी तब लापता हो गई जब उसने टूथब्रश मुँह से लगाया। उसका मुँह बिलकुल नहीं खुल रहा था। उसने गौरी को पुकारा। उसकी पुकार में बेतहाशा घबराहट थी।

"क्या हुआ?" डॉक्टर ने पूछा।

"डाट्टर साब, मूँ कुल नी रा हे, टकलीप बी बोट है।" उसने कहा था कि डॉक्टर साहब मुँह नहीं खुल रहा है। तकलीफ़ भी बहुत है।

डॉक्टर ने एक औज़ार निकालकर नाप ली कि उसका मुँह किस कोण पर कितना खुल रहा है। फिर दूसरा औज़ार मुँह में डालकर मुँह को अपेक्षाकृत अधिक खोल दिया और टॉर्च की रोशनी वहाँ फेंककर जायज़ा लेने लगा। वह जैसे किसी अँधेरी सँकरी सुरंग का मुआयना कर रहा था। इसी बीच वह सूर्यकान्त के नाम बने पर्चे पर कुछ लिखता भी जा रहा था।

"आप तमाकू खाते हैं?"

उसने इनकार में गरदन हिलाई।

"पान मसाला वग़ैरह।"

इनकार!

"सिगरेट पीते हैं?"

चुप!

"अच्छा रहेगा कि आप डॉ. आर.एस. सहगल या दूसरे किसी स्पेशलिस्ट को दिखला दें।" उसने खाने और लगाने की कुछ दवाएँ पर्चे पर लिख दी थीं।

सूर्यकान्त थर-थर काँप रहा था...। उसने पूछा, उसे कैंसर है क्या?

"नहीं जी...घबड़ाइए मत आपको ऐसा कुछ नहीं है लेकिन डॉक्टर सहगल से एक बार मिलिए।"

डॉक्टर की क्लीनिक से निकलकर वह समझ नहीं पा रहा था कि उसे बेफ़िक्र हो जाना चाहिए या एक हत्यारे रोग के पंजों में फँस जाने का शोक मनाना चाहिए। बच जाने के बारे में सोचने पर यह बात दिमाग़ में उठती—अगर सब ठीक था तो ये डॉक्टर उसको डॉ. सहगल के पास क्यों भेज रहा है? क्या इसलिए कि वह इसके शक पर अपनी संस्तुति की मुहर लगाएँगे। उसके चेहरे पर पसीना और पैरों में बेपनाह थकान महसूस हुई। समूचा भूमंडल हिलता हुआ सा लगा। वह जहाँ था, वहीं बैठ गया। उसने ख़ुद से कहा—"क्या मैं मर जाऊँगा! ये संसार बना रहेगा किन्तु इसे छोड़कर मैं चला जाऊँगा।" गौरव और गौरी की याद आई और उसने अपने को जैसे एक अथाह खाई में गिरता हुआ पाया—"मैं इन दोनों के साथ नहीं रह सकूँगा।" उसे समझ में नहीं आ रहा था, क्या करे। वह अनन्तकाल तक इस तरह बैठा नहीं रह सकता था। किन्तु उठकर आगे बढ़ने की उसमें न इच्छा बची थी न हिम्मत। कुछ नहीं सूझने पर उसने जेब से मोबाइल निकाल लिया। लेकिन कोई नहीं था जिससे बात करने का मन हो रहा था। क्या संसार छोड़कर जाने वाले का मन पहले ही संसार से उचाट हो जाता है। उसने मोबाइल जेब में

रखना बेहतर समझा कि तभी वह बजने लगा। दूसरी ओर बहुगुणा था—"सूर्यकान्त भाई चेयरमैन वाली ख़बर तुमको लीक करनी थी तो हमारा अख़बार क्या बुरा था!"

उसने कहना चाहा 'मैंने लीक नहीं की' लेकिन वह रो पड़ा था। उधर से बहुगुणा पूछता घबड़ाता रहा।

डॉ. सहगल से मिलने के बाद वह शान्त हो सका था। बल्कि अब वह कुछ अधिक ही उछल रहा था। वह ख़ुशी से अशान्त हो गया था। सहगल थोड़े मज़ाक़िया इनसान थे। उन्होंने जाँच रिपोर्ट देखने के बाद सारी कहानी फिर से सुनी और तब कहा—"आप जिस तरह के शख़्स हैं उसकी बुनियाद पर कह सकता हूँ कि कैंसर तो आपको दूर-दूर तक नहीं है लेकिन आप कैंसर की दहशत से टें बोल जाएँगे।" वह हँसा—"पान मसाला नहीं चखे हैं, तम्बाकू नहीं खाए हैं तो एक-दो बार सेवन करके जान लें इनका ज़ायक़ा कैसा होता है। बशर्ते आप सिगरेट पीना छोड़ दें। वैसे चाहें तो लंच या डिनर के बाद एक सिगरेट पी सकते हैं। बहुत सारी भी पी सकते हैं मगर तभी जब आपका यक़ीन इस बात में हो कि मौत का एक दिन मुअय्यन है।" उसने कुछ दवाएँ लिखीं—"देखिए, अब आइंदा कैंसर-फैंसर के बारे में मत सोचिएगा। क्योंकि किसी बीमारी के बारे में ज़्यादा सोचोगे, उससे बहुत डरोगे, तो वह तुम्हारी कोशिकाओं में उगने लगती है।" उसने पर्चा उसे पकड़ाया—"मस्त रहिए, ये छाला दो-चार दिन में ठीक हो जाएगा।"

डॉ. सहगल के यहाँ से बाहर निकलकर उसने दवाएँ लीं और ऑफ़िस के लिए बढ़ा। इस समय उसकी आत्मा भरपूर ख़ुशी, प्रेम और पवित्रता से भरी हुई थी। उसे सारी सृष्टि भली तथा उदात्त लग रही थी। आते-जाते लोगबाग, वाहन और इमारतें, साइनबोर्ड तथा उन पर बने चित्र, लिखावटें, कुत्ते, ठेले, एक दुकान पर बिक रहे समोसे सभी में अभूतपूर्व मासूमियत महसूस हो रही थी। जैसे सब के सब किसी अविनाशी सत्ता के सुन्दर-सलोने अंश हैं। उसे यह भी एहसास हुआ कि वह स्वयं अनश्वर और अजर है। उसने आसमान को देखा, अगर कोई अव्याख्यायित

शक्तियाँ हैं तो उसने उनके सम्मुख मस्तक नवाया। और शुक्रगुज़ार हुआ कि उनका उस पर फ़ज़ल है।

जितना ही ज़िन्दगी भरपूर होती है उतना ही इनसान को मौत का मज़ाक़ सूझता है। इस वक़्त वह ज़िन्दगी से सराबोर था और उसमें मौत का एक मज़ाक़ कौंधा। उसने मोबाइल निकालकर बहुगुणा का नम्बर मिलाया। बहुगुणा इस समय भी घबड़ाया हुआ था—"सूर्यकान्त तुम रोने लगे थे...मेरे दोस्त मुझे बताओ क्या परेशानी है?"

दो डॉक्टरों ने उसके मुँह को औज़ारों से इतनी बार खोला-बन्द किया था कि अब उच्चारण सही हो गया था—"मुझे कैंसर हो गया है।"

"क्या?"

उसने फ़ोन काट दिया। और आगे के झूठ की पांडुलिपि तैयार करने लगा। उसे इन कल्पनाओं में काफ़ी रस मिल रहा था। उसने यह भी निश्चय किया कि ऑफ़िस पहुँचकर अध्यक्ष सम्पूर्णानन्द 'बृहस्पति' को समझाएगा कि वह पान मसाला, गुटखा, तम्बाकू आदि का प्रयोग बन्द कर दें वरना वह उसकी तरह एक रोज़ कैंसर का मरीज़ बनकर जीवन ख़त्म कर लेंगे। उसने सोचा, यदि बृहस्पति जी ने सचमुच सेवन बन्द कर दिया तो दो फ़ायदे होंगे—(1) उनका स्वास्थ्य और आगामी जीवन सुरक्षित होगा, (2) उनके सामने खड़े व्यक्ति के कपड़े और आगे रखी फ़ाइलें गंदी नहीं होंगी।

पर्यटन निदेशालय में वह सबसे पहले निदेशक के कमरे में गया ताकि अपने देर से आने की वजह बता दे, कुछ झूठ भी पेश कर दे। मगर वह मीटिंग के सिलसिले में सचिवालय गए हुए थे। उसने प्रयास किया, इस बीच बृहस्पति जी से मुलाक़ात करके गुटखा और तम्बाकू न खाने का मशवरा दे दिया जाए।

उनके कमरे का परदा हटाकर वह दाख़िल हुआ।

वह काग़ज़ काटने वाला चाकू हवा में लहरा रहे थे। वह सहमकर ठिठक गया। उसने देखा, उनके दूसरे हाथ में गुटखा था। उन्होंने चाकू को पाउच में घोंपकर ज़ोर लगाया। यह पाउच खोलने की नई विधि थी जिसकी खोज दाँतों से वंचित हो चुके

सम्पूर्णानन्द 'बृहस्पति' ने की थी। जल्द ही पाउच ऊपर और उनका मुँह नीचे। भरभराकर मसाला गिर रहा था सीधे उनके मुँह में।

सशक्त पांडुलिपि के अनुसार सूर्यकान्त को यह दृश्य देखकर तड़प उठना था और लपककर आगे बढ़कर उनके हाथ से पाउच छीनकर कहना था—"नहीं सर, नहीं।" किन्तु वह धीरे-धीरे बढ़ा और उनके सामने खड़ा हो गया।

उसे देखकर क्रोध और मसाले से भरा उनका मुँह ज़्यादा तेज़ चलने लगा...।

"क्या है?" उन्होंने कहा नहीं, केवल भौंहों को उचकाया था जिससे यही अर्थ निकलता था—"क्या है?"

"ख़ास नहीं सर! बस आपसे कुछ बात करना चाहता था।"

"बताओ।" उन्होंने नीचे रखे पीकदान में थूका—"बात तो आप अख़बार वालों से करते हैं। मेरे ख़िलाफ़ ख़बरें छपाते हैं।"

"सर, आपको ग़लतफ़हमी हुई है...।" वह हकलाया।

"सब मालूम है। मुझको दुर्गा मइया सिद्ध हैं, सब जान जाता हूँ मैं।"

"लेकिन आपको सही नहीं पता है।" वह हल्का सा तुर्श हुआ।

"मैं ऊँचा ज़रूर सुनता हूँ लेकिन बहरा नहीं हूँ। धीमे बोलिए।" गुटखे, लौंग, तम्बाकू के चूर्ण फरफराकर उड़े और यहाँ-वहाँ गिर पड़े—"अब आप जाएँ।"

वह अपमानित अनुभव करते हुए जाने के लिए मुड़ा पर याद आया कि वह जिस मक़सद से इस वक़्त यहाँ आया था वह अभी पूरा नहीं हुआ...। वह पुन: मुख़ातिब हुआ।

"अब क्या है?" वह बिदक गए।

"सर, आपसे कहना है।"

"क्या?"

"निवेदन करना है मान्यवर कि आप गुटखा, तम्बाकू, सुपाड़ी आदि का इस्तेमाल कदापि न करें। सर, स्वास्थ्य और जीवन अमूल्य है जबकि ये खाद्य पदार्थ अनेक मारक रोगों के कारक बनते हैं। उनमें एक रोग ऐसा है जो असाध्य और प्राणहंता होता है। इसलिए मैं करबद्ध प्रार्थना करता हूँ कि आप गुटखा, तम्बाकू आदि लेना बन्द कर दें।"

अभी-अभी उसने सम्पूर्णानन्द 'बृहस्पति' से जो कहा था उसका भावानुवाद इस प्रकार है—"अबे बदमाश। गुटखा-तम्बाकू वग़ैरह जो हमेशा तू खाता रहता है, छोड़ दे। कंजूस की दुम, इससे तेरा पैसा बचेगा और तन्दुरुस्ती भी ठीक रहेगी।

अगर अपनी आदत से बाज़ नहीं आया तो तुझको कैंसर हो सकता है तब एक दिन तू नहीं तेरी लाश ही खाएगी गुटखा और तम्बाकू। नाली के कीड़े! बेग़ैरत! तम्बाकू, गुटखा ज़हर है ज़हर, इसे छोड़ देने में ही तेरी भलाई है।"

बृहस्पति जी ने कहा—"थैंक यू। मैं पैंसठ साल से तम्बाकू और चौदह साल से गुटखा खा रहा हूँ, मुझे कुछ नहीं होने वाला है। दुर्गा मइया का आशीर्वाद है कि मैं एक सौ नौ साल जीऊँगा। मइया ने स्वयं ये बात मुझसे कही है।"

"वह कहाँ मिलीं?" सूर्यकान्त ने हताशा से पूछा।

"आपको इससे क्या? जाइए अपना काम करिए, मेरे ख़िलाफ़ ख़बरें छपाइए।"

"भरोसा करें सर, उस ख़बर के पीछे मेरा हाथ नहीं है। मैं ख़ुद इतनी परेशानी में था कि ख़बर छपाने की छोड़िए उसे पढ़ना भी कठिन था मेरे लिए। वो तो मेरी पत्नी ने मुझे दिखा दिया। वैसे ठीक से मैंने पढ़ा भी नहीं...दरअसल मैं इतनी तकलीफ़ में था...कि...।"

"क्या हुआ।" उन्होंने तम्बाकू का डब्बा खोला।

"सर, मुझे कैंसर हो गया है। मौत के क़रीब...क़ब्र में पैर लटकाया हुआ आदमी झूठ बिलकुल नहीं बोलता...।"

"आपको कैंसर है?" उन्होंने उसे ग़ौर से देखा।

"जी सर!"

"दुर्गा मइया आप पर कृपा करें। और हाँ, महामृत्युंजय का जाप शुरू कर दें। मइया और भोले बाबा ने चाहा तो सब ठीक हो जाएगा।"

"धन्यवाद सर!"

"ठीक है।" उन्होंने आँखें मटकाईं। यह उसको कमरे से जाने का इशारा था। उसे अनुमान हुआ, लगता है कि ये उठकर बनियान के नीचे से कुंजी निकालकर अलमारी खोलने वाले हैं। वह बाहर निकल गया। निदेशक सचिवालय से वापस आ गए थे। वह उनके कमरे में घुसा।

"क्यों सूर्यकान्त, परेशान दिख रहे हो?"

"ऐसा क्यूँ लग रहा है सर।"

"क्या इसलिए परेशान हो कि आज छपाने के लिए कोई ख़बर नहीं मिली?"

"सर, आप भी यही सोचते हैं।"

"मेरे सोचने न सोचने से क्या है, अध्यक्ष जी तुमसे बहुत नाराज़ हैं। उनका कहना है कि मुसीबत की जड़ तुम ही हो।"

"सर, मैं ख़ुद बहुत भयानक मुसीबत में हूँ। मुझे कैंसर हो चुका है।"

"ओह!" निदेशक स्तब्ध हुआ फिर दुखी। वह सरोकार दिखाता हुआ बोला—"इलाज के लिए फ़ंड वग़ैरह से कुछ रुपये निकालने होंगे तो बेहिचक कहना।"

"इलाज क्या सर, अब दुनिया छोड़कर जाना होगा।" उसने आह भरी जिसका निदेशक पर पर्याप्त असर हुआ—"भगवान अच्छे लोगों को ही अपने पास बुलाता है।"

अब घर की बारी थी। दोस्तों में चर्चा उसके बिना कहे फैल गई थी। क्योंकि बहुगुणा जैसे दोस्त को कुछ बताने का मतलब था कि वह बात अपने आप सारे दोस्तों में चली जाए। शायद इसीलिए पढ़ाई के दौरान मित्रों में प्रचलित था कि बाक़ी छात्र अख़बारनवीस बनेंगे और बहुगुणा अफ़वाहनवीस।

वह घर के रास्ते पर था और सोच रहा था—घर पहुँचने के पहले अपनी शक्ल को मुरझाया, पराजित, दीन-दुखी, नश्वर बना लेगा और गौरी के दरवाज़ा खोलने पर ऐसे चेहरे के साथ वह धीमे धीमे चलकर बिस्तर पर धम्म से गिर पड़ेगा। तब गौरी घबड़ा जाएगी, पूछेगी—"क्या हुआ? तबीयत ठीक है?" वह कुछ कहेगा नहीं, हाथ को लहराकर 'सब कुछ ख़त्म' का इशारा करेगा। गौरी घबरा जाएगी—"क्या हुआ...क्या हुआ...साफ़-साफ़ बताओ।" वह फुसफुसाकर कहेगा—"कैंसर।" गौरी चीख़कर रोने लगेगी।

दरवाज़ा खोलकर गौरी ने देखा, वह सब्ज़ियों, फलों, चॉकलेट एवं अन्य सामानों के साथ खड़ा था। इतने असबाब से लदाफँदा उसे देखकर गौरी समझ गई, पति जी को कोई ख़ास बीमारी नहीं निकली। इसलिए उसने उससे तबीयत के बारे में पूछने के बजाय यह पूछा—"इतने अधिक फल और सब्ज़ियाँ, मुफ़्त में बँट रही थीं क्या?"

वह सँभल नहीं सका। उससे न हथेली लहराकर 'सब कुछ ख़त्म' का इशारा करते बना न कैंसर फुसफुसाते बना, उसने कहा—"अब हम स्वास्थ्य पर ध्यान देंगे।"

"क्या बताया डॉक्टर ने?" आख़िरकार गौरी ने सवाल किया।

वह पूर्वनियोजित कुछ भी न बोल सका। उसने कहा—"कुछ भी नहीं निकला। पहले एक डॉक्टर को दिखाया, उसने कहा—कुछ ख़ास नहीं। दूसरे को भी दिखाया, उसने भी कहा : कुछ ख़ास नहीं। अब मेरे दर्द में भी आराम है।" उसने थैले से चॉकलेट और चिप्स निकालकर पूछा—"गौरव कहाँ?"

"एक दोस्त की बर्डे पार्टी में।" उसने चॉकलेट, चिप्स के पैकट लेकर मेज़ पर रखा—"बहुगुणा भाई साहब का फ़ोन आया था कई बार। तुम्हें पूछ रहे थे। तुम्हारा मोबाइल बन्द था शायद।"

"जब डायरेक्टर और चेयरमैन के पास था तो मोबाइल बन्द कर रखा था।"

वह अपना वाक्य बमुश्किल पूरा कर सका था कि उसका मोबाइल बजने लगा। एक दोस्त था—"यार सूर्यकान्त, बहुत अफ़सोस हो रहा है। पर इस बीमारी से तुम्हें लड़ना पड़ेगा।" दोस्त भावुक हो चुका था—"मैं पूरी तरह तुम्हारे साथ हूँ। बॉम्बे के टाटा हॉस्पिटल में मेरे मौसा डॉक्टर हैं, कोई ज़रूरत हो तो बताना। मैं ख़ुद तुम्हारे साथ चलूँगा।"

सूर्यकान्त ने महसूस किया—दुनिया इतनी भी बुरी नहीं है। अभी भी लोग हैं जो अपनों के दुख से परेशान और भावुक होते हैं।

इस बार एसएमएस था दूसरे एक दोस्त का—"आयुर्वेद में इसका इलाज है। म.प्र. के पंचमढ़ी में एक वैद्य जी हैं, जिनकी दवा से अनेक रोगी ठीक हो चुके हैं।"

उसने जवाब दिया—धन्यवाद! पर अब पंचमढ़ी जाने की ज़रूरत नहीं है, यहीं अपने शहर में 'लावण्य प्राकृतिक चिकित्सा केन्द्र' इस मर्ज़ के कई रोगियों को स्वस्थ करने का दावा करता है। उसकी साइट है—www.lawanya.com

एक अन्य एसएमएस आया—ईश्वर सर्वशक्तिमान है, वह तुम्हारा साथ देगा।

उसका जवाब—ऊपर वाले की दया और तुम लोगों की दुआ का ही भरोसा है।

पीपीपी

"गौरी, मेरे रथ की चाबी कहाँ है?" सूर्यकान्त ने कार की चाबी के बारे में पूछा था। आज सुबह से वह इस तरह के मज़ाक़ कर रहा था। बक़ौल उसके आज उसका दफ़्तर जाना युद्धभूमि में जाने की तरह था। इसीलिए उसने कार को रथ कहा था और क़मीज़-बनियान के लिए ज़िरहबख़्तर। पेन को ब्रह्मास्त्र और अपने बैग को तूणीर बोला था। पूरी तरह तैयार हो जाने के बाद गौरी को आवाज़ दी—"अब ज़रा तिलक लगाकर विदा करो।"

गौरी हँसने लगी थी।

दफ़्तर में घुसते ही उसके पीए ने बताया—"सर, अध्यक्ष जी तीन बार आपको पूछ चुके हैं।"

उसने घड़ी देखी देर नहीं हुई थी, उसे लगा कि अध्यक्ष जी जल्दी आ गए हैं शायद या उनकी घड़ी तेज़ चल रही है।

बृहस्पति जी कमरे में अकेले नहीं थे। वहाँ निदेशक एवं दफ़्तर के कुछ अधिकारी मौजूद थे। एक अधिकारी ने एक थैला बृहस्पति जी को भेंट किया—"सर, मेरी श्रीमती जी वैष्णव देवी गई थीं, वहाँ का प्रसाद है।"

"आप क्यों नहीं गए?" बृहस्पति जी ने थैला लिया।

"सर, मैं पिछले साल गया था और अगले साल जाऊँगा। इस बार यहाँ ऑफ़िस में काम था सर।"

"आपका कोई दोष नहीं। माँ अपने दरबार में जिसे बुलाती हैं, वही जा पाता है।" उन्होंने थैले को उठाकर उसके भार की थाह ली—"इतना प्रसाद...।"

"केवल प्रसाद नहीं है सर। वो लौटते समय जम्मू से अखरोट और बादाम और पश्मीना शाल आपके लिए ख़रीद लाईं।"

"सब माँ का आशीर्वाद है।" उन्होंने स्नेहपूर्वक कहा।

एक-दूसरे अधिकारी ने इस अधिकारी को चुनौती की मुद्रा में देखा और अपने बैग से एक पैकेट निकाला। वह खड़ा होकर बड़ी श्रद्धा से बृहस्पति जी को पैकेट सौंपने लगा।

"ये क्या है?" बृहस्पति जी ने पूछा।

"सर, यह बहुत दुर्लभ है। सर, आप देखें तो सही, इसमें पंचमुखी हनुमान जी की मूर्ति है।"

उन्होंने पैकेट से मूर्ति निकाली—"अरे, आप तो कमाल के इनसान हैं।" वह उल्लास से भर गए—"पंचमुखी हनुमानजी...।" भावावेग से उनके चेहरे पर कम्पन हुआ—"मेरे बजरंग बली।"

सूर्यकान्त ने अखरोट-बादाम वाले अधिकारी को देखा, उसकी शक्ल श्रीहीन हो गई थी। सूर्यकान्त ने पहले और दूसरे के अलावा अन्य का मुआयना किया, शायद सभी 'बृहस्पति' जी के लिए कुछ न कुछ तोहफ़ा लाए हैं। इसका मतलब उनका नज़दीकी बनने की होड़ दफ़्तर में प्रारम्भ हो चुकी है।

'मेरे पास बृहस्पति जी को देने के लिए कुछ नहीं है,' उसने सोचा—'मुझसे नाराज़ भी चल रहे हैं लेकिन मैं बेवक़ूफ़ ख़ाली हाथ आया।' उसकी इच्छा हुई कि अभी जाकर पान मसाले के एक सौ एक पाउच का हार बनवा लाए और इनकी गरदन में पहना दे। बहरहाल उसी समय वे दोनों आ गए थे। वे नौजवान थे। दोनों चमकते जूतों, उजले कपड़ों, ख़ूबसूरत ऐनक, महँगे लेदर बैग और आत्मविश्वास से लैस थे।

"ये लोग मुम्बई की एक कम्पनी से आए हैं। हम इनके मूल्यवान विचारों और अनुभवों का लाभ उठाएँगे।" वह निदेशक से मुख़ातिब हुए—"आप अपने अधिकारियों से इनका परिचय करा दें।"

परिचय कार्यक्रम के बाद सम्पूर्णानन्द 'बृहस्पति' ने शुरुआत की—"हम लोग यहाँ पर पर्यटन विभाग की एक नई योजना पर चर्चा करने के लिए इकट्ठा हुए हैं। जब से उत्तराखंड इस प्रदेश से अलग होकर एक नया प्रदेश बन गया है तब से हमारा पर्यटन उद्योग लगातार अवनति की ओर बढ़ रहा है। इसका एक कारण यह है कि पर्वतों और देवताओं की प्रिय भूमि, वह देवलोक अब हमारे पास नहीं रहा। लेकिन और भी वजहें हैं—जैसे यह कि पिछली सरकार निकम्मी और भ्रष्ट थी। अविवेकी थी। उसकी योजनाओं और कार्यक्रमों के पीछे एकमात्र उद्देश्य होता था—सरकारी धन की लूट। उसके भ्रष्टाचार ने नये प्रस्तावों को चूना लगाया और

उसके निकम्मेपन ने हमारे बचे हुए पर्यटन स्थलों में इतनी अव्यवस्था बढ़ा दी कि पहले जैसा माहौल नहीं रहा। रही-सही कसर तुष्टीकरण की राजनीति ने पूरी कर दी। एक ख़ास धर्म के लोग जो हमारे धर्म के जन्मजात विरोधी हैं उनको इतना बढ़ावा दिया गया कि उन्होंने आतंकवाद का रास्ता अपना लिया। जब सरकार, प्रशासन, पुलिस सब तुष्टीकरण के नाम पर हाथ में दही जमाये बैठे रहेंगे तो आतंकवाद पनपेगा। और इन्हीं दुष्ट आतंकवादियों ने भगवान राम की जन्मभूमि अयोध्या और बाबा भोलेनाथ की नगरी वाराणसी जैसे प्रमुख पर्यटन केन्द्रों पर हमला किया। वाराणसी के संकटमोचन मन्दिर में हुए विस्फोट को भला कोई कैसे भूल सकता है। अब ऐसे हालात में पर्यटकों ने इस प्रदेश में आना कम कर दिया। नतीजा है पर्यटन से प्राप्त होने वाली आय के मामले में हम लगातार पिछड़ रहे हैं।"

उन्होंने गिलास उठाकर पानी पिया और सामने रखी प्लेट से पान मसाला का एक पाउच उठाया। अखरोट-बादाम ने फुर्ती दिखाई और लपककर उनके हाथ से पाउच लेकर पूरी दक्षता से पाउच चीरा। हालाँकि वह ख़ुद इन सब पदार्थों के उपयोग से दूर रहता था। सम्पूर्णानन्द को उसकी फुर्ती पसन्द आई। उन्होंने मसाला मुँह के एक कोने में दाब लिया—"इसलिए इस प्रदेश को आवश्यकता है एक बेहतरीन पर्यटन प्रस्ताव की जो इतना लाभदायक हो...इतना लाभदायक हो कि इस प्रदेश की तिजोरी भर दे। मैं ज़ोर देकर कहना पसन्द करूँगा कि वह ऐसा प्रस्ताव हो जो इतना आकर्षक हो...इतना आकर्षक हो...कि इस प्रान्त की भूमि पर यहाँ के निवासियों से अधिक संख्या में पर्यटक दिखाई दें।" चुप होकर उन्होंने प्रतिक्रिया के लिए चारों ओर देखा। तालियाँ बजने लगीं। निश्चय ही उनके सम्बोधन की तारीफ़ हो रही थी।

तालियाँ थमने के बाद उन्होंने पूछा—"क्या होना चाहिए वह प्रस्ताव?"

"आप लोग चुप क्यों हैं? आपके मन में कोई ऐसा प्रस्ताव ज़रूर होना चाहिए जो सैलानी के रूप में जनवर्षा और राजस्व के रूप में धनवर्षा करे। आप ही कुछ बोलिए डायरेक्टर साहेब?"

निदेशक बोले—"मैं क्या कहूँ, आप जैसे अनुभवी और विद्वान के सम्मुख कुछ कहना सूरज को दिया दिखाना होगा।"

"एक योजना है मेरे मन-मस्तिष्क में।" वह मुस्कराए।

सूर्यकान्त ने देखा, उनके शरीर पर साफ़ धुले कपड़े थे। उसने सोचा, यह ज़रूर मीटिंग के पूर्व बाथरूम गए होंगे।

"मेरा विचार है।" उन्होंने मुँह में कुछ डाला—"मेरा विचार ये है कि हमें

अपने प्रदेश में पर्यटन को एक नया चेहरा देना है। यहाँ पर पर्यटन की चमत्कारी तरक़्क़ी के लिए हमें इस प्रान्त के ऐसे स्थलों को चिह्नित और विकसित करके पर्यटन का स्वर्ग बनाना है जिनका महत्त्व कालजयी हो। हम चाहते हैं कि हमारे यहाँ ऐसे अनेक पर्यटन तीर्थ हों जो देश-विदेश के लोगों को अपनी तरफ़ आकृष्ट करने की दृष्टि से सदाबहार हों। जैसे कृष्ण की बंशी की धुन सुनकर गोपियाँ दौड़ी चली आती थीं वैसे ही इन तक दुनिया दौड़ी चली आए। इस प्रयास में सफलता तभी सम्भव है जब हमें ज्ञात हो कि हमारी सभ्यता संस्कृति का वह कौन सा मूलतत्त्व है जो देश-विदेश के मनुष्यों की चेतना में अतिआकर्षक और अमर्त्य है। आप जानना चाहेंगे कि वह मूलतत्त्व क्या है? वह मूलतत्त्व है—प्राचीन हिन्दू धर्म। पर्यटन का पेट तभी भरता है जब फिरंगी आते हैं डॉलर लेकर। प्रदेश को छोड़िए, हमारा पूरा देश सुख, सुविधा, विज्ञान और आधुनिकता से उन्हें कभी नहीं आकर्षित कर सकता है। इन मायनों में वे हमसे हमेशा बहुत आगे रहे हैं और रहेंगे। उनको आधुनिकता और विज्ञान के कारण कौतुक नहीं होगा। उनको चाहिए प्राचीनता, रहस्य, चमत्कार, अध्यात्म। ये सब यदि किसी एक तत्त्व में एक साथ हैं तो सनातन प्राचीनतम हिन्दू धर्म में। हम इसके माध्यम से ही इस प्रान्त की पुण्यभूमि पर विश्व के विशाल भूभाग के निवासियों को पर्यटन पर आने के लिए विवश कर सकते हैं। कैसा होगा हमारी प्रस्तावित योजना का प्रारूप—इसके विषय में मेरे परामर्श से इन दोनों नौजवानों ने एक प्रारूप तैयार किया है जिस पर ये स्वयं चर्चा करेंगे।" अपनी बात समाप्त करके उन्होंने तश्तरी में रखा एक बड़ा सा डब्बा खोला। उस डब्बे में प्लास्टिक की एक छोटी सी चम्मच थी जिसे भर-भर दो बार उन्होंने अपने मुँह में उड़ेला और उन दोनों युवकों की तरफ़ देखने लगे।

दोनों में एक जो कनिष्ठ था, अपना लैपटॉप लेकर प्रोजेक्टर के थोड़ा पास जाकर बैठ गया। दूसरा परदे के क़रीब एक स्टिक लेकर खड़ा हो गया। उसने कहा—"हम यू.पी. में हैं।" कनिष्ठ ने अपना काम शुरू किया और स्क्रीन पर उत्तर प्रदेश का मानचित्र प्रकट हुआ। वरिष्ठ काफ़ी देर बोलता रहा और कनिष्ठ प्रोजेक्टर के पास कुछ करता रहा। नतीजा यह था कि वरिष्ठ के वक्तव्य के साथ पर्दे पर प्राय: कोई मन्दिर की तसवीर उभरती कभी मूर्ति की। मूर्तियों और मन्दिरों के समूह भी यदा-कदा पर्दे पर प्रकट हो रहे थे। बावलियाँ, वृक्ष विशेष रूप से पीपल के, खँडहर, उत्खनन, ध्वंसावशेष, नदियाँ आदि अपने-अपने उल्लेख पर आ रहे थे, जा रहे थे।

विभाग के समस्त लोग सुन रहे थे, देख रहे थे। सूर्यकान्त बीच-बीच में

बृहस्पति को देखता था। उसने पाया कि वह कभी जैसे बहुत तल्लीन होकर सब कुछ सुन-देख रहे हैं और कभी सो गए हैं। तब उनकी गरदन एक दिशा में कंधे से जा लटकती। लेकिन सूर्यकान्त को अपने तजुर्बे से मालूम था कि यह उनके सोने नहीं, सुनने का एक तरीक़ा था। शायद यह वह वक़्त होता था जब वह एक साथ सुनने और सोचने का काम कर रहे होते थे।

सूर्यकान्त ने बाक़ी लोगों की भी पड़ताल की—निदेशक बहुत शान्त था। वह दिखा रहा था कि यह सब ख़ास महत्त्वपूर्ण नहीं है और उसे बहुतेरे अनुभव हैं। लेकिन वह यह भी दिखा रहा था कि वह इस समय बहुत गम्भीर है। उसने अपने सामने रखी नोटबुक पर बीच-बीच में दो-तीन बार कुछ लिखा भी था। अलबत्ता अखरोट, बादाम और पंचमुखी ऊब रहे थे किन्तु उनका प्रयास था कि उनको इस विषय में सबसे ज़्यादा रुचि लेने वाला समझा जाए। इसीलिए वे थोड़ी-थोड़ी देर पर बड़े ज़ोर से सहमतिसूचक गरदन हिलाते थे। और वह? उसने अपनी भी थाह ली—मुझे बस यही फ़िक्र खाए जा रही है कि कहीं इस मीटिंग के विषय के ख़िलाफ़ कल अख़बारों में न छप जाए। मेरे पर ही शक करेगा ये नशाख़ोर-मसालाख़ोर बदमाश। अगर बहुगुणा के अख़बार में छप गया फिर तो यह मेरा क़त्ल कर देगा। मैं बहुगुणा से ज़रूर पूछूँगा कि इस दफ़्तर में कौन है वह भेदिया जो पत्रकारों को भेद मुहैया कराता है? मुझे आज बहुगुणा से मिलना भी है, मैं ज़रूर पूछूँगा।

वरिष्ठ की बात अभी भी जारी थी। अन्ततः उसका प्रजेंटेशन ख़त्म हुआ और कमरे में चाय के प्यालों की खटर-पटर शुरू हुई। प्रजेंटेशन का सार-संक्षेप किया जाए तो वह इस प्रकार होगा—

> 'मुक्तिपथ' परियोजना भले ही लोगों की भावनाओं से जुड़ी हो लेकिन वह बहुत बड़े घाटे का सौदा होगी जिसे पहले से ग़रीबी की मार झेल रही यहाँ की जनता बरदाश्त नहीं कर पाएगी। दूसरी बात इस परियोजना के लिए शायद ही कोई विदेशी सरकार या विदेशी फ़ंडिंग एजेंसी आर्थिक मदद करेगी। इसलिए इस प्रदेश को एक ऐसी पर्यटन परियोजना की आवश्यकता है जो कमाऊ, राष्ट्रवादी और प्रयोगशील है। जो न केवल इस प्रदेश, वरन् समूचे संसार के लिए स्तुत्य और अनुकरणीय हो। चेयरमैन साहब ने यह बताकर हमारी आँखें खोल दी हैं कि वह प्रोजेक्ट प्राचीनतम हिन्दू धर्म पर आधारित हो सकता है। आख़िर धर्म से ज़्यादा

लोक-लुभावन और शक्तिशाली दूसरा कुछ भी नहीं हो सकता है। देशों की सीमाएँ, भाषाएँ, ध्वज, क़िले, क़ानून और सभ्यताएँ मिट सकती हैं किन्तु धर्म इनसानों के ख़त्म हो जाने के बाद भी बचा रहता है। स्वयं अपने देश में देखिए, कितनी विदेशी सत्ताएँ अपने-अपने धर्म लेकर यहाँ सत्ता पर क़ाबिज़ रहीं। उन्होंने राष्ट्रीय ध्वज, मुद्राएँ, क़ानून, सेनाएँ, कलाएँ सब की सब बदल डालीं लेकिन उनके न चाहने के बावजूद हिन्दू धर्म अडिग रहा है।

इसलिए हमें उत्तर प्रदेश में हिन्दू धर्म को बुनियाद बनाकर पर्यटन को विस्तार देना होगा। जैसाकि चेयरमैन जी कहते कि यह प्रदेश रामचन्द्रजी, कृष्णजी और शिवजी तीन-तीन भगवानों का प्रदेश है लेकिन हम कहना चाहेंगे कि इस प्रदेश के पर्यटन को अन्य देवी-देवताओं के माध्यम से भी विकसित किया जा सकता है। जैसे कि देवियों के नज़रिये से यहाँ पर अनेक ऐसी जगहें हैं जिनमें पर्यटन की अपार सम्भावनाएँ हैं। हम एक नहीं दर्जन भर जम्मू के माँ वैष्णव देवी मन्दिर की तरह पर्यटन के स्थान तैयार कर सकते हैं। जैसे 'पाटनदेवी'।

स्क्रीन पर देवीपाटन का मन्दिर अवतरित हुआ।

वरिष्ठ—मान्यता है कि ईश्वर महादेव की पत्नी सती के शव का वस्त्र उनके दाएँ स्कंध के साथ यहीं पर गिरा था।

बादाम-अखरोट उठकर खड़ा हो गया और अपने दोनों हाथों को हवा में उठाकर चिल्लाया—'जय माता दी'।

वरिष्ठ—इस मन्दिर में देवी पाटेश्वरी की प्रतिमा की स्थापना सम्राट विक्रमादित्य ने की थी जिनके नाम से विक्रमी संवत् चलता है।

इसी प्रकार एक दूसरा महान मन्दिर है—विंध्यवासिनी देवी का मन्दिर। यह मन्दिर पवित्र गंगा माता नदी के किनारे स्थित है और इसे लोकप्रिय शक्तिपीठों में से एक माना जाता है। कहा जाता है कि देवी काली ने यहाँ पर विंध्यवासिनी देवी के रूप में श्रृंगार किया था।

"और आपने एक बात नहीं बताई।" बृहस्पति जी की आवाज़ थी।

वरिष्ठ चुप होकर उनकी तरफ़ देखने लगा।

"वो बात ये है कि पाटन देवी और विंध्यवासिनी देवी, दोनों के मन्दिरों को म्लेच्छ शासक औरंगज़ेब ने तुड़वाया था।"

"सर।" वरिष्ठ आगे बढ़ा था—बहुत सी देवियों के मन्दिर हैं यू.पी. में। मथुरा में कंकाली देवी, वाराणसी में संकटा देवी, मैनपुरी में शीतला देवी, इलाहाबाद में अलोपी देवी न जाने कितने मन्दिर हैं जहाँ देवियाँ वास करती हैं।

इसी प्रकार देवताओं और भगवान के पवित्र स्थान हैं—शंकरजी, कृष्णजी, रामजी, हनुमानजी, काल भैरव से जुड़ी हुई तमाम जगहें हैं और इनके अलावा भी हमारे पास बहुत कुछ है। जैसे—नैमिषारण्य, जहाँ ऋषि-मुनियों का सम्मेलन होता था और पुराण लिखे गए थे।

वरिष्ठ और कनिष्ठ ने कहे-अनकहे धार्मिक स्थानों के पर्यटन की जो उपरोक्त परियोजना तैयार की थी उसके अनुसार धार्मिक पर्यटन के प्रत्येक केन्द्र प्राचीन परिपाटी के अनुरूप होंगे। जैसे कि मन्दिर के समीप निर्मित बस्ती में पर्ण कुटीर बनने हैं, मिट्टी के घर हों जिनके सामने गाय-बैल हों जिनके गले में घंटियाँ बँधी हों। चारों तरफ़ लोकगीत गाते हुए स्त्री-पुरुष हों। हर कोई अपना-अपना काम कर रहा हो। रजक कपड़ों की धुलाई कर रहे हों, कहार पानी भर रहे हों और कहीं-कहीं पर उनमें से कुछ नववधू की डोलियाँ उठाकर चल रहे हों। मोची जूते-चप्पल बना रहे हों, नाई बाल काट रहा है, कुम्भकार बर्तन गढ़ रहे हैं।

सम्पूर्णानन्द 'बृहस्पति' ने हस्तक्षेप किया और डोर अपने हाथ में ले ली। उन्होंने बताया कि प्राचीन भारत में केवल गाँव ही नहीं थे, हमारी नागर सभ्यता भी अत्यंत मनोहारी थी। हमें पर्यटन केन्द्रों के आसपास प्राचीन नगरों की अनुभूति कराने वाला एक क्षेत्र भी बसाना होगा। इस नगर में हरे-भरे वृक्षों से समृद्ध उद्यान होंगे और सरोवर होंगे। ये वृक्ष वैदिक काल से लेकर गुप्तकाल तक के साहित्य में उल्लिखित वृक्ष होने चाहिए। उपवनों में युगल प्रेमक्रीड़ा कर रहे होंगे और नवयुवतियाँ वृक्षों की डालों पर झूले डालकर गीत गाती हुई, खिलखिलाती हुई झूल रही होंगी। और कूकती हुई कोकिलाओं से उन वृक्षों की शोभा निहारते ही बनेगी। सरोवर कमल के पुष्पों से भरे होंगे और उनके जल में हंस क्रीड़ा करते मिलेंगे।

एक हाट होगी जिसमें वैदिक मिष्ठान्न, वस्त्र, आभूषण, सुरा, गृहसज्जा से सम्बन्धित वस्तुओं आदि का विक्रय किया जाएगा।

इस प्रकार हर नगर में ब्रह्मचारी तथा साधु भिक्षा माँगते हुए देखे जाएँगे और सहृदय गृहिणियाँ उनके भिक्षापात्र में अन्न, फल इत्यादि भेंट कर रही होंगी।

किसी नगर को तब तक परिपूर्णता नहीं प्राप्त हो सकती जब तक उसकी वीथियों में उन्नत एवं दक्ष शिल्पी न हों और इससे भी बढ़कर कलाकार न हों।

हमारे इन नगरों में ये भी अपनी-अपनी प्रतिभा का प्रदर्शन करेंगे।

इस नगर में गणिकाएँ भी होंगी जो अतीव सौन्दर्य की स्वामिनी होने के साथ-साथ नृत्य, संगीत और विशिष्ट अतिथियों को कामसूत्र पर आधारित सेक्स का ज्ञान प्रदान करने में निष्णात होंगी।

और निश्चय ही ऋषि-मुनियों की उपस्थिति के अभाव में महान भारतीय संस्कृति की कल्पना नहीं की जा सकती। इसलिए विस्तृत क्षेत्रफल में उनके लिए आश्रम बनाए जाएँ जहाँ साधना में निमग्न ऋषि हों और यज्ञशालाएँ हों जिनमें से सुगंधित धूम्र निकलकर वायुमंडल को निर्मल और सुगंधित बनाए। इसके लिए देश के विभिन्न स्थानों से ऐसे साधु-संन्यासी लाकर यहाँ बसाये जाएँ जो यज्ञ, ज्योतिष, तंत्र, योग और तपश्चर्या में प्रवीण हों।

अतिथियों के निवास के लिए सितारा होटलों के बजाय प्राचीन वास्तुकला के मानकों के आधार पर अन्त:पुर निर्मित किये जाएँ। जिनमें एक प्रखंड आधुनिक सुख-सुविधाओं से सम्पन्न हो तो दूसरे ज़्यादा विस्तृत प्रखंड में प्राचीन ऐश्वर्य और विलास की व्यवस्था हो। यहाँ अतिथियों के लिए प्रात: जागरण के बाद मुखशुद्धि, भ्रमण, योग, साधना, शृंगार, जलपान, भोजन, सुरापान, सम्भोग एवं शयन के लिए अद्वितीय कोटि की त्रुटिहीन व्यवस्थाएँ हों। सब कुछ इतना उत्तम हो कि इन्हीं आध्यात्मिक पर्यटन केन्द्रों पर स्त्रियाँ अपने पतियों से रतिक्रिया के बाद गर्भवती हों। महान धार्मिक वातावरण में गर्भ में आने वाली सन्तानें अत्यंत बलवान, वीर्यवान और तेजस्वी होंगी।

कुल मिलाकर अन्त में यह भी कि स्वर्ग को धरती पर उतारने के संकल्प को साकार करने वाले इन पर्यटन स्थलों के लिए एक रक्षक दल का गठन अनिवार्य होगा। क्योंकि विश्व आतंकवाद की समस्या से जूझ रहा है और हमारे तीर्थों पर तो अन्दरूनी और बाहरी दोनों प्रकार की आतंकवादी शक्तियों का ख़तरा मँडराता रहेगा। अत: उनसे सुरक्षा के लिए प्रशिक्षित रक्षक दल तैनात करने होंगे।

निश्चय ही उपरोक्त परियोजना के यथोचित निष्पादन हेतु एक बहुत बड़ी धनराशि की आवश्यकता होगी जो अनुमानत: 14000 करोड़ से ऊपर जा सकती है। इस धनराशि की उपलब्धता के लिए सरकार इस परियोजना को पीपीपी अर्थात प्राइवेट पब्लिक पार्टनरशिप के तहत संचालित कर सकती है।

कक्ष तालियों की गड़गड़ाहट से गूँज उठा। दोनों युवा खड़े होकर शालीन ढंग से तालियाँ बजा रहे थे जबकि अखरोट-बादाम तथा पंचमुखी हनुमानजी प्रतिस्पर्धा

के कारण ज़्यादा तेज़ तालियों की आवाज़ें निकाल रहे थे। शेष लोग सामान्य ढंग से किन्तु उत्साहपूर्वक करतल-ध्वनि कर रहे थे। सम्पूर्णानन्द तम्बाकू भरा मुँह चलाते हुए मन्द-मन्द मुस्करा रहे थे। जैसे उन्हें नई ऊर्जा मिली हो—"मुक्तिपथ वाली परियोजना को निरस्त करने एवं इस नई योजना को तैयार करने तथा प्रस्तावित करने की ज़िम्मेदारी निदेशालय के उपनिदेशक सूर्यकान्त जी सँभालेंगे। यही इस प्रोजेक्ट के नोडल अधिकारी होंगे।" उन्होंने सूर्यकान्त को सम्बोधित किया—"मैं चाहता हूँ आप इसे एक अवसर के रूप में लें और अपने आपको साबित करें। और अपने प्रति विभाग के खोये हुए विश्वास को हासिल कर सकें।"

वह मुस्कराए—"मुझे विश्वास है, आप ख़ुद को निर्दोष सिद्ध कर सकेंगे। उनकी आँखों में उस क्षण और भी न जाने क्या था कि वह सहम गया। उन्होंने अब श्रोता समूह से कहा—"हमारे उपनिदेशक एक गम्भीर रोग से जूझ रहे हैं। हम आशा करते हैं कि इस आध्यात्मिक-धार्मिक पर्यटन योजना का प्रस्ताव तैयार करने का पुण्य देवता इन्हें अवश्य देंगे और ये पूर्णत: नीरोग होंगे।" पुन: तालियाँ बजीं। उन्होंने जैसे कोई बहुत उम्दा शेर कहा हो, निदेशक हाथ हवा में उछालकर 'वाह वाह क्या बात है' करने लगा।

सूर्यकान्त को मीटिंग में नोडल अधिकारी बनाए जाने की घोषणा करके सम्पूर्णानन्द 'बृहस्पति' अपने कमरे में चले गए। पीछे-पीछे निदेशक भी। उन दोनों के पीछे-पीछे सूर्यकान्त भी पहुँचा। उसने दोनों से फ़रियाद की—"मुझे इस योजना से दूर रखा जाए।"

"क्यों?" बृहस्पति बोले।

"मेरा इसके स्वरूप और उद्‌देश्य में विश्वास नहीं है। मेरी रुचि और मेरा विश्वास मुक्तिपथ परियोजना में है जिसे निरस्त किया जा रहा है।"

"और उसको निरस्त करने का प्रस्ताव भी आप ही बनाएँगे।" निदेशक ने कहा—"देखिए, ऑफ़िस के काम में व्यक्तिगत विश्वासों के लिए कोई गुंजाइश नहीं होती।" निदेशक की आवाज़ में सख़्ती आ गई थी।

उसने नरमी से झूठ का इस्तेमाल किया—"आप सही कह रहे हैं। लेकिन मेरा स्वास्थ्य भी एक वजह है। आप लोगों को अपनी बीमारी के बारे में मैं पहले ही बता चुका हूँ। देखिए, इस महत्त्वपूर्ण ज़िम्मेदारी को वहन करने और इसे अच्छी तरह क्रियान्वित करने के लिए मेरे पास यथोचित ऊर्जा, क्षमता, योग्यता और मानसिक दृढ़ता नहीं रही इन दिनों।"

"तब आप दफ़्तर न आएँ।" बृहस्पति ने मार्गदर्शन किया—"ऑफ़िस की तुलना में घर और अस्पताल बेहतर स्थान हैं आपके लिए।"

निदेशक का मशवरा था—"आप लम्बी छुट्टी पर चले जाएँ।"

"मेरे पास छुट्टियाँ कहाँ हैं? मेरे तो चिकित्सा अवकाश भी अधिक नहीं बचे।"

"अवैतनिक अवकाश पर जा सकते हैं।" निदेशक बोला।

"ज़्यादा मुश्किल लग रहा हो तो इस्तीफ़ा दे देने का आसान रास्ता अपना लें।" बृहस्पति के शब्दों में एक चिड़चिड़ापन था।

"तब मेरे परिवार का जीवनयापन कैसे होगा?" वह शान्त बना रहा।

बृहस्पति की आवाज़ काफ़ी तेज़ हो गई—"आपको क्या कमी! जिस शख़्स ने इस विभाग को लूटकर खोखला कर दिया हो उसे रुपयों की क्या कमी!"

"आप क्या कह रहे हैं!" उसने निदेशक की तरफ़ देखा—"अध्यक्ष जी नये-नये आए हैं, आप इन्हें बता दें कि मैं कैसा हूँ।"

"आप मेरे कमरे में चलें।" निदेशक उसको लेकर अपने कमरे में पहुँचा। उसने एक फ़ाइल सामने रखी—"इसे देखिए।"

वह उसके ख़िलाफ़ आरोपों का मकड़जाल था। तीन विज्ञापन एजेंसियों, दो ट्रेवेल एजेंसियों ने उस पर काम के लिए पैसा माँगने की शिकायत की थी। विभाग के कर्मचारी यूनियन ने अभद्र व्यवहार की तोहमत मढ़ी थी। और उससे सम्बद्ध कई आर.टी.आई. आई थीं। फ़ाइल बन्द करते समय उसमें क्रोध और भय एक साथ थे। निदेशक ने फ़ाइल अपनी तरफ़ खींची—"मुझे सफ़ाई देने की ज़रूरत नहीं है। तुम्हारी ईमानदारी और नैतिकता हम जानते हैं। मैंने अध्यक्ष जी से कहा भी लेकिन वह तुमसे काफ़ी नाराज़ रहते हैं। कहना नहीं चाहिए फिर भी बता रहा हूँ, ये शिकायतें उन्हीं के इशारे पर हैं और तुम्हें बरख़ास्त करने की तैयारी है। बचने का एक ही रास्ता है—उनका कहना मानो और बतौर नोडल अधिकारी धार्मिक पर्यटन की योजना में उनकी हर इच्छा को पूरा करो।"

"ताकि अगली सरकार आने पर नौकरी से निकाल दिया जाऊँ और जेल की हवा खाऊँ। सर मेरा वर्तमान कुआँ बन गया है और भविष्य खाई। जबकि मैं न कुएँ में कूदना चाहता हूँ न खाई में गिरना। मैं क्या करूँ?" वह वहाँ से निकलकर अपने कमरे में आ गया था और बड़ी देर तक सोचता रहा था। जो उपाय सामने दिख रहे थे उसमें एक था, अवैतनिक छुट्टी पर चला जाए। लेकिन पूर्ण बहुमत की सरकार पाँच साल चलनी थी। और क्या पता अगले चुनाव में पुनः इसे ही

बहुमत मिले। तो कब तक वह बग़ैर वेतन की छुट्टी लेकर जी सकेगा? दूसरा रास्ता था अपने परिचित पत्रकार दोस्तों के ज़रिये बृहस्पति पर दबाव बनाया जाए। इस उपाय में ख़तरा यह था कि बृहस्पति उसके प्रति और ज़्यादा भड़क सकते थे। वह मीडिया में प्रसारित अपनी प्रत्येक आलोचना और बुराई का ज़िम्मेदार उसे मानेंगे और उसकी ही गरदन का फंदा कसेंगे।

उसे लगा, अपने प्रभावशाली दोस्तों का उपयोग बृहस्पति की ख़ुशामद में करने से बेहतर होगा कि उनसे अपने लिए एक अच्छी नौकरी ढूँढ़ने के लिए कहे। उसने सोचा—इतने सारे ताक़तवर दोस्त—संवाददाता, कार्यकारी सम्पादक, विशेष संवाददाता, मुख्य संवाददाता, ब्यूरो प्रमुख—मेरे लिए निश्चय ही, आसानी से, कोई-न-कोई बढ़िया नौकरी ढूँढ़ देंगे।" और उसने लम्बे अवकाश के लिए प्रार्थनापत्र लिखना शुरू किया था।

बहुगुणा उसे देखकर चौंका—"तुम इस समय? ऑफ़िस नहीं गए?"

"वहीं से आ रहा हूँ। यार मैं डर रहा हूँ। मुझे लग रहा है कि वो बृहस्पति मुझे फँसाने के लिए कोई बड़ा जाल बुन रहा है।" उसने बहुगुणा को सारा वृत्तान्त बताकर कहा—"जब कोई तुम्हें दुश्मन मानता हो, हमेशा सन्देह से देखता हो और अचानक हितैषी की भूमिका में आ जाए तो साज़िश की बू आती है। मुझे सम्पूर्णानन्द से साज़िश की बू आ रही है।"

"तुम्हें दूसरी तरह भी सोचना चाहिए।" बहुगुणा ने कहा—"हो सकता है कि उसका हृदय परिवर्तन हो गया हो, हो सकता है कि वह बिल्ली सौ चूहे खाकर हज को चली हो।"

"मेरे दोस्त ये मज़ाक़ करने का मौक़ा नहीं है। मैं एक मुसीबतज़दा इनसान हूँ इन दिनों, मुझसे चुहलबाज़ी करके मुझे परेशान मत करो।"

"सूर्यकान्त यह हो सकता है कि तुम्हारी बीमारी के कारण वह तुम्हारे लिए उदार हो गया हो और इस बुरे दौर में वह वाक़ई तुम्हारी मदद करना चाहता हो।"

"वो कैसे?" सूर्यकान्त ने घूरा उसे।

"वह तुम्हें इस प्रोजेक्ट का नोडल अधिकारी बना रहा था। अगर सरकार ने इस प्रोजेक्ट को मंजूरी दे दी तो जानते हो इस हज़ारों करोड़ की परियोजना से कमाई की गंगा-यमुना-सरस्वती सभी निकलेंगी और बृहस्पति ने सोचा हो कि तुम अपने परिवार के सुरक्षित भविष्य के लिए ठीक-ठाक इन्तज़ाम करके आश्वस्त हो सको।" बहुगुणा अपने कथन के उत्तरार्द्ध में बहुत सावधानी से तथा रुक-रुक कर शब्दों का चयन कर रहा था।

"बहुगुणा तुमने पाला बदल लिया है। तुम अब मेरे नहीं उसके साथ हो गए हो। लगता है कि इस प्रोजेक्ट में तुम्हें भी कुछ ठेका-वेका दिलाने का लॉलीपाप उसने दिखा दिया है।"

"काश ऐसा हो।" बहुगुणा मुस्कराया—"तुम्हें मालूम है कि ऐसे अवसर मुझे पसन्द हैं। न केवल मैं इनकी प्रतीक्षा करता हूँ बल्कि कभी-कभी घात भी लगाता हूँ। पर तुम्हारी क़सम सूर्यकान्त इस बार ऐसा कुछ नहीं है।"

"फिर उसकी तरफ़दारी क्यों कर रहे हो?" सूर्यकान्त नाराज़ होने लगा।

"अरे, तुम गुस्से में आ गए। अब भागवत कथा सुनानी पड़ेगी।" बहुगुणा ने पानी के कुछ घूँट पिये और शुरू हुआ—

"सम्पूर्णानन्द 'बृहस्पति' इस योजना के लिए मुख्यमंत्री से शर्तिया मंजूरी पा लेगा। जानते हो क्यों? इसने मुख्यमंत्री को समझा रखा है कि इससे दो फ़ायदे होंगे। एक यह कि यह खाऊ-कमाऊ नज़रिये से बेमिसाल योजना होगी जिसमें जितना लूटना चाहे उतना लूटा जा सकता है। दूसरे मुख्यमंत्री को आने वाले लोकसभा चुनाव में दो-तिहाई सीटों पर क़ब्ज़ा चाहिए ताकि वह राष्ट्रीय राजनीति में अपने ख़्वाब पूरे कर सके। सम्पूर्णानन्द ने उसे समझाया है कि देवस्थानों का जीर्णोद्धार, उत्थान, सौन्दर्यीकरण, नवनिर्माण का अभियान पार्टी की झोली को वोटों से भर देगा।"

"इन सबसे मेरा क्या सम्बन्ध?"

"तुम्हारा सम्बन्ध यह है कि अगर इस प्रोजेक्ट का विरोध होता है, सरकार और पर्यटन विभाग की किरकिरी होती है, डायरेक्टर, अध्यक्ष दोनों फँसते हैं तो उन्हें बलि देनी होगी और वह बलि—वह हवि—तब तुम बनोगे। तुम्हारे माथे पर सारा ठीकरा फोड़ दिया जाएगा। और बताऊँ...।" वह कुछ देर के लिए ठहरा फिर कुछ सोचता हुआ सा बोला—"कहते हुए अजीब लग रहा है। फिर भी...दरअसल तुम्हें जो बीमारी है...उससे इन्हें लग रहा होगा कि जब भ्रष्टाचार की धनराशि का बँटवारा होगा तब तक...तुम...मतलब कि वे तुम्हारा हिस्सा देने से बच जाएँगे...।"

"तुम जानते हो ऐसी हिस्सेदारी में मैं कभी शामिल नहीं रहा हूँ। इसलिए उन्हें बचत के लिए मेरी मौत की ज़रूरत नहीं होनी चाहिए।"

"मेरा वो मतलब नहीं था। मैं चाहता हूँ कि तुम स्वस्थ होकर ख़ूब लम्बी उम्र पाओ।" बहुगुणा के चेहरे पर पछतावा उतर आया।

"बहुगुणा मेरे दोस्त।" सूर्यकान्त को उस पर बड़ा प्यार उमड़ा और वह कुछ-कुछ भावुक हो गया—"मैंने तुमसे झूठ बोला था, झूठ क्या, एक मज़ाक़ किया था। मज़ाक़ भी नहीं बल्कि कहो कि एक हक़ीक़त जो मेरी क़िस्मत और तुम लोगों की दुआओं से मज़ाक़ बन गया। हाँ, यार बुरा मत मानना वह कैंसर वाली ख़बर ग़लत थी। ग़लत भी क्या कहूँ, दरअसल पहले वह सही थी, बाद में ग़लत हो गई थी...।"

बहुगुणा ने कोई जवाब नहीं दिया। वह लगातार उसे घूरता रहा फिर खड़ा हो गया—"अबे दोस्त को चूतिया बनाने का यह भी कोई तरीक़ा है।" उसने सूर्यकान्त को खींचकर गले लगा लिया—"बहरहाल मैं बहुत ख़ुश हूँ।"

"अगर ख़ुश हो तो मेरे लिए एक नौकरी ढूँढ़ लो।"

डर पशु अपनी अयालें हिलाने लगता

उसने गाड़ी घर की दिशा में मोड़ दी थी।

कई वर्षों से यही हो रहा था—सुबह घर से निकलता था और शाम को घर के लिए लौटता था। सुबह जो सड़क बाईं तरफ़ होती, शाम को दाईं तरफ आ जाती। दाईं वाली बाईं ओर हो जाती। जो दुकानें, जो मकान इस तरफ़ थे वो उस तरफ़ चले जाते। सुबह जो पेड़, जो पार्क, जो खम्भे, वारिस मियाँ की जो मज़ार उस ओर थी, इस वक़्त इधर आ गई थी।

जब उसकी कार ने बरगद के पेड़ वाले मोड़ को पार किया, उसे सकून मिला। यहाँ से उसका घर तीन किलोमीटर पर था और सड़क पर वाहनों की तादाद कम हो जाती थी। वैसे इतनी कम भी नहीं। पर जाने क्यों हमेशा इस सड़क पर आ जाने के बाद वह महसूस करता था कि आज वह बच गया—उसी तरह जैसे सुबह के समय इस सड़क से मुड़ते ही एक डर पशु अपनी अयालें हिलाने लगता और वह सोचता कि अब वह दुर्घटना के जबड़े में फँस चुका है। फ़िलहाल अभी उसमें थोड़ी राहत, थोड़ी ख़ुशी भर उठी थी। यहाँ तक आने पर रोज़ की तरह उसे लग रहा था कि वह घर के इलाक़े में आ गया है।

घर नज़दीक था पर इतना भी नहीं कि यहाँ से वह देख लेता कि वह तीन किलोमीटर दूर था, बीच में कई मोड़ थे। दूरी और मोड़ों के बीच बनी ढेर सारी इमारतें उसके घर को ढक लेती थीं। वे न होतीं तो वह यहीं से अपने घर को देख लेता, वह शुरू के दिनों में ऐसा सोचता था।

जब वह यहाँ गौरी के साथ रहने के लिए रिहायश खोजने के लिए आया तब यह इलाक़ा ख़ाली-ख़ाली और सुनसान था। वर्तमान में ऊँचे भवन, असंख्य वाहन और बहुत से लोग हैं तब इनकी काफ़ी कमी थी। उस दौर में वह स्कूटर से आता-जाता था और अधिक युवा था। अधिक रोमानी भी। हालाँकि उस वक़्त भी उसके घर को

रास्ते की इमारतें ढकती थीं। तब वह बरगद वाले मोड़ को पार कर लेने के बाद कभी-कभार मगन होकर ख़याल करता था—ये इमारतें मेरे घर को न ढकतीं तो मैं यहाँ से उसे देख लेता। रात के अँधेरे में घर न सही तो कम-से-कम उसकी रोशनी दिखती। बिजली गुल हो जाने पर, अँधेरा होने पर गौरी मेरे स्कूटर की आवाज़ वहाँ से सुन लेती और छत पर जाकर हथेली से मुँह को ओट देकर ग्रामवासिनी की तरह ज़ोर से बोलती जिसे मैं सुन लेता। वह छत पर चिल्लाती—आलू नहीं है घर में—मैं रास्ते में आलू ख़रीद लेता। वह कहती—गौरव के लिए पेंसिल ले आना—मैं पेंसिल ले आता। वह कहती—नमक एकदम ख़तम है—मैं नमक का पैकेट ले आता।

एक दिन उसने गौरी को ये बात बताई और कहा—"काश ऐसा होता।"

गौरी हँसने लगी—"ऐसा अब गाँव में भी नहीं होता। वहाँ भी अब ढेर सारे मकान होते हैं। एक घर को कई सारे मकान छुपा देते हैं या कभी-कभी कोई एक बड़ा सा मकान कई सारे घरों को छुपा देता है। वहाँ भी तुम घर की रोशनी से घर को नहीं पहचान सकते क्योंकि कई-कई घरों में रोशनी होती है और कई-कई घरों में रोशनी नहीं होती। इसी तरह घर की छत पर जाकर तुम्हें आवाज़ देने पर मेरी आवाज़ ढेर सी आवाज़ों में भटक जाती। मैं कहती दवा लाओ, तुम हवा लेकर आ जाते। मैं कहती आम, तुम जाम लेकर आते। अब गाँवों में टीवी फैल गया है। मेरी एक रिश्तेदार बता रही थीं उनके गाँव में कई घरों के टीवी से आवाज़ आई, डाकू...डाकू...पकड़ो...पकड़ो...। जो टीवी नहीं देख रहे थे डाकुओं को पकड़ने के लिए दौड़ने लगे। और एक दिन सचमुच में डाकू आने पर उन्होंने समझा टीवी में डाकू आए हैं। इसलिए जो तुम कह रहे हो न कि 'काश ऐसा होता'।" वह हँसी—"वैसा होने पर मैं घर से तुम्हें पुकारती, तुम समझते टीवी में कोई औरत बुला रही है। टीवी में कोई औरत बुलाती तुम्हें लगता मैं बुला रही हूँ। बेहतर यह होगा तुम अपने ऑफ़िस के बहुत पास घर बनाओ। इतने पास कि घर से ऑफ़िस देख लो ऑफ़िस से घर।"

"वहाँ मकान महँगे हैं।"

"हाँऽऽ...वहाँ हम कैसे घर ले सकते हैं।"

गौरी ने आर्थिक सवाल उठा दिये थे। वह दुखी-उदास हो गया था। ज़्यादातर लोगों की तरह वह जब उदास होता था, चुप हो जाता था।

गौरी उसके पास आई—"नाराज़ हो गए क्या?"

वह कुछ बोला नहीं।

गौरी ने कहा—"मैं तीस की न होकर ज़्यादा से ज़्यादा अट्ठाइस बरस की होती तो अभी तुमको अपनी बाँहों में लेकर इठलाती, तुम्हारी नाक से नाक लड़ाती और मुश्किल सुलझाने के लिए एक आइडिया देती, पूछो क्या?"

सूर्यकान्त ने बिलकुल नहीं पूछा—क्या? वह ख़ुद बताने लगी—"बढ़िया आइडिया ये कि हम अपने घर की छत पर ख़ूब लम्बा एक बाँस लगाते हैं। बाँस के ऊपर—सबसे ऊपर—एक बल्ब लगाते हैं। शाम को थके-माँदे घर लौटते समय बरगद वाले मोड़ पे इसे देखना। रात शाम में बाँस नहीं दिखेगा पर ऊपर लगा बल्ब तुम्हें दिखेगा। तुम समझना घर में सब राज़ी-ख़ुशी ठीक है।"

सूर्यकान्त ने उस पर आँखें टिका दीं—"तुम्हारा आइडिया काम नहीं करेगा। पहली बात—शहर में अब बिजली इतनी ग़ायब रहने लगी है कि बल्ब जलता हुआ दिखे इसकी गारंटी नहीं।"

"हम इनवर्टर लगा लेंगे तब बिजली जाने पर बल्ब उससे जलेगा।"

"ठीक बात, पर इस बीच मेरे और घर के रास्ते में इतने ऊँचे-ऊँचे मकान बन रहे हैं, बिल्डिंगें तैयार हो रही हैं कि एक दिन हमारे घर की छत पर लगा बाँस भी छिप जाएगा। तब?"

"तब यह कि मैं छब्बीस-सत्ताइस की होती तो तुम्हारी हथेली को अपनी हथेलियों में ले लेती।" उसने सूर्यकान्त की हथेली अपनी हथेलियों में ली—"कहती।" उसने कहना शुरू किया—"जब तुम्हें फ़िक्र हो तो सोचो, स्कूटर पर आगे गौरव खड़ा है और पीछे मैं यूँ बैठी हूँ।" उसने सूर्यकान्त की कमर में हाथ फँसाया।

सूर्यकान्त मुस्कराया—"अगर बाईस-तेईस या चौबीस की होती तब क्या करती?"

"अरे, तुम्हें भी कुछ करना चाहिए...निठल्ले।"

"मैं क्या करता?"

"बाईस से चौबीस के बीच में मैं होती तब तुम ये करते कि पहले मेरा माथा चूमते।" उसने सूर्यकान्त का माथा चूमा—"फिर तुम मेरे होंठों को चूम लेते। ऐसे।" उसने सूर्यकान्त के होंठों पर अपने होंठ रख दिये। फिर धीरे से होंठ हटाए—"इसके बाद?" उसने वाक्य पूरा नहीं किया, अपना चेहरा सूर्यकान्त के वक्ष पर रख दिया था। सूर्यकान्त को लगा, उसके वक्ष के भीतर एक वक्ष है। जिस पर गौरी ने अपना चेहरा रखा है।

...बहरहाल अभी उसने बरगद वाले मोड़ को पार किया था और महसूस कर रहा था—घर के इलाक़े में आ गया है। अकसर की तरह आज भी उसे लग

रहा था—वह बच गया। बरगद वाला यह मोड़ उसकी इस प्रवृत्ति का ठोस गवाह था—यहाँ आने पर उसे इस सोच से छुट्टी मिल जाती थी कि सड़क पर नहीं, मौत के मुँह में वाहन चला रहा है। लेकिन ठीक उसी समय गौरव-गौरी की फ़िक्र उसे अपनी चपेट में ले लेती थी। निश्चय ही वह उनके साथ किसी प्राणघाती घटना के आक्रमण से कम नहीं सोचता था। गौरी से विवाह के बाद वह सड़क के भीड़-भाड़ से मोर्चा लेता हुआ जैसे ही ऑफ़िस पहुँचकर एक गिलास ठंडा पानी पीता, गौरी के विषय में उसे ख़याल आते—कपड़ों पर इस्तरी करते गौरी के हाथ बिजली के प्वाइंट में चिपक न गए हों। वह स्याह पड़ती गई होगी और शरीर का सारा रक्त निचुड़ गया होगा। कभी रसोई गैस लीक होने और कभी सिलिंडर फट जाने के बाद वह गौरी की निष्प्राण देह की कल्पना से उत्पन्न दहशत से भर उठता था। बार-बार सोचे जाने के कारण इन हादसों की चमक खो उठती तो वह नई विपत्तियों की रचना करने लगता था और तब उसके मनोलोक में गौरी किसी दूसरी दुर्घटना का शिकार होने लगती थी।

जन्म लेने के बाद गौरव भी उसकी दिमाग़ी उथल-पुथल की चपेट में आ गया था। पुत्र के पेट में मामूली सा दर्द उठता या बुख़ार आता, पिता को लगने लगता, बेटा अब बचने वाला नहीं। गौरी अथवा गौरव में से किसी के बीमार पड़ने पर वह रात में जाग जाता था और बिजली जलाकर देखता कि रोगी की साँस चल रही है? रोगी की छाती उठी-गिरी? पेट फूला-पिचका? गरदन या हाथ झूले, लटके तो नहीं?

लेकिन ज़िन्दगी की दुश्वारियाँ कम हो जाने के बाद इधर कुछ वर्षों से सब ठीक था। वह बरगद वाले मोड़ पर पहुँचकर जब राहत की साँस लेता तो उसके अन्दर जो दृश्य कौंधते वे पहले की तरह धूसर, मटमैले, अँधियारे और शोकपूर्ण नहीं होते। उनमें उजास तथा ख़ुशियाँ शामिल रहतीं। वह घर में प्रसन्न गौरी, चंचल गौरव देखता। उसे गौरी का कोई पसन्दीदा संगीत बजता हुआ सुनाई पड़ता या किसी प्रिय फ़िल्म अथवा गौरव के पसन्दीदा कार्टून चैनल के किसी धारावाहिक की छवियाँ उसके भीतर चमकतीं। एक साफ़-सुथरा सुखी घर और उस घर के छोटे-बड़े दो बाशिन्दे मोड़ से जल्दी घर पहुँच जाने के लिए उसको पुकारते थे।

लेकिन अब फिर पहिया पीछे की ओर चला गया था। बरगद वाले मोड़ पर वह पहुँचा। आज वह जल्दी यहाँ आ गया था। इसलिए अस्त होने के पूर्व के सूरज का उजाला अभी बाक़ी था। उसके दाईं तरफ़ आते-जाते वाहन थे। सड़क पर लम्बा

जाम था। शायद आगे कोई वाहन ग़लत दिशा से आकर फँस गया था। गाड़ियाँ चींटियों की तरह रुकी हुई थीं और रेंग रही थीं। कभी चलने लगती थीं कभी रुक जाती थीं। बाईं तरफ़ वह वटवृक्ष था। सूर्यकान्त ने उसे ग़ौर से देखा। वह इतने वर्षों से आ रहा था, जा रहा था लेकिन उसने कभी इस पेड़ को ग़ौर से नहीं देखा था। उसने सोचा—हम अपनी रफ़्तार के चलते अपने आसपास से वंचित रहते हैं।

यह एक बूढ़ा बरगद था जिसकी बड़ी-बड़ी जटाएँ नीचे ज़मीन को छू रही होती थीं। पेड़ पर सैकड़ों रंग-बिरंगे कपड़े बँधे हुए थे जिन्हें लोगों ने अपनी-अपनी मन्नत पूरी करने के लिए बाँधे थे। कई डालों पर घट बँधे थे जो मृतात्माओं की शान्ति के लिए थे। आज ढेर सारे घट थे। लगता था कि मौतें काफ़ी हुई हैं दो-तीन रोज़ में। उसके मन में उठा—मन्नतें और मौत। शायद इस संसार का तम्बू इन्हीं दो छोरों पर तना हुआ है। मन्नतें रक्तबीज की तरह होती हैं। एक के पूरी होने पर अनेक जन्म ले लेती हैं और मृत्यु ही उनकी उर्वरता का समापन कर पाती है।

सम्भवत: आगे का अवरोध ख़त्म हो गया था। गाड़ियों की रफ़्तार तेज़ी पकड़ रही थी। गाड़ी का गियर बदलते हुए सूर्यकान्त ने दुबारा बरगद की शाख़ों पर बँधे घटों को देखा। कुछ साल पहले वह अदृश्य हो चुका डर वेग से आया और उसके दिमाग़ में चिपक गया। बरगद पीछे छूट गया था लेकिन दरअसल वह सूर्यकान्त की कार के साथ दौड़ रहा था। सूर्यकान्त को लगा—एक दिन, दस दिन, एक महीने या उसके बाद उसके लिए भी एक घट इस बरगद में बँध सकता है या कौन ठीक गौरी के लिए एक घट लेकर उसे यहाँ आना पड़े। उसकी आत्मा, शरीर की शिराओं में रक्तप्रवाह जैसे बहुत मद्धिम हो गया था। उसे लगा कि वह स्वयं और यह दुनिया सिकुड़ रही है। जैसे दो-चार पल बाद वह शून्य या एक बिन्दु या एक छोटी सी शिरोरेखा भर रह जाएगा। उसे अपशकुन सा हुआ—आज घर में ज़रूर कुछ बुरा हुआ होगा। गौरी और गौरव में से किसी एक या दोनों के साथ...। वह थर्रा उठा—पल-भर में क्या से क्या नहीं हो सकता। अच्छा भी बुरा भी। नामालूम गौरव सकुशल स्कूल पहुँचकर सकुशल घर आ गया होगा? वह सोच रहा था और काँप रहा था। आज आपाधापी में वह दिन में गौरी को फ़ोन भी नहीं कर सका था। उसका हाथ मोबाइल के लिए मुड़ा पर अचकचाकर उसने हाथ पीछे खींच लिया। फ़ोन नहीं किया, गोया कुछ बुरा हुआ होगा तो फ़ोन न मिलाने से अच्छे में बदल जाएगा। दुख और सियापे से निर्मित कोई बिम्ब मुस्कान, सुख और उल्लास में रूपान्तरित हो उठेगा।

उसके घर के लिए जाने वाली सीधी सड़क आने वाली थी। यही वह स्थल था जहाँ उसकी घबराहट चरम पर पहुँच जाती थी। हालाँकि इधर कुछ साल से यही वह स्थल था जहाँ घर से मुलाक़ात की ख़ुशी अपने सबसे अधिक उभार पर होती थी। किन्तु उसके पहले की बात है, यहाँ आते ही वह डरने लगता—घर में कोई हादसा हुआ होगा और मुहल्ले वाले मातमपुर्सी के लिए घर के सामने भीड़ लगाए होंगे।

वह घर के पास आ गया। उसे यह देखकर चैन मिला कि घर के सामने भीड़-भाड़ न थी। इसका मतलब, सब कुछ सामान्य था। उसके चेहरे पर तनाव की वजह से उभर आई नसें ढीली पड़ने लगी थीं और कार के एक्सीलेटर पर उसके पैर का दबाव भी हल्का हो उठा था।

रात के ग्यारह बजे थे। गौरव सो चुका था। गौरी रोज़मर्रा वाले काम निपटाकर कमरे में आई। उसने देखा, बेडरूम में सूर्यकान्त कुर्सी पर बैठा चुपचाप सोते हुए गौरव को देख रहा है। वह आकर बेड पर किनारे की तरफ़ बैठ गई। उसने पूछा—"बहुत थके होगे?"

वह चुप रहा। क्या जवाब देता।

"चलो सो जाओ।"

वह उसी तरह बैठा रहा—"जल्दी क्या है अब तो सुबह ऑफ़िस भी नहीं जाना है।" गौरी जवाब में कुछ नहीं बोली। दोनों चुप थे। केवल ख़ामोशी अपने को अभिव्यक्त कर रही थी। सूर्यकान्त ने लाइट बुझा दी। अब ख़ामोशी कमरे के अँधेरे में थी।

"कहीं बात बनी?" गौरी का सवाल था।

"नहीं।" सूर्यकान्त ने बताया।

"बहुगुणा भाई साहब से मिले?"

"हाँ, आज मैं गया था उसके पास। मैंने तय किया था कि उसके पास पहुँचकर पहले उसको अपनी नन्हे से छाले वाली कविता सुनाऊँगा, नौकरी के बारे में बाद में पूछूँगा।"

"बहुगुणा भाई साहब क्या कह रहे हैं?"

"मुश्किल लग रहा है।"

"क्यों?"

"क्यों क्या?" वह थोड़ा कड़ा हुआ, शायद इसलिए कि गौरी के सवाल का उसके पास कोई जवाब नहीं था। और जो जवाब था उसको उजागर करना उसे अप्रिय था। वह उठा और कम्प्यूटर टेबल के पास आकर बैठ गया। उसने वहीं से देखा—उसके व्यवहार ने गौरी को आहत कर दिया था। वह कम्प्यूटर खोलते हुए कहने लगा—"मैंने कभी नहीं सोचा था कि ऐसे हालात आएँगे, वक़्त कितना बदल गया है।" उसने इंटरनेट कनेक्ट किया—"मुझे कोई क्यों नौकरी देगा। मैं एक जोखिम हूँ क्योंकि मैं कैंसर का मरीज़ हूँ। मेरे ज़िन्दा रहने पर इम्प्लायर पर मेरे इलाज का बोझ पड़ेगा और मरने पर परिवार की मदद का।"

"पर तुमको ये सब है कहाँ! तुम एक पूरे स्वस्थ इनसान हो।" गौरी उत्तेजना में बोली।

"हाँ, एक जगह लगती हुई नौकरी इसी वजह से नहीं लगी क्योंकि मैं कैंसर का मरीज़ नहीं हूँ।" वह अपने मेल का इनबॉक्स खोलकर मेल चेक करते हुए कहने लगा—"बहुगुणा बता रहा था कि उसने शुरू में एक चैनल वाले से बात की थी। चैनल के स्टेड हेड को किसी ने मेरी कैंसर वाली बात पहुँचा दी थी। स्टेट हेड ख़ासा उत्साहित हो गया। उसने अपने चैनल पर मुझे पेश करने की एक विशेष योजना भी बना ली। उसने तय किया था कि मेरी पहली रिपोर्ट प्रस्तुत करने के पहले दस दिनों तक मेरा विज्ञापन दिखाया जाएगा जिसमें कहा गया होगा—'मौत से घिरा पत्रकार लाएगा ज़िन्दगी के समाचार'। अब मैं मौत से घिरा नहीं हूँ फिर कैसे ज़िन्दगी की ख़बरें ला सकता हूँ। स्टेट हेड का कहना है कि मेरा सबसे मज़बूत पक्ष कैंसर था। अब वो नहीं है तो क़िस्सा ख़त्म।" उसने भी जैसे बातचीत ख़त्म कर ली। वह ई-मेल चेक करने और जवाब देने के काम में एकाग्र होने की कोशिश करने लगा था।

"मुझे लगता है, तुम्हारे जीवन के नये अध्याय का शीर्षक होना चाहिए—'मौत को शिकस्त देकर ज़िन्दगी जीतने की मुहिम'।"

प्रत्युत्तर में सूर्यकान्त ने हल्का सा हँसने की औपचारिकता बरती फिर कहा—"काश शीर्षक पूरी रचना का भाग्य तय कर सकते।"

"हाँ लेकिन वे एक बेहतर शुरुआत ज़रूर दे सकते हैं।" अब फिर सूर्यकान्त

कुछ कहे और काट में वह कुछ बोले इसके पहले वह उठकर गौरव के कमरे में चली गई। वह इस समय न सूर्यकान्त का दिल दुखाना चाहती थी न अपना दुख बढ़ाना चाहती थी।

गौरी के जाते ही सूर्यकान्त ने कम्प्यूटर के स्क्रीन पर टाइप किया—'मौत को शिकस्त देकर ज़िन्दगी जीतने की मुहिम'। उसने इन अक्षरों को शीर्षक की तरह बोल्ड किया फिर उसके नीचे लिखा—

> मैं मानता हूँ यह ग़लत शीर्षक है क्योंकि मैंने मौत को शिकस्त नहीं दी है। वास्तविकता यही है कि मौत ने मुझ पर हमला किया ही नहीं था। उसने ज़्यादा से ज़्यादा मेरे साथ एक मज़ाक़ किया था। जैसे मैंने एकाध बार आँखें मूँदकर साँसें रोककर गौरी को डरा देने का मज़ाक़ किया था। तो जब मौत ने आक्रमण किया ही नहीं फिर उसे पराजित कर देने की क्या बात। हक़ीक़त यह है कि जीवन ने ही मुझ पर दबिश दी है। सम्पूर्णानन्द 'बृहस्पति' और यह पूरी व्यवस्था—ये हमारे जीवन में ही उपस्थित हैं और इन्होंने ही मुझ पर हमला किया है। पर शायद यह भी अर्द्धसत्य है—अगर आज मुझको अपने बाद के इन दिनों की विफलता के बारे में अन्दाज़ा होता तो मैं उस पक्की नौकरी को चुनौती न देता। मैं अध्यक्ष से समझौता करने की कोशिश करता—उसके ख़ास परिचितों को तलाश कर उनके मार्फ़त सब अनुकूल कर लेता। मैंने वैसा नहीं किया क्योंकि मुझमें अति आत्मविश्वास था कि मैं दूसरी नौकरी पा लूँगा। मेरे दोस्त इतनी शक्तिशाली स्थिति में इधर-उधर हैं इसलिए काम बन जाएगा। दरअसल मुझे मालूम न था कि दुनिया इस क़दर बदल गई है और ज़िन्दगी बहुत मुश्किल हो गई है। ख़ैर देखा जाए तो एक तरह से मैंने ही स्वयं पर आक्रमण किया। मेरे विद्रोह—मेरे अवकाश पर चले जाने की पृष्ठभूमि में मेरा नैतिक बल, मेरा क्रोध, मेरी आत्मा की पुकार नहीं थी वरन् अपनी ताक़त का झूठा अनुमान था, नई नौकरी ढूँढ़ लेने, पा जाने का अशुद्ध आकलन था। आज मैं असफल और नाउम्मीद हूँ। ठीक भी है, ऐसे आदमी को कुछ सज़ा मिलनी ही चाहिए जो विद्रोही दिखने का लुत्फ़ उठाना चाहता था और कुछ खोना भी नहीं चाहता था।

वह सारी रात कम्प्यूटर के सामने रहा। सुबह जब गौरी अख़बार लेकर उसे जगाने आई, तब तक वह जाग रहा था। उस पूरी रात कम्प्यूटर, उसके और रात के बीच कोहराम मचा हुआ था। तीनों उस कोहराम के रचयिता थे और तीनों उसके साक्षी थे। गौरी और गौरव सोये हुए थे लेकिन वे सूर्यकान्त के भीतर चैतन्य थे। रात जाग रही थी लेकिन उसमें दिन, सूरज, जागरण सभी निद्रामग्न थे। सूर्यकान्त के अलावा सिर्फ़ कम्प्यूटर ही था जो नहीं सोया था और उसके इंटरनेट की सेज पर दुनिया चाक-चौबन्द, बनी-ठनी विराजमान थी।

बात पुराने वक़्त और लॉटरी की

बहुगुणा ने फ़ोन पर सूर्यकान्त से कहा—"आज रात तुम्हारा भाग्योदय हो सकता है। क़िस्मत ज़्यादा मेहरबान हुई तो अरबों-खरबों में खेलोगे। कम मेहरबान होने पर भी कुछ पा ही जाओगे। यदि भाग्य ने बिलकुल साथ न दिया तब भी फ़ाइव स्टार्स होटल में बढ़िया शराब और डिनर का इन्तज़ाम पक्का है।"

"क्या मुझको किसी रियलटी शो में भिजवा रहे हो?" सूर्यकान्त ने तंज कसा।

"रियलटी शो जीतना तुम्हारे बूते का नहीं, यह जानते हुए मैं तुम्हें वहाँ क्यूँ धकेलूँगा?"

"तब किस तरह भाग्योदय करा रहे हो मुझ बेरोज़गार का?"

"ज़्यादा सवाल मत करो। शाम को तैयार रहना। सात बजे तक मैं तुमको घर से ले लूँगा।"

"तब भी कुछ इशारा करो।?"

"बस समझो तुम्हारी लॉटरी खुलने वाली है।" बहुगुणा ने फ़ोन रख दिया था।

'किस तरह की लॉटरी खुलेगी?' सूर्यकान्त ने सोचा और पसोपेश में पड़ गया।

लॉटरी खुलने लायक़ चमकदार क़िस्मत उसके पास कभी न रही थी। जब वह छोटा था—बचपन में—उसके स्कूल के पास एक बुढ़िया चूरन बेचती थी। चूरन की पुड़िया में से इनाम निकलता था। अख़बार के पृष्ठ जितने बड़े एक रंगीन काग़ज़ पर तमाम पुड़ियाएँ चिपकी रहती थीं। बुढ़िया इन्हें लिये दिन भर बैठी रहती। जाड़े में वह धूप में बैठती थी और गर्मी में छाया की तरफ़। बारिश में वह अपना डेरा-डम्मर उठाकर पलायन कर जाती थी। वह अकसर बुढ़िया के यहाँ से चूरन की इनामी पुड़िया ख़रीदता था और उसे इस उम्मीद से फाड़ता था कि पाँच पैसे की पुड़िया से दस रु., पाँच रु., दो रु. या एक रु. का इनाम खुलेगा। हर बार वह

असफल हुआ था। उसके चूरन के बीच से ज़्यादा से ज़्यादा प्लास्टिक की नन्ही सी अँगूठी, नाव, बिच्छू या तलवार निकलती जिसे पाकर वह शर्मिन्दा और उदास हो जाता था। उन्हीं दिनों की बात है उसे सड़क पर दो-चार बार चवन्नी अठन्नी मिली थी पर उसका दुर्भाग्य था कि वे सिक्के खोटे होते थे जिन्हें स्वीकार करने से दुकानदारों ने इनकार कर दिया था। दुकानदार अपनी हथेली पर सिक्के का किनारा रगड़ते और हथेली पर काली लकीर खिंच जाने पर कहते—न्न। कुछ के पास चुम्बक रहता था। चुम्बक से सिक्का न चिपकता तो दुकानदार कहता—न्न। हालाँकि बाद में बड़ा होने पर भी उसे एकाध बार ये सिक्के मिले और अब बाज़ार में खोटे सिक्कों को कोई जाँचता नहीं था, अंगीकार कर लेता था लेकिन हालात ये थे कि अब इनकी कोई औक़ात नहीं रह गई थी। चवन्नी या अठन्नी घर या सड़क पर मारी-मारी फिरतीं। इन्हें हासिल करके भिक्षुक भी ख़ुशी नहीं अनुभव करते। बहरहाल बात पुराने वक़्त की और लॉटरी की। जब वह कुछ बड़ा हो गया था, उन दिनों दस और बीस पैसे के सुनहरे सिक्के चलते थे। एक रोज़ स्कूल से लौटते समय उसने सुना कि इन सिक्कों पर सोने की पॉलिश है और सरकार इनको वापस ले रही है। वह इन्हें गलाकर सोना बनाकर बैंक में रखेगी। लोग भी इन्हें इकट्ठा कर रहे हैं ताकि गलाकर सोने के बिस्कुट या ईंटें बनाकर मालामाल हो जाएँ। घर पहुँचकर अपनी गुल्लक फोड़कर वह जमाराशि के बदले सुनहरे सिक्के इकट्ठा करने के अभियान में जुट गया था। उसकी सारी जमाराशि सुनहरे सिक्कों में बदल जाने पर उसने चाचा से बार-बार पैसे माँगा था। दस बार माँगने पर चाचा एक बार पैसे देते जिसे वह तत्काल सुनहरे सिक्कों में बदल डालता था। यहाँ भी भाग्य उसके विपरीत था—

आख़िर उजागर हो गया कि सुनहरे सिक्कों में सोना बिलकुल नहीं है। इनाम, लॉटरी टाइप की चीज़ें बाद के दिनों में भी उससे दूर छिटकती थीं। उसके शहर में उन दिनों कभी-कभार नुमाइश लगती थी। इसका शहरवासियों में बहुत आकर्षण रहता था। तरह-तरह की दुकानें होतीं वहाँ और तरह-तरह के मनोरंजक खेल थे। मौत का कुआँ, हँसीघर, सर्कस, जादू, बम्बई की डांस पार्टी की तरफ़ दर्शक बहुत खिंचते थे। वह भी चाचा के साथ नुमाइश जाता था। चाचा रोज़ नुमाइश जाते थे पर वह मनोरंजन नहीं दिल की पुकार पर नुमाइश जाते थे। वह इस चक्कर में पहुँचते थे कि कौन जाने उनकी महबूबा बलवंत कौर नुमाइश देखने आई हो। जिस दिन वह आती उस दिन चाचा के क्या कहने। वह बलवंत से कुछ दूर पर पीछे-पीछे

लगे रहते। वह जादू देखने जाती, चाचा-भतीजे को लेकर जादूघर में घुस जाते। वह हँसीघर में जाती चाचा-भतीजे के साथ वहाँ पहुँचकर हँसने लगते। चाचा-भतीजे के साथ वहाँ-वहाँ पहुँचते जहाँ-जहाँ वह जाती। लेकिन भतीजा था कि उसका इन सब में ख़ास मन नहीं लगता था। वह इनाम की दुकान के लिए मचलता था। इस दुकान पर एक बड़ी सी सफ़ेद चादर पर तरह-तरह के सामान रखे रहते थे जैसे साबुन, घड़ी, सिगरेट। दुकानदार एक रुपये में तीन छल्ले देता था जिन्हें दूर से इस तरह फेंकना होता था कि वे चादर पर गिरकर किसी सामान को घेर लें। घिरा हुआ सामान छल्ला फेंकने वाले का हो जाता था। भतीजे ने सुल्तानपुर की अपनी रिहायश में कई सौ छल्ले फेंके होंगे पर उसे कभी एक साबुन की टिकिया तक नहीं मयस्सर हुई। बाद के दिनों में उसने यदा-कदा लॉटरी के टिकट भी ख़रीदे थे पर कभी दो-चार रुपये भी नहीं नसीब हुआ उसको। शायद उसी की नाकामयाबी से द्रवित होकर प्रदेश सरकार ने न्यायालय के आदेश के अनुपालन के बहाने लॉटरी की बिक्री पर रोक लगा दी थी।

"आज क्या करिश्मा हो जाएगा जो बहुगुणा इस तरह बोल रहा है।" उसने गौरी से कहा।

"परेशान क्यों हो? तुम ये समझो बहुगुणा भाई साहब ने तफ़रीह की है। बस।"

"लेकिन वह सच में आ गया तो?"

"तब तुम चले जाना साथ में। हाँ उम्मीद न करना किसी बात की।"

"बहुगुणा ने ऐसे ही नहीं कहा होगा, कोई बात ज़रूर होगी, वरना...।"

तभी बहुगुणा ने कार का हॉर्न बजाया। सूर्यकान्त घर से निकलकर उसके बग़ल की सीट पर बैठ गया।

कार चलाते हुए बहुगुणा खुला—"हम लोग होटल ताज चल रहे हैं।"

"तुमने मुझको मरभुक्खा समझ रखा है क्या जो ताज होटल में खाने-पीने को भाग्योदय मानूँगा।"

"देखो, तुम्हारी इस तरह की अकड़बाज़ी मैं ही सह सकता हूँ। मि. पांडे एक सेकेंड के लिए बरदाश्त नहीं करेंगे।" बहुगुणा नक़ली ढंग से गम्भीर हो गया। वह शायद मज़ा ले रहा था।

"ये मि. पांडे कौन हैं?"

"तुम्हारा होने वाला पिता जिसे मैंने अपना पिता बनाने के बड़े जतन किये पर सफल न हुआ।"

"मेरे बाप अब बुझौवल न बुझाकर साफ़-साफ़ कहो।"

साफ़-संक्षिप्त कहानी यह थी कि होटल ताज में ठहरा था रामअजोर पांडे। उसी से मिलने और सूर्यकान्त को मिलाने जा रहा था बहुगुणा।

रामअजोर पांडे के बाबा भारत से गिरमिटिया मजूर के रूप में सूरीनाम गए थे और वहाँ से वापस नहीं आए। अब पांडे अपने उस पुरखे के गाँव—अपने मूलस्थान—अपनी मातृभूमि की खोज करना चाहता था और वहाँ के लिए कुछ करने का संकल्प ले चुका था। पर उसे उस स्थान की भौगोलिक स्थिति के बारे में इसके सिवा कुछ ज्ञात नहीं कि वह जगह उत्तर प्रदेश में है और गाँव का नाम गोसाईंगंज है। वह गोसाईंगंज की खोज ही नहीं करना चाहता था, वह अपने परबाबा और उनके मूल परिवार की जीवनी भी लिखाना चाहता था।

"इन दोनों कामों के लिए मैंने तुम्हारा नाम सुझाया है।" बहुगुणा ने बताया।

"क्या पैसा मिलेगा?"

"उसकी चिन्ता न करो। पांडे जी अब न्यूयार्क में रहते हैं और हिन्दुस्तानी हिसाब से कई अरब के मालिक हैं। तुम्हें मेहनताना नहीं, दूसरी बात की फ़िक्र होनी चाहिए।"

"किस बात की?"

"पांडे का बेटा बनने की ।" कार सिगनल पर रुकी—"रामअजोर पांडे को कोई औलाद नहीं है। लड़का-लड़की कोई नहीं। इनकी कम्पनी में एक क़ाबिल नौजवान था। पांडे जी उसे बेहद चाहते थे। मन बना लिया था कि उसके अगले जन्मदिन पर उसे अपना वारिस घोषित करेंगे और अपने कारोबार का ज़िम्मा उसे सिपुर्द कर समाजसेवा करेंगे। उन्होंने ग़लती यह की कि अपने मन की बात उस लड़के से नहीं कही। सोचा था कि उसके जन्मदिन पर आलीशान पार्टी में यह घोषणा कर उसे चौंका देंगे। बस यहीं पर ट्रेजडी ने जन्म लिया। इसके पहले ही वह लड़का बेहतर पगार की लालच में प्रतिद्वंद्वी कम्पनी में चला गया।"

सिगनल मिलने पर बहुगुणा ख़ामोश होकर कार बढ़ाने लगा। चौराहा पार कर लेने के बाद वह फिर शुरू हुआ—"पांडे जी को बड़ा धक्का लगा। उन्होंने अपनी वसीयत रद्द कराई और कम्पनी के काम को समेटना शुरू कर दिया। आख़िर बूढ़ी दुखियारी उम्र आराम माँगती है।"

"तुम पांडे को कब से और कैसे जानते हो?" होटल लिफ़्ट के लिए बढ़ते हुए सूर्यकान्त ने सवाल किया।

"ज़्यादा नहीं, बस पिछले साल से। तुम्हें याद होगा कि प्रदेश में पूँजीनिवेश बढ़ाने के लिए मुख्यमंत्री की अमेरिका यात्रा थी। उनके साथ जाने वाले पत्रकारों में मैं भी था। न्यूयार्क में भी उद्योगपतियों से मुख्यमंत्री की मुलाक़ात का एक कार्यक्रम था। यहीं पर मैं पांडे जी से पहली बार मिला। कार्यक्रम के बाद रात में डिनर पार्टी थी, जिसमें मैं बड़ी जल्दी सुरूर में आ गया। शायद इसलिए कि विदेशी धरती पर मैं सारे बन्धनों से—हर तरह के बोझ से—छुटकारा पा गया था। मैं बेहद हल्का और ख़ुश महसूस कर रहा था, तभी अचानक क्या हुआ कि मुझे एक ज़माना हुए भूल गए संस्कृत के बहुत सारे श्लोक याद हो आए। तुम जानते हो पढ़ाई के दौरान मुझे कितने श्लोक याद थे। लेकिन क्या हुआ कि पत्रकारिता में आने के बाद मैं उन्हें धीरे-धीरे भूलता गया। एक दिन इतना भूल गया कि वे याद करने की कोशिश पर भी याद नहीं आए। इसलिए न्यूयार्क में उनका इस तरह याद आ जाना एक चमत्कार था। वह इसलिए भी एक चमत्कार था कि उस रात के बाद मैं पुनः सब भूल गया। लौटते समय प्लेन में मैंने मुख्यमंत्री को कुछ श्लोक सुनाने चाहे मगर वे सारे श्लोक मुझे छोड़कर चले गए थे। मुझे शर्म, हैरत और भय से पसीना आ रहा था। बहरहाल, उस रात पार्टी में जब मैंने संस्कृत के श्लोक सुनाए और अंग्रेज़ी में उसके अर्थ बताए तो चारों ओर मैं ही मैं था। मैंने उद्यम, नीति, कूटनीति, वैराग्य, भक्ति और रति जैसे विषयों पर महारतियों की पंक्तियाँ प्रस्तुत कीं और कई लोगों की आँखों और दिल में जगह बना ली थी। पांडे जी उनमें से एक थे। वह मेरे पास आए। इतना बड़ा धनकुबेर 'ख़ुद' मेरे पास आया था और मुझसे हाथ मिला रहा था। मैंने अपना कार्ड उनको दिया जिसे उन्होंने ग़ौर से देखा था, फिर अपना कार्ड मुझे दिया था। उन्होंने मुझे अगले रोज़ लंच पर बुलाया। मुंख्यमंत्री के कार्यक्रम से बँधा होने के कारण मैं उनका निमंत्रण क़बूल न कर सका। पर पांडे जी से मेरी दोस्ती शुरू हो चुकी थी। तभी तो हिन्दुस्तान आने पर उन्होंने पहला फ़ोन मुझे किया।"

रोशनी का स्रोत श्मशान थे या चाँद

रामअजोर पांडे ने दरवाज़ा खोला। वह शायद टीवी देख रहे थे, उनके एक हाथ में रिमोट था। भारी बदन के लम्बे साँवले पांडे ने उन दोनों का गर्मजोशी से स्वागत किया और बहुगुणा को तो बग़लगीर करते हुए भीतर ले गया। उसने शुरुआती औपचारिक बातों के बाद उन दोनों से उनकी पसन्द की शराब का नाम पूछा। जब दोनों ने 'कुछ भी', 'सब चलेगा' टाइप बातें कीं तो उसने अपनी पसन्द की शराब का ऑर्डर किया जिसके बारे में दोनों को कुछ मालूम न था। शराब के साथ ज़ायक़े के लिए खाने की चीज़ों के प्रसंग में भी यही हुआ। अन्तत: पांडे ने ही ऑर्डर किये। जब पांडे ऑर्डर कर रहा था तब सूर्यकान्त सोच रहा था कि ये चीज़ें देखने में कैसी होंगी और इनका स्वाद कैसा होगा? उसके मन में यह भी उठा कि क्या बहुगुणा इन सबको पहले कभी खा चुका है? आख़िरकार वह बीच की मनोदशा पर ठहरा कि बतौर सम्पादक बहुगुणा इतनी देशी-विदेशी दावतों का लुत्फ़ भोग चुका है कि उसने ज़रूर इन चीज़ों को देखा-चखा होगा।

शराब के पेग तैयार थे। तीनों ने अपने-अपने गिलास उठाकर 'चीयर्स' किया और घूँट हलक़ में उतारा। शराब का पहला घूँट गले में उतारने के बाद उसकी कड़वाहट जैसे सूर्यकान्त के दिमाग़ में गिरी—पुरखों के प्रेम में पागल पांडे उनके मूलस्थान की खोज और उनकी जीवनी लिखने का काम मुझे देगा जो एक पुरखे—पिता—द्वारा अपने ही घर-परिवार से निर्वासित है।

"आपके परिवार में कौन-कौन हैं?" पांडे ने सूर्यकान्त से प्रश्न किया। वह अवधी, भोजपुरी की खिचड़ी शैली में बोल रहा था।

"एक बेटा है और हम दोनों।"

"और माँ, बाबू...?"

"वे हैं मगर यहाँ नहीं...मतलब मैं वहाँ नहीं।" सूर्यकान्त को पसीना आने

लगा। वह सच नहीं बयान कर रहा था, इसका अर्थ था कि वह पांडे का काम करने का इच्छुक था। वैसे भी ये उसके गर्दिश के दिन थे और उसे काम की तलाश थी। उसने बात को सँभाला—"मतलब कि यहाँ लखनऊ में हम लोग रहते हैं और सुल्तानपुर में माँ, पिता, भाई, बहन...बड़ा परिवार है मेरा। हाँ, ये तो है कि हम अलग-अलग हैं।"

"क्या हुआ, परिवार तो एक है।" पांडे ने टीवी बन्द कर दिया—"होता है इस तरह—अपने लोग अलग-अलग जगहों पर रहते हैं मगर परिवार एक होता है।" पांडे ने थोड़ी और शराब भीतर उतारी—"मेरे बाबा की बात बताऊँ...।" उसने बड़ी जल्दी फिर घूँट मारा। पांडे जैसे किसी तनाव को बरदाश्त करने की ताक़त बटोर रहा था। या शायद वह अपने भीतर ख़ामोश पड़े किसी तनाव को जगा रहा था—"मेरे बाबा का एक परिवार यहाँ यू.पी. के गोसाईंगंज गाँव में छूट गया था और वह हम लोगों के साथ सूरीनाम में रहते थे। उनके माँ, पिता, पत्नी, उनके दो बच्चे यहीं छूट गए थे और वह ख़ुद सूरीनाम में अपने नये परिवार के साथ रहते थे।"

"ये बातें आपको कब और कैसे पता चलीं?" सूर्यकान्त का जीवनी लेखक जाग चुका था।

"शुरुआत यूँ हुई।" पांडे ने बताना आरम्भ किया—"बाबा खाना खाते वक़्त एक ख़ाली थाली मँगाते थे जिसमें वह थोड़ा-थोड़ा हर व्यंजन निकालकर पाँच जगह सजाते। तीन जगह खाना कुछ ज़्यादा होता और दो जगह बहुत कम। उनसे पूछा जाता कि वे ये भोग किनके लिए लगाते हैं? बाबा कहते—ये भाई के लिए, ये बाबू के लिए।

"इसके बाद वे चुप हो जाते थे। बहुत कुरेदने पर भी ख़ुलासा नहीं करते थे कि बाक़ी तीन हिस्से थाली में किसके लिए रखते थे। जब मैं बड़ा हो गया, बहुत बाद में एक तरकीब निकाली गई। उनसे कहा गया—दोनों छोटे-छोटे कौर आपके दोनों भाइयों के होंगे? बाबा बोले—नहीं। आपके चाचाओं के होंगे? बाबा बोले—नहीं। आपके ज़िगरी दोस्तों के होंगे? बाबा ने कहा—नहीं। आपके बच्चों के होंगे? बाबा ने कुछ नहीं कहा और सबने जान लिया, भोजन के वे दो नन्हे-नन्हे हिस्से वह अपनी भारतवासी औलादों के लिए लगाते थे। तीसरा हिस्सा, ज़ाहिर है उन बच्चों की माँ के नाम पर होता था।"

"बाबा ये बात छिपाते क्यों थे?"

"मेरे ख़याल से डर की वजह से।" पांडे ने उन दोनों से कहा—"आप लोग कुछ खाते भी रहिए।" फिर ख़ुद कोई चीज़ प्लेट से उठाकर खाया—"हाँ डर ही था। बाबा ने मेरी दादी से सूरीनाम में शादी की थी। वह और मेरी दादी हिन्दुस्तान से एक ही जहाज़ में चले थे। दादी यू.पी. के ही बभनान गाँव की थीं। मज़ेदार बात यह कि दोनों अपने गाँव के अलावा किसी देश-प्रदेश ज़िले का नाम नहीं जानते थे।"

"फिर आप कैसे कह सकते हैं कि गोसाईंगंज उत्तर प्रदेश में है?"

"इसलिए कि वह बिहार में नहीं है। यू.पी. और बिहार, इन्हीं दो इलाक़ों से लोग गिरमिटिया मजूर के रूप में भेजे गए थे। बाबा बताते हैं कि वह अयोध्या अपने गाँव से पैदल गए थे। चलकर अगली सुबह पहुँच गए थे और सरयू में स्नान किया था। उस रोज़ रामनवमी थी। मैंने पता किया है बिहार से इतने कम समय में पैदल अयोध्या नहीं पहुँचा जा सकता था।"

"दादी बिहार की हो सकती हैं...।" बहुगुणा बड़ी देर बाद बोला था।

"वह भी वहाँ की नहीं थीं। कहती थीं कि रास्ते में गोमती नदी पड़ी थी। यह नदी मेरी जानकारी के मुताबिक़ बिहार में नहीं है। ओ हाँ, बात बीच में भटक गई। मैं बताना चाहता था कि बाबा मेरी दादी से डरते थे। इसकी वजह यह थी कि उन्होंने दादी से शादी के वक़्त अपने दूसरे परिवार के बारे में कुछ नहीं बताया था। बाद में भी उन्होंने यह राज़ दादी से छिपाए रखा, मेरे पिता से छिपाए रखा, मेरी माँ और मुझसे भी छिपाए रखा। इस तरह एक बोझ उनके सीने पर पड़ा हुआ था। दादी और मेरे पिता की मौत के बाद घर में तीन लोग बचे—बाबा, माँ और मैं। मैं उन दिनों बच्चा था लेकिन इतना भी बच्चा न था कि अबोध था। ये समझिए कि बस मूँछें नहीं निकली थीं अभी। मैं देख-समझ रहा था बाबा की तकलीफ़ को। पत्नी और पुत्र की मौत उनका बहुत बड़ा दुख था लेकिन इन मौतों ने उन्हें कहीं आज़ाद भी कर दिया था। अब अपने गोसाईंगंज वाले परिवार को याद करने में ज़्यादा झिझक नहीं बची थी। क्योंकि अब जब मैं उनसे पूछता कि थाली के पाँच हिस्सों में तीन हिस्से किसके होते हैं तो जैसे यह सवाल उनको ख़ुशी दे जाता हो। और जल्द ही परदा उठ गया था। अब उनके पास लम्बे क़िस्से की पोटली थी। रात को खा-पीकर मैं और माँ दोनों बाबा के पास बैठ जाते। हम रेडियो बन्द कर देते और बाबा का धारावाहिक शुरू हो जाता। बाबा ने बताया कि वह गोसाईंगंज में एक ब्राह्मण परिवार में पैदा हुए थे...।"

इस आख्यान में अनेक बार पात्र स्वयं उपस्थित होकर अपनी बातें रखेंगे और कथाकार के अज्ञान, असमर्थता, अयोग्यता, अपर्याप्तता, अशुद्धि को दूर करेंगे। उचित ही। कथाकार को छोड़िए, वह बहुत मामूली चीज़ है, ईश्वर भी अपनी रची हुई सृष्टि में जब अन्याय और अन्यान्य गड़बड़ियाँ करने लगता है तो उसकी सृष्टि के—रचना के—प्रमुख चरित्र यानी कि मनुष्यगण हस्तक्षेप करके उसे दुरुस्त करते हैं। इस प्रकार किसी भी रचना के किरदारों को सचाई सामने लाने का, सचाई को सुन्दर एवं कलापूर्ण बनाने का पूरा इख़्तियार है लेकिन कई बार पात्र ख़ुद कथा कहने के चक्कर में भूलभुलैया में फँस जाते हैं—ढेर सारे गड़बड़झालों को जन्म देने लगते हैं। यहाँ तक कि झूठ बोलने से भी बाज़ नहीं आते हैं। तब कथाकार को हस्तक्षेप करते हुए कथा की कमान अपने हाथ में लेनी पड़ती है...

...जैसे कि रामअजोर पांडे ने झूठ बताया कि उसके बाबा 'एक ब्राह्मण परिवार में पैदा हुए थे।' हालाँकि पांडे का कोई क़सूर नहीं है क्योंकि उसको बाबा ने यही बताया था। क़सूर बाबा का भी नहीं क्योंकि जीवन के लगभग सात दशक वह पांडे या ब्राह्मण के रूप में ही जिये थे। और इसी रूप में वह मरे थे।

बाबा ने अपने पोते रामअजोर पांडे से एक और झूठ बोला था जिसे एक सत्य के रूप में रामअजोर ने होटल ताज के सूट में सूर्यकान्त और बहुगुणा को बताया। बाबा का वह झूठ यह था कि सूरीनाम आने के बाद जब पाँच साल बीत गए तो बाबा के सामने क़ानूनन यह सुविधा थी कि वह भारत वापस लौट सकते थे। लेकिन वह इसलिए नहीं गए कि उनको दादी से प्यार हो गया था। जबकि हक़ीक़त यह है कि उन्हें कम-से-कम विवाह के पहले दादी से प्यार-व्यार नहीं हुआ था। वास्तविकता यह थी कि जब उनकी देशवापसी की बात थी उस समय तक उनका न दादी से ब्याह हुआ था न प्यार।

दादी के पिता ने किसी बात पर बभनान गाँव के एक कुएँ में छलाँग लगाकर ख़ुदकुशी कर ली थी। उसके कुछ साल बाद माँ उन्हें लेकर सूरीनाम पहुँच गई थीं। वहाँ आकर माँ-बेटी दोनों शुरू-शुरू में एक-दूसरे को दुश्मन निगाह से देखतीं। एक को दूसरे से शिकायत रहती कि उसके विस्थापन, जलावतन की ज़िम्मेदार दूसरी है। कई बार ऐसा हुआ कि वे आपस में दो-चार रोज़ बोलती तक नहीं थीं।

हालाँकि कुछ ही दिनों बाद उनके बीच आत्मीयता का ऐसा सोता फूटा था कि वहाँ वह मिसाल की तरह पेश की जाने लगीं। एक उदास होती तो दूसरी क्या ग़ज़ब की हँसोड़ हो जाती। एक थकती तो दूसरे में बला की फ़ुर्ती आ जाती। वे गन्ने के खेतों में काम करतीं तो बीच-बीच में चुहल कर देती थीं। इससे उनको नई स्फूर्ति मिल जाती थी। जब वे आसपास रहतीं तो माँ-बेटी में कोई एक-दूसरे को कुहनी लगाकर तेज़ी से आगे बढ़ जाती और पीछे मुड़कर देखने लगती।

एक दिन माँ को जाने क्या बीमारी हुई थी कि वह काम के लिए बैरक से निकली तो गिर पड़ी। बेटी बदहवास होकर पानी के छींटे उसके चेहरे पर देने लगी लेकिन वह वैसे ही पड़ी रही तब वह चिल्लाई। उसकी चीख़ इतनी तेज़ थी कि खेत पर पहुँच चुके गिरमिटिया भागते हुए वहाँ पहुँचे और उसकी साँस, नब्ज़ का मुआयना करने लगे। उन्होंने अन्त में उसकी खुली हुई पलकों को गिराकर आँखें बन्द कर दीं और घोषणा कर दी कि उसकी माँ मर चुकी है।

अब दादी दूर देस में अकेली थीं और सोचती रहती थीं कि आगे ज़िन्दगी की नैया कैसे पार लगेगी? यह सोचते हुए ऐसा भी हुआ कि उनके मन में आया, वह भी अपने पिता की तरह नदी-इनारा में डूबकर सारी झंझटों से मुक्ति पा ले। लेकिन अन्ततः उन्होंने ऐसा कुछ नहीं किया और खेतों में काम और अपनी बैरक में आराम की जीवनचर्या का पालन करती रहीं। इस तरह माँ की मौत के एक साल बीत गए अर्थात अब कोई शुभ, मांगलिक कार्य किया जा सकता था। अतः दादी के साथ आए जहाज़ी भाइयों ने दादी की शादी के लिए वर की खोज शुरू की। यह वही समय था जब बाबा के गिरमिटिया मजूरी के पाँच साल के परमिट की मियाद ख़त्म हो रही थी और अब बाबा को तय करना था कि वह स्वदेश जाएँ या यहीं बस जाएँ।

बाबा स्वदेश नहीं गए। इसकी कई वजहें थीं।

स्वदेश वापसी से बाबा के इनकार का एक कारण यह था कि उन्हें वहम था—सूरीनाम आकर उन्होंने भारत की अंग्रेज़ हुकूमत के ख़िलाफ़ काम किया है। सच है कि अगर उनको यात्रा के पहले मालूम हुआ होता कि वह दूर देस ले जाए जा रहे हैं तो वह न आते। वह फँस गए थे अथवा वह फाँस लिये गए थे। आश्वासन दिया गया था कि वह कलकत्ता ले जाए जा रहे हैं जहाँ जूट मिल में उनको नौकरी मिलेगी। लेकिन तक़दीर ने यहाँ वतन से इतनी दूर भेज दिया था। अब वह डरते थे कि हिन्दुस्तान में अंग्रेज़ बहादुर की सरकार उनको पकड़कर सज़ा देगी। दरअसल भय के निर्माण में 1857 की स्मृति का अवदान था। 1857 में जब बरतानिया हुक़ूमत के ख़िलाफ़ अवध में बग़ावत हुई थी तब गोसाईंगंज के बारह लोगों ने विद्रोहियों का साथ दिया था। विद्रोह ख़त्म करने के बाद अंग्रेज़ों ने पैंतालीस लोगों को मारकर पेड़ों पर लटका दिया था। गोसाईंगंज वाले समझते थे, सबसे ज़्यादा उनके गाँव के लोग मारे गए थे मगर पड़ोस के गाँवों का क़िस्सा यह था कि वहाँ जितने पेड़ थे उतने आदमी क़त्ल किये गए थे। हर पेड़ पर एक लाश लटक रही थी। जिन्हें देखकर गाँवों के लोगों में दहशत इस क़दर फैल गई थी कि वे अपरम्पार दुख के बावजूद न बोल पा रहे थे न चीख़ पा रहे थे। उनकी ज़बान से शब्द तक नहीं निकल रहे थे। वे इधर से उधर पागलों की तरह चल रहे थे और हताश होकर बैठ जा रहे थे। कुछ दिनों के उपरान्त जब उनकी सहजता थोड़ी-थोड़ी लौटी तो उन्हें यह डर सताने लगा कि लाश लटकाने के कारण उनके गाँव में पेड़ फल नहीं देंगे। गोसाईंगंज में भी यह चर्चा थी कि जिन 45 वृक्षों पर अंग्रेज़ों ने लाशें लटकाई थीं उनमें अब फल नहीं उगेंगे और यह भी कि वे वृक्ष अब भुतहे हो जाएँगे। गोसाईंगंज वालों ने ख़ौफ़ या श्रद्धा से उन पेड़ों की पूजा शुरू कर दी थी। तब बाबा पैदा नहीं हुए थे, बाद में उन्होंने अपने पिता से रात को सोते वक़्त बार-बार 1857 की वे दास्तानें सुनी थीं। उन क़िस्सों को सुन-सुनकर वह बड़े हुए थे और तब उन्होंने सभी पेड़ों की नहीं किन्तु उस नीम के पेड़ की पूजा ज़रूर शुरू कर दी जिस पर उनके दादा को लटकाया गया था। इस प्रकार बाबा के मन में तभी से यह बात घर कर गई थी कि गोरा साहिब हाकिम की सज़ा बड़ी बेरहम होती है। और वह भय बड़ा हो जाने और सूरीनाम आ जाने पर भी दूर नहीं हो सका था। बाबा इसलिए भी अंग्रेज़ों से ख़ौफ़ खा रहे थे कि वह जाति से कुम्हार थे लेकिन उन्होंने डिपो में रजिस्ट्रेशन के समय अपने को पांडे बता दिया था। धीमे

से लगभग फुसफुसाहट सरीखा कहा था—भगेलू पांडे। डिपो पर रजिस्ट्रेशन के लिए इतनी भीड़ थी, इतनी चिल्ल-पों थी और समय की इतनी जल्दबाज़ी थी कि किसी के पास तफ़्तीश, जाँच-पड़ताल, सत्यता जानने के लिए अवकाश नहीं था। वैसे भी जिस उद्देश्य से ये लोग ले जाए जा रहे थे उसमें जाति नहीं काम करने में कुशलता और सामर्थ्य की ज़रूरत थी।

पाँच साल के परमिट की मियाद पूरी हो जाने के बाद भी उनके भारत न जाने के पीछे मौसम भी एक कारण था। जिस बरस बाबा सूरीनाम आए उनके गाँव में भयानक सूखा पड़ा था। यह लगातार तीसरे साल का सूखा था जो आपस में जुड़े हुए कई जनपदों में मारक रूप से फैला हुआ था। शुरू में बाबा के गाँव वालों को लगा था कि यह विपत्ति उनकी ही धरती पर है, वह भी दो साल पहले गाँव में हुई हरहू राम की मौत के कारण। हरहू राम एक सामान्य ढंग के आदमी थे लेकिन अधेड़ावस्था में उन्हें जाने क्या हुआ कि उनमें धार्मिक भावनाएँ कसरत करने लगीं। उन्होंने मांसाहार का पूरी तरह से त्याग कर दिया था और नित्य स्नान करने लगे थे। अछूत होने के कारण उन्हें पूरे गाँव ने पूज्य नहीं माना मगर अछूतों के बीच वह श्रद्धा के ऊँचे सिंहासन पर विराजमान हो गए। वह रैदास का अवतार कहे जाने लगे और उनकी बातें ध्यान से सुनी जाने लगीं। अछूतों की बिरादरी ने अपनी भूख और ज़रूरतों से कपटकर कुछ चढ़ावा देने का सिलसिला शुरू करना चाहा तो हरहू ने सख़्ती से मना कर दिया। कहा—"देने वाला सिर्फ़ भगवान है।" वह हाड़-तोड़ मेहनत-मजूरी करते, अपने छह सदस्यीय परिवार का पेट पालते। परिवार में वह स्वयं, पत्नी, दो बेटे, एक बेटी, बूढ़ी माँ थी। चढ़ावा उन्होंने नहीं लिया था लेकिन अपनी बस्ती से उन्हें सम्मान और भरोसा काफ़ी मिला था। इससे उनमें उदात्तता, साहस का लगातार विस्तार हो रहा था। यही उनकी मौत का सबब बना। हुआ यह कि एक दिन वह दोपहर में खेत का काम निपटाकर पेड़ की छाँव में खाना खाने जा रहे थे। उन्होंने पोटली खोलकर रोटी-प्याज-नमक निकाला था कि सामने से पुरोहित महाराज आते दिखे। वह किसी जजमान के घर से पूजा-पाठ निपटाकर लौट रहे थे और दान-दक्षिणा से सम्पन्न गठरी उनकी पीठ पर लटक रही थी। उनको देखकर सम्मान व्यक्त करने के उद्देश्य से हरहू लेटकर पैलगी करने लगे। पुरोहित जी ने कहा—"का हो हरहू, बड़ी गरमी हो रही है।"

"ऊपर वाले की इच्छा।" हरहू ने उँगली आसमान की ओर उठाई।

पुरोहित महाराज को लगा, हरहू उनसे अध्यात्म में बढ़त लेने की कोशिश कर

रहा है। वह चिढ़कर बोले—"अभी तुमको पनही मार-मार के भूसा भर दें तो वह भी ऊपर वाले की इच्छा होगी?"

"हमको कहाँ मारेंगे महाराज। हम सबके भीतर वही भगवान बसता है। हम भगवान के अंश हैं। मारेंगे मुझे, चोटें उसको पहुँचेंगी।"

"भगवान को बसने के लिए शूद्र का शरीर ही रह गया है।" पुरोहित महाराज की चिढ़ ग़ुस्से में बदलने लगी।

"उसने सबको एक जैसा बनाया है। भेद इनसान ने पैदा किया।"

"भेद में बड़ी ताक़त होती है, देखोगे?"

"भेद की ताक़त ही देख रहे हैं जनम से।"

"पर इतनी ताक़त नहीं देखे होगे।"

"महाराज ताक़तवर बस ऊपर वाला है।"

शाम को हरहू घर वापस नहीं आए। अगली सुबह एक कुएँ में उनकी लाश तैर रही थी। इसके बाद वह हुआ जो इस गाँव में कभी नहीं हुआ था—हरहू के परिवार के सभी सदस्यों ने ख़ुदकुशी कर ली। गाँव के पाँच अन्य कुओं में भी लाशें तैर रही थीं। इसके पहले गाँव के कुएँ, नाले, पोखरे पानी से लबालब रहते थे। कुओं में पानी इतना ज़्यादा होता था कि किसी-किसी कुएँ में बग़ैर रस्सी-उबहन के लोग हाथ से ही बाल्टी, लोटा डालते और पानी निकाल लेते थे। उस ज़माने में गाँव में आठ-दस धार्मिक पोथियों को छोड़कर काग़ज़ का प्रवेश नहीं था, वरना बच्चे ज़रूर काग़ज़ की नाव बनाकर कुएँ में तैराते और मन होने पर वापस निकाल लेते। पानी का वरदान यूँ था कि गाँव के पोखरे तालाब लगते थे और तालाब नदी लगते। इसलिए जब छह कुओं में तैरती छह लाशें दिखीं तो यह कानाफूसी हुई कि इन्हें पहले ज़िन्दा रहते मार डाला गया फिर शव कुओं में फेंक दिये गए। इस प्रकार एक धारणा जो भीतर ही भीतर बुदबुदा रही थी वह यह थी कि ये सभी मौतें आत्महत्या नहीं क़त्ल थीं। उसी वक़्त से यह आशंका व्याप्त हो गई थी कि कोई बड़ा अनिष्ट गाँव के द्वार की कुंडी खड़खड़ा रहा है।

बहुत साल बाद बुज़ुर्ग अपने बच्चों को बताते कि इसी के बाद से कुओं, पोखरों, तालाबों में पानी घटने लगा था। यह बात सत्य न भी हो लेकिन भादों तक वाक़ई हालात बहुत ख़राब हो गए थे और उसके अगले साल अनहोनी ही हो गई थी। दो साल लगातार ऐसा हुआ था कि बादल नहीं बने। घुमड़े, घहराए, बरसे नहीं। पानी लगभग ग़ायब हो चुका था। कुएँ इस तरह हो गए थे कि उनमें जब बाल्टी

को उबहन से बाँधकर पानी के लिए लटकाया जाता तो रस्सी छोटी पड़ जाती थी। पानी इतना नीचे खिसक गया था कि दो रस्सियों को जोड़कर बाल्टियाँ लटकाई जातीं, तब कहीं पानी मिलता था। पर कुछ कुएँ ऐसे हो गए थे कि बाल्टी पानी नहीं फ़र्श से टकराती। छपाक् या डब्ब नहीं झन्न की आवाज़ होती थी। बाल्टी बाहर निकलती तो उसके चारों ओर मिट्टी-कीचड़ लगा रहता। तालाबों और पोखरों की दशा यह थी कि उनकी मिट्टी सूखकर फट गई थी। मिट्टी इतनी तप्त रहती थी कि जानवर वहाँ बैठते ही तड़पकर खड़े हो जाते थे और अपनी पूँछ से पृष्ठ पर हवा देने लगते थे। जबकि वे गर्मी से बेहाल होकर वहाँ उम्मीद लेकर आते थे लेकिन अब वे विस्फारित आँखों से निर्जल जलस्रोत को देख रहे होते थे।

कोई उपज नहीं हो रही थी। खेत ख़ाली पड़े थे, उनमें धूल उड़ती रहती थी। खलिहानों में रात को सियार रोते थे। घरों की बखार के चूहों ने भूख से दम तोड़ दिया था। जगह-जगह चूहे मरे रहते थे। मेढक और मोरों की ध्वनियाँ जैसे सृष्टि में अनुपस्थित हो गई थीं। धीरे-धीरे मवेशी मरने लगे। आदमी के पास अपनी भूख-प्यास मिटाने के लिए आहार और जल नहीं था फिर वह जानवरों की फ़िक्र कैसे करता। बैल, गाय, भैंसें, बकरियाँ, भेड़ें, कुत्ते—सभी—पहले कमज़ोर पड़ते, शुरुआत में वे चलने में अशक्त होते, उनके चिल्लाने चिंग्घाड़ने में मन्दता आती। फिर वे बेतरह सुस्त पड़ते और मर जाते थे। गाय-बैल पहले-पहल मरे तो भूख से बेहाल दलित बस्ती में ख़ुशी की लहर फैली थी कि अन्न के अभाव के वक़्त में मांस खाने को मिलेगा। खाने के बाद मांस भविष्य हेतु भंडारण के लिए भी बचा रह जाएगा—ढेर सारा भंडारण। वे उस दुर्दिन में भी उत्साह से निकल पड़े थे। कुलबुलाती अँतड़ियों के आक्रमण के बावजूद उनके पैरों में अप्रत्याशित फुर्ती आ गई थी। लेकिन पानी? पानी कहाँ था! जिन कुओं में थोड़ा-बहुत जल था उन पर सवर्णों ने क़ब्ज़ा कर रखा था। यहाँ तक कि एक कुआँ जिसमें पानी था और जो दलितों के हिस्से में था उस पर मध्य जातियों ने क़ब्ज़ा कर लिया। दलितों के बीच पानी को लेकर हाहाकार मच गया। उनके लोग अपने-अपने बरतन लिये पानी हेतु फ़रियाद करते, आर्तनाद करते, परस्पर एक-दूसरे को ठेलते-ठालते चले आते थे। कई पानी के इन्तज़ार में मूर्च्छित होकर गिर जाते थे। काफ़ी प्रतीक्षा और मशक़्क़त के बाद जिनको पानी मिलता था वे उसे तुरन्त पीने लगते थे।

अन्न की दशा अब तक और बिगड़ गई थी। खेत-खलिहान, बखार, बोरे, बोरियाँ, गट्ठर, गठरियाँ ख़ाली हो गए थे बस चुनिन्दा घर थे जहाँ राशन की कमी

नहीं थी। इन घरों के मुखिया अपने भंडारण के बारे में जानकारी छिपाए रखे थे। जब ग्रामवासियों की भूख असह्य हो गई और वे किसी भी क़ीमत पर राशन पाने के लिए तड़फड़ाने लगे तो उन्होंने थोड़ा-थोड़ा अनाज ज़्यादा क़ीमत पर बेचने की घोषणा की। खेतों में काम नहीं था इसलिए श्रम बेचकर काम नहीं पाया जा सकता था। अत: भूखों में जिसके पास जो कुछ भी बचा-खुचा था उसे बेचकर अन्न हासिल करने के लिए विनती करने लगा। जिनके पास कुछ भी शेष नहीं था वे अपनी मौत की घड़ियाँ गिनने लगे या गाँव छोड़कर भागने लगे। ये लोग काम की खोज में आसपास के गाँवों में गए, रिश्तेदारियों में गए तब उनको मालूम हुआ कि उनके गाँव में ही नहीं, सूखा वहाँ भी कहर ढा रहा था। अब जाकर उनके इस वहम में भी कमी आई थी कि अनावृष्टि का कारण हरहू और उनके परिवार की मौत से उत्पन्न अभिशाप था। यह एक बृहत्ताकार अकाल था जो दूर-दूर तक फैला हुआ था। उसकी जकड़न इतनी घनघोर थी कि चारों ओर से जो इनसान दिखाई देते थे उनके शरीर से बदबू आती रहती थी। तक़रीबन सभी के बदन पर फोड़े, फुंसियों, ज़ख़्म, ख़ून, मवाद का हमला था। लोगों के बाल धूल से सने रहते थे जिनसे छिपी त्वचा पसीने से भीगी रहती थी। हर कोई अपनी उम्र से दस-बीस साल अधिक का दिख रहा था। लगता था कि कोई चलते हुए, बैठे हुए या खड़े-खड़े कभी भी गिर पड़ेगा अथवा मर जाएगा। और सचमुच लोग मरने लगे थे। जानवरों के बाद अब इनसानों की बारी थी। कोई साँस ले रहा होता था और अचानक निष्प्राण हो जाता था। महामारी फैल गई थी। तरह-तरह की बीमारियाँ इस घर से उस घर में फटाफट दाख़िल हो रही थीं। गाँव में हर वक़्त किसी न किसी घर से मातम की आवाज़ें आती थीं। कभी-कभी कई घरों से एक साथ विलाप की आवाज़ें निकलतीं जो घरों से बाहर आकर गले मिलने लगती थीं। एक बड़े बाग़ के एक हिस्से में मृतकों के अन्तिम संस्कार का चलन था। आजकल उस हिस्से का विस्तार समूचे बाग़ में हो गया था। दूसरा श्मशान दलितों का था जो गाँव के सीमान्त पर रहते थे। वहीं स्थित एक ऊसर में वे मुर्दे जलाते थे। उन दिनों इस तरह भी हो रहा था कि दोनों शवदाह स्थलों पर एक साथ कई-कई चिताएँ जलतीं। तब अगर रात होती तो चिताओं की लपटें शवदाह स्थलों और इर्द-गिर्द के भूभाग पर उजाला कर देतीं। स्थिति यह थी—रात में सारे घर अन्धकार में डूबे रहते। गाँव में रात को रोशनी का स्रोत केवल श्मशान थे या चाँद। लेकिन इतने मुर्दे जले और उसके बाद इतने लोग मरे कि उन्हें जलाने के लिए लकड़ियों की बेपनाह कमी हो गई थी। स्थिति

इतनी ख़राब हो गई कि अनेक ग़रीब-गुरबा के शव वैसे ही फेंक दिये जाने लगे थे। जो जलाए जाते थे उन्हें इतनी कम लकड़ियाँ मयस्सर होतीं कि शरीर के कई अंग अनजले रह जाते थे। उनका कोई हाथ या पैर या अन्तड़ियाँ या उँगलियाँ या नाक वैसे साबुत पड़ी रहती थीं जिन्हें एकान्त होने पर जानवर खा जाते थे।

इन्हीं परिस्थितियों में बाबा जो तब बाबा नहीं एक युवक थे और भगेलू कुम्हार थे का बड़ा भाई पत्नी सहित और दो छोटे भाई मर गए थे। इन अकाल मौतों ने अपनों के खो देने का दुख दिया और अपनी भी मृत्यु का भय दिया किन्तु यह सहूलियत भी हुई कि खाने वाले कम हो गए थे। फिर भी पेट भरना असम्भव था। धेले भर की मज़दूरी का जुगाड़ न था। खेत सूखे और ख़ाली थे। मकान, मन्दिर, तालाब जैसे निर्माण का इस विपदा में सवाल न था जहाँ जाँगर बेचकर कुछ कमा लिया जाता। जहाँ तक भगेलू कुम्हार के पुश्तैनी पेशे की बात थी तो उस पर भी अकाल में बहुत भारी पड़ी थी। बरतन गढ़ने के लिए अच्छी मिट्टी लापता थी। हर ओर मिट्टी सूखकर इतनी कठोर हो गई थी कि उस पर फावड़ा या कुदाल चलाओ तो जैसे वह पत्थर पर गिरे। माटी में कितना भी पानी मिलाओ, सूखकर वैसे ही बज्र बनी रहती थी। इससे भी बढ़कर मुसीबत यह थी कि अगर चाक पर बरतन गढ़ भी लो तो उसके ख़रीदार नहीं थे। शादियाँ, गौना, मूड़न, टूड़न के आयोजन का इस अकाल में मौक़ा न था जिसमें होने वाली दावत में भुरका, परई जैसे मिट्टी के बरतनों की दरकार रहती थी। यहाँ तक कि इधर हुई मौतों के उपलक्ष्य में लोगों ने तेरहवीं के भोज का आयोजन भी बन्द कर दिया था। अत: वहाँ भी बरतनों की खपत न थी। इस तरह बहुत दिन हो गए थे, भगेलू कुम्हार के चाक पर मिट्टी नहीं चढ़ी थी और न आवाँ में आग पड़ी थी।

ढेर सारे लोग काम की खोज में गाँव से पलायन कर चुके थे। और अभी भी कर रहे थे। वैसे अब गाँव में अधिकतर, बच्चे, महिलाएँ, बूढ़े, बीमार और विकलांग ही दिखाई दे रहे थे। किसी को दौड़ते हुए देखना नामुमकिन था। झाबर, कुश्ती, कबड्डी जैसे खेल हुए जाने कितने दिन बीत चुके थे। घिसटती हुई चाल, सूखी हुई ज़बान, बुझी हुई नेत्रज्योति सर्वव्याप्त और सर्वसुलभ दृश्य था। भगेलू कुम्हार इन्हें देखकर सोचते, अगर गाँव नहीं छोड़ा तो इन्हीं की गति को पाएँगे। और उस एक रात उन्होंने फ़ैसला किया जिसे अपनी पत्नी को बताया और कमाने के लिए गाँव छोड़ दिया। वह शहर के लिए रवाना हुए।

जब वह घर से निकले उनके कंधे पर लाठी थी। लाठी के अगले सिरे पर

एक गठरी लटक रही थी। उस गठरी में एक छोटी गठरी और तीन पोटलियाँ थीं। एक पोटली में सतुआ, दूसरी में गुड़ बँधा था, तीसरी में कुछ मुट्ठी चबेना था। छोटी गठरी में एक जोड़ी कपड़ा, लोटा, मूँज की लम्बी डोरी, थरिया, नून की कुछ डलियाँ, नीम की दातौन का एक मोटा बंडल था। जब एक कंधा दुखने लगता था, भगेलू कुम्हार उर्फ़ बाबा लाठी दूसरे कंधे पर रख लेते थे।

शहर में भगेलू डर गए। इतने सारे पक्के मकान उन्होंने सपने में भी नहीं देखे थे। और इतने सिपाही और अंग्रेज़। उन्हें लगा कि यहाँ आकर उन्होंने अंग्रेज़ बहादुर की शान में कोई हुक्मउदूली कर दी है। अब उनको कहीं फाँसी न हो जाए। वे इतनी दहशत में थे कि किसी भी रोबीले आदमी को देखकर छुपने लगते थे। दूसरी ओर पक्के मकानों से इतने अभिभूत थे कि उन्हें सामने पाकर वह रास्ता बदल देते थे।

उस अकाल बेला में उन्हें शहर की कुछ चीज़ें अचम्भे में डाल रही थीं—उन्होंने देखा एक आदमी थाल में मिठाई रखकर बेच रहा है और उससे भी अधिक हैरत की बात कुछ लोग मिठाई ख़रीद भी रहे हैं। यह देखकर उनकी आँखें आश्चर्य से फटी रह गईं कि बड़े से बँगले के सामने एक भिश्ती मशक से ढेर सारा पानी गिराकर ज़मीन को तर कर रहा था। और एक दफ़्तर के सामने कोई मदारी भालू का नाच दिखाने के बाद आराम से केला खाने लगा था। जबकि स्वयं वह दो दिनों से कुछ खाए नहीं थे। उन्हें भयानक भूख लगी थी। बरदाश्त बाहर। थकान ऊपर से बेपनाह। वह लगभग नीमबेहोशी में आकर एक इमली के पेड़ की छाँह में तने पर पीठ टिकाकर बैठ गए।

थोड़ा वक़्त बीता होगा—बीस-बाईस साल का—भगेलू का लगभग हमउम्र—बेहतर कपड़े पहने एक युवा आकर बग़ल में बैठ गया। उसने अपने थैले से थाली निकालकर सत्तू डाला और उसमें गुड़ मसलकर मिलाया। फिर थाली के सत्तू के बीचोबीच बड़ा सा गोला बनाकर पानी से भर दिया। अब उसने सत्तू को साना। तैयार हो जाने पर सत्तू उसने भगेलू को भी पेश किया। भूखे भगेलू ने बिना वक़्त गँवाए निःसंकोच उसे स्वीकार करते हुए गठरी से अपनी थाली निकाली।

उस रोज़ भगेलू का भाग्य सम्भवत: करवट ले रहा था। उन्होंने सत्तू देने वाले के प्रति कृतज्ञता प्रकट की—"आज तीसरे दिन जाकर पेट को कुछ नसीब हुआ।"

"घर से कुछ लाए नहीं थे?"

"जो कुछ झार-झूरकर गाँव से लाए थे वह दो दिन में ख़तम हो गया।"

"कौन गाँव के हो?"

"गाँव गोसाईंगंज के।"

"कैसे यहाँ आना हुआ?"

"जैसे सब आ रहे हैं। मेहनत-मजूरी की आस में आए हैं हम पर अभी तक कोई डौल बना नहीं है।"

"भइया हम भी सूखा की मार से बेहाल होकर अपने गाँव से यहाँ काम के फेर में आए थे। मुला हमारी बात तो बन रही है।" उस आदमी ने भगेलू के चेहरे पर आँखें टिकाईं।

"कहाँ काम मिला?" भगेलू उत्सुक, ईर्ष्यालु और आशावान दिखे।

"कलकत्ता में चपड़ासी बनाए दिये जाएँगे। बैठने के लिए कुर्सी मिलेगी। पहनने के लिए पुलिस माफ़िक वर्दी होगी और कंधे पर लटकाने के लिए बन्दूक़ भी देंगे। झोला भर रुपिया तनख़्वाह पाएँगे हम।"

भगेलू गिड़गिड़ा पड़े थे—"तुम्हारे पाँव पड़ते हैं हम, हमारा भी बन्दोबस्त कराओ कछु।"

वह आदमी यही सुनना चाहता था। इसी क्षण की घात में वह इस इमली के पेड़ के नीचे आया था। भगेलू को देखते ही वह समझ गया था कि वह फँस सकते हैं। दरअसल वह भारत से मज़दूर निर्यात करने वाली एक श्रमिक भर्ती कम्पनी का दलाल था—अरकाटी था।

"ठीक है, तुम्हारे लिए भी कोशिश करते हैं।"

"हमको भी चपड़ासी की नोकरी मिल जावेगी?"

"तुम तो हमसे ज़्यादा हट्टे-कट्टे तगड़े हो, तुम तो बाबू बन जाओगे। कुर्सी के साथ मेज़ भी पाओगे। तनख़्वाह में बड़ा-बड़ा बटुआ भर सोने की गिन्नी मिलेगी। भइया कुछ गिन्नी हमको भी दे देना।" वह हँसा—"पहनने को मलमल का कुर्ता और बिस्तर पर रेशम की रज़ाई और गुलगुल गद्दा पाओगे।"

भगेलू उस अरकाटी के पैरों में लोट गए—"हम तुम्हारा गोड़ (पाँव) धोकर पीएँगे।"

वह एक बड़ी-सी कोठी थी जिसके अहाते से लेकर बरामदे तक लोगों की भीड़ लगी हुई थी। ज़्यादातर पुरुष थे और कुछ स्त्रियाँ। ये सभी लोग गिरमिटिया मज़दूर के रूप में भर्ती होने के लिए इकट्ठा थे। उनके चेहरे पर इतनी सारी भावनाओं की लकीरें आपस में एक-दूसरे को काटती-पीटती हुई थीं कि उनकी मौजूदा मन:स्थिति को ठीक-ठीक पढ़ा नहीं जा सकता था। वहाँ डर, उम्मीद, बौड़मपन, लाचारी, तंगहाली, अन्धविश्वास, घबराहट, निर्विकारत्व, और भी न जाने क्या-क्या अपने धुँधले-धुँधले रूप में थे। यदि एक को भाँपने का यत्न किया जाए तो अनेक अन्य उस पर तारी होकर उसे छुपा देते थे। भर्ती कम्पनी के कर्मचारियों को छोड़कर सभी की प्रस्तुति में दैन्य, ग़रीबी और अशिक्षा मूर्त हो रही थी।

बाबा अर्थात भगेलू भी अरकाटी के साथ आकर इन्हीं में शामिल हो गए थे। अरकाटी सात लोगों को लेकर आया था। कल उसने तड़के ही इन लोगों को उसी इमली के पेड़ के नीचे इकट्ठा होने के लिए कहा था। इसलिए जब भगेलू आज अलस्सुबह वहाँ पहुँचे तो देखा कि छह दूसरे लोग भी वहाँ खड़े हैं। ये सभी अलग-अलग थे और एक-दूसरे से अपरिचित थे। इनमें से किसी को भी दूसरों के वहाँ होने का उद्देश्य नहीं ज्ञात था। लेकिन जब अरकाटी धोती-कुरता पहने और सिर पर गमछा रखे वहाँ आया तो तसवीर बदल गई। सब उसके पीछे-पीछे चले और अधिक वक़्त नहीं गुज़रा, आपस में बतियाने लगे। वह सातों को लेकर नदी गया और कहा—"नहा-धो लो।"

नदी सूखी हुई थी। दूर तक सूखी और दरारों से भरी मिट्टी दिख रही थी। काफ़ी आगे जाकर थोड़ा जल था। नदी, नदी नहीं, छोटा-मोटा नाला लग रही थी लेकिन कुछ जल तो था ही। सबके नहा धो लेने पर अरकाटी उनको साथ लेकर रवाना हुआ और एक दुकान पर पहुँचा जहाँ पूड़ी-सब्ज़ी बिक रही थी। वह दुकान वाले से बोला—"इन्हें भरपेट खिला दो।"

उन सातों के लिए यह वर्तमान इतना अविश्वसनीय, सुखद, अलौकिक लग रहा था कि वे जड़ हो गए थे। शायद वे इसे सपना समझ रहे थे कि जैसे ही पूड़ी का कौर मुँह में डालेंगे, नींद खुल जाएगी। किन्तु वह सपना नहीं यथार्थ था जो अरकाटी के कारोबार से जुड़ा था। दरअसल गिरमिटिया के रूप में उन्हीं को चुना

जाता था जो काम करने, मेहनत करने का माद्‌दा रखते हों। ये सातों भूख से मरियल हो चुके थे, अत: इन्हें देखते ही कम्पनी के लोग नाक-भौं सिकोड़ते। एक भरपेट इनसान में मेहनती होने की गुंजाइश ज़्यादा दिखाई देती है।

सात जन के सामने पत्तल-दोने लगे थे। पत्तल में पूड़ियाँ और मीठी चटनी थी जबकि दोने में आलू-कटहल की रसेदार तरकारी। यह इतना अविश्वसनीय था कि उन्हें व्यंजन को छूते भय हो रहा था। बहरहाल उन्होंने जब खाना आरम्भ किया तो उस पर पशुओं की तरह निर्ममता के साथ टूट पड़े थे। आख़िर में उन्होंने पत्तल-दोने को जीभ से चाट-चाट कर साफ़ कर डाला था। इसके बाद भी तृप्ति न हुई तो पत्तल-दोने की वे सींकें जिनसे पत्ते जोड़े गए थे, निकाल फेंका। और उस जगह पर जो मसाला या तरी रह गई थी उसे भी चट कर लिया। जैसे अतृप्ति का भीषण सोता उनके भीतर फूट पड़ा था। किन्तु जब वे दुकान से बाहर निकलकर अरकाटी के साथ सड़क पर चल रहे थे तो उनके उदर, जीभें और आत्माएँ अद्वितीय तृप्ति से उमग रही थीं।

इस बड़ी कोठी के हाते में पहुँचकर अरकाटी ने उनसे कहा—"घबड़ाना मत। जब मुआयना होगा तो मन में यही रखना कि तुम्हारे भीतर इतना जाँगर है, इतना जाँगर है कि पहाड़ तोड़ सकते हो।"

पूड़ी खाने के कारण था या गर्मी के या दोनों ही वजहें थीं कि भगेलू को बड़ी प्यास लग रही थी। वह यह देखकर बेहद ख़ुश हुए कि बरामदे के एक कोने में लकड़ी की चौकी पर मिट्‌टी का एक बड़ा सा घड़ा (कूँड़ा) रखा था जिसका गोल मुँह पियाली से ढका था। पियाली के ऊपर एक लुटिया रखी थी। उस लुटिया को घड़े में डालकर पानी निकाल-निकालकर प्यासे चुल्लू से पानी पी रहे थे। भगेलू उस तरफ़ बढ़े। पास आकर उन्होंने अपनी बारी का इन्तज़ार करते हुए घड़े और पियाली को ग़ौर से देखा और सोचा—"घड़े की गरदन ठीक से नहीं गढ़ी गई है और पियाली के किनारों की धार बराबर नहीं है। मैं बनाता तो कितना बढ़िया होता।" उनका नम्बर आ गया और उन्होंने छककर पानी पिया—ठंडा पानी—अमृत सरीखा। आज इतना बढ़िया खाना और ऐसा जी जुड़ा देने वाला पानी—वह ईश्वर को धन्यवाद देते हुए अपनी लाठी और गठरी के पास लौटे ही थे कि एक ख़ूब काले आदमी को कहते सुना—"तुम सब लोगों को रुपिया कमाने परदेस जाना है तो उसके वास्ते एक काग़ज़ पर अँगूठा टीपना होगा। जो कोई दिक्क-बेराम हो, लँगड़ा-लूला हो, कामचोर-कमज़ोर हो, वो यहाँ से चला जाए। क्योंकि अँगूठा

टीपने से पहले सबका डॉक्टरी-मुआयना होगा। जिसके शरीर में ताक़त होगी वही जा पाएगा। तुम लोग तैयार हो जाओ, डॉक्टर आने वाले हैं।"

डॉक्टरी-मुआयना हो चुकने के बाद चुन लिये गए सारे लोग एक मजिस्ट्रेट के सामने पेश किये गए। मजिस्ट्रेट लबड़चा था। इसलिए वह बाएँ हाथ में क़लम पकड़े हुए था। वह लोगों से नाम, गाँव का नाम, ज़िला, धर्म, जाति वग़ैरह पूछ रहा था। थोड़ी देर बाद भगेलू उसके सामने थे। जब भगेलू से उनकी जाति पूछी गई तो जवाब देने के पहले वह ठिठके और काँपे फिर बेसाख़्ता बोल गए—"पांडे हूँ सरकार, बाभन।"

भगेलू कुम्हार यानी कि रामअजोर के बाबा द्वारा अपनी जाति असत्य बतलाने के पीछे कोई सुनियोजित रणनीति नहीं थी। ऐसा भी नहीं था कि वर्णाश्रम व्यवस्था में ऊँचे पायदान पर पहुँचने की कोई आकांक्षा थी उनके मन में। क्योंकि वर्णाश्रम में यह कभी सम्भव ही नहीं था और न किसी के भीतर ऐसी हसरत पैदा होने की गुंजाइश थी। यह भी सही नहीं होगा कि बाबा के अन्दर झूठ बोलने की लत थी क्योंकि उनके जैसे सामाजिक स्तर के इनसान सार्वजनिक रूप से झूठ बोलने की हिम्मत दिखाने की औक़ात ही नहीं रखते थे। पांडे और कुम्हार में कोई ध्वनि साम्य भी नहीं था कि बाबा के बोलने या मजिस्ट्रेट के सुनने में ख़ामी का नतीजा माना जाए पांडे लिख जाने को।

असलियत यह थी कि भगेलू कुम्हार से जाति पूछे जाने पर उन्हें लगा कि यदि उन्होंने सत्य कहा तो—(i) हो सकता है उन्हें भर्ती ही न किया जाए और इतना ही नहीं, कुम्हार होकर काम चाहने के ज़ुर्म में गिरफ़्तार न कर लिया जाए। (ii) मुमकिन है कि भर्ती कर लिया जाए लेकिन परदेस में उनका कामधाम के लिहाज़ से वही दर्जा हो जो गाँव की सामाजिक/जातिगत व्यवस्था में कुम्हार का होता है। (iii) यह सम्भावना पुरज़ोर थी बल्कि सौ फ़ीसदी पक्की थी कि एक कुम्हार को सोने की गिन्नी कमाने का अवसर सात जनम में नहीं मिल सकता। अगर परदेस में भी उन्हें वही घड़ा, सुराही, खिलौना और दीयाली बनाने का काम मिला और मजूरी में वही जौ, बाजरा और जड़हन, फिर परदेस जाने का क्या फ़ायदा!! (iv) सबसे बड़ा भय यह था कि यहाँ भर्ती कर लें और बीच रास्ते में एक कुम्हार को बेइज़्ज़त करके उतार दें।

उपरोक्त वजहें थीं लेकिन यह भी मानना होगा कि ये सभी मिलकर भगेलू कुम्हार में इतना बड़ा जोखिम उठाने और ऐसा ख़तरनाक झूठ बोलने की हिम्मत

कदापि नहीं दे सकती थीं। और तो और ख़ुद उन्हें बाद के दिनों में बार-बार कौंधता कि हाकिम के सामने उन्होंने कुम्हार ही बोला था। अपने को पांडे बताने की इच्छा बड़े वेग से मन में उठकर मन में ही रह गई थी। लेकिन तभी यह एहसास ज़ोर पकड़ने लगता कि नहीं, पांडे ही कहा था। मजिस्ट्रेट के यहाँ पांडे बनने का दृश्य यथार्थ था या वहम, इसे लेकर भगेलू में भले दोचित्तापन रहा हो मगर यह अकाट्य था कि उसके बाद से आजीवन वह लोगों से पांडे के रूप में पेश ही आते रहे...।

जहाज़ समुद्र में स्थिर खड़ा था। जब लोग उसमें घुसते तो वह हिचकोले खाता था। भगेलू सोने की गिन्नी कमाने कलकत्ता नहीं, सूरीनाम जा रहे हैं, इसका ज्ञान उनको तब हुआ जब पानी के जहाज़ पर गिरमिटिया लोगों के जत्थे को चढ़ाया जा रहा था। एक अजीब वाक़या हुआ—भगेलू और पाँच अन्य लोग भागने के इरादे से जहाज़ पर से कूद गए। देखादेखी में तीन स्त्रियाँ, पाँच पुरुष और एक बच्चा भी जहाज़ से कूद पड़े थे। इन सभी को बाहर मौजूद पुलिस ने लाठियों से पीटना शुरू कर दिया। पुलिस उन्हें धकेलते हुए जहाज़ पर वापस लाई, जैसे मवेशियों को उनके बाड़े में ढकेल दिया जाता है।

जब जहाज़ चला तो उसमें उपस्थित गिरमिटिया लोगों में से कुछ ने देवताओं की जय के नारे लगाए। शिव, हनुमान, राम का जयकारा किया उन्होंने। जहाज़ आगे बढ़कर समुद्र में उस जगह पहुँच गया जहाँ चारों ओर नीला जल दिखाई दे रहा था। महसूस हो रहा था कि सृष्टि में हर जगह जल ही जल है। नामालूम जलराशि का प्रभाव था अथवा समुद्र का प्रताप, जहाज़ में घोर सन्नाटा छा गया। वे सभी डर गए थे, कि कुछ सोच रहे थे, कि अपने परिजनों को याद कर रहे थे, लेकिन एक अनोखी ख़ामोशी वहाँ मँडरा रही थी। फिर कहीं से किसी स्त्री का विलाप स्वर गूँजा और पल भर बाद पूरे जहाज़ में रुदन का भयंकर कोलाहल फैल गया था। जिधर भी ध्यान दो, जिधर भी कान दो, हर कहीं कोई रो रहा था। जहाज़ पानी को चीरता चला जा रहा था...।

उस जहाज़ में जो सामने का हिस्सा था उसमें पुरुष थे। पीछे का हिस्सा दो भागों में बँटा था। एक में वे गिरमिटिया मज़दूर थे जो सपरिवार जा रहे थे और दूसरे में वे मज़दूरिनें थीं जो अकेले सफ़र कर रही थीं। इनमें ज़्यादातर के पति अकाल में भूख, बीमारी के चलते इस दुनिया से कूच कर चुके थे और वैधव्य तथा दुर्भिक्ष तथा भूख ने इन्हें इस जहाज़ पर बैठा दिया था। कुछ ऐसी भी थीं जिनकी माँ गुज़र गई थीं और सूखे में उनको सौतेली माँ की क्रूरता असह्य हो गई। या पिता के निधन के बाद बदहाल ज़िन्दगी बोझ बनी हुई थी।

जहाज़ में परिवार वाले हिस्से को देखकर भगेलू उदास हो जाते। जब रात गहरा जाती या उस हिस्से से कोई बच्चा खेलता हुआ इधर आ जाता तब उनकी उदासी बढ़ उठती थी। वह किसी न किसी बहाने से परिवार वाले बाड़े की ओर जाते और वहाँ के लोगों को देखते, उनसे बतियाने लगते। यहाँ अन्य दोनों हिस्सों से कम दुख था। लेकिन ऐसा भी नहीं कि वे ख़ुश थे। उनके बच्चे कमज़ोर थे, उनकी आँखों के नीचे की हड्डियाँ निकल आई थीं। सभी का चेहरा पिचका और छोटा हो गया था। केवल उनके कान यथावत थे इसीलिए बड़े लग रहे थे। पुरुष इधर के पुरुषों सरीखे ही थे और उनकी स्त्रियाँ दूसरे हिस्से की विधवाओं सरीखी ही थीं। माँग में सिन्दूर का फ़र्क़ था वरना वे भी खड़खड़ थीं। उनका भी लूगा वैसा ही फटा और मटमैला था। उनके भी चलने पर न पायल छनकती थी न हाथ हिलने पर चूड़ी बजती थी। ज़ेवर के नाम पर अधिकतर ने उँगली में लोहे का छल्ला पहन रखा था। झुमके, बाले के लिए उन्होंने बहुत साल पहले कान छिदवाये थे और कील के लिए नाक छिदी थी उनकी। अब कानों, नाक के उन छिद्रों में गहनों की जगह नीम की सूखी सींक का टुकड़ा घुसा हुआ था। ताकि ख़ाली रहने के कारण वे सूराख़ बन्द न हो जाएँ।

उपरोक्त के बावजूद भगेलू को लग रहा था कि अपनी पत्नी, बच्चों को न लाकर ग़लती की।

अरकाटी ने बाबा से कहा भी था—"लुगाई को क्यों नहीं ले चलते। आख़िर रेशम की रज़ाई के नीचे साथ में सोने वाली भी चाहिए।"

"पर हमारे गदेला लोग?" भगेलू राम ने बाधा बताई।

"कितने बच्चे हैं?" अरकाटी ने पूछा।

"दो हैं।"

"वो भी अपने महतारी-बाप के साथ रहेंगे।"

"लेकिन मेरे महतारी-बाप?" भगेलू को अपने बुढ़ा रहे माँ-पिता याद आए।

"वे बूढ़ा-बुढ़ऊ कौन काम करेंगे वहाँ, न वे नहीं जा सकते।"

"पर काम तो गदेला लोग भी नहीं कर पाएँगे।"

"उनकी बात दूसरी, वे अभी नहीं तो बाद में, बड़े होकर करेंगे।"

भारत से श्रमिकों की आपूर्ति करने वाली श्रमिक भर्ती कम्पनियाँ चाह रही थीं कि लोग सपत्नीक जाएँ, बच्चे भी जाएँ और विधवाएँ भी। वस्तुत: इसके पीछे यह सोच थी कि यदि स्त्रियाँ नहीं गईं या कम गईं तो (i) वहाँ स्त्रियों के लिए गिरमिटिया लोगों के बीच हिंसक वारदातें होंगी। (ii) स्त्री के अभाव में अधूरे जीवन के कारण श्रमिकों की कार्यक्षमता क्षीण होगी। (iii) गिरमिटिया लोगों की वंशबेल नहीं बढ़ेगी और स्थानीय रूप से श्रमिकों की कमी की समस्या हमेशा बनी रहेगी। (iv) परिवार साथ में रहने पर गिरमिटिया भारत वापस आने का मन नहीं बनाएँगे।

"मैं कहता हूँ कि कलकत्ता ले ही चलो भौजाई और बच्चों को।" अरकाटी ने दबाव बढ़ाया था। उसने अभी तक भगेलू को यही बताए रखा था कि उन्हें कलकत्ता में नौकरी मिलेगी।

भगेलू का मन उस वक़्त डिगा था। उन्हें लगने लगा—घरवाली और बच्चों को भी ले चलने में हर्ज नहीं है। लेकिन उन्हें अन्तत: माँ-बाप की फ़िक्र ने रोक दिया था। इसी बिन्दु पर सपरिवार सोने की गिन्नियाँ कमाने कलकत्ता जाने का विचार उन्होंने त्याग दिया था। वह इस इरादे के साथ अकेले चल पड़े थे कि जब लौटेंगे तो रेशम की रज़ाई और गुदगुदा गद्दा गाँव लेते आएँगे...।

लेकिन अब वह जहाज़ में परिवार वालों को देखकर उदास हो रहे थे। उनमें अपनी घरवाली और सन्तानों की याद जाग गई थी...। वह संशयग्रस्त हो उठे थे। सोच रहे थे कि परदेस जाकर वह ग़लत कर रहे या सही?

लेकिन इस प्रसंग में यह दूसरी उधेड़बुन थी। पहली ने उस समय जन्म लिया था जब वह कलकत्ता जाने वाली रेलगाड़ी में बैठे थे। उस रेलगाड़ी में ज़्यादातर गिरमिटिया ही भरे पड़े थे। अपने बक्से, सन्दूक, गठरी या बोरी को गोद में लिये अथवा सीने से चिपकाए अथवा उसी पर बैठे या उसे तकिया बनाए उन लोगों में कुछ सो रहे थे, कुछ जाग रहे थे, कुछ ऊँघ रहे थे। उस छुकछुक करती रेल में भगेलू को मिले-जुले एहसास हो रहे थे। वह एक साथ भय और सम्मोहन की गिरफ़्त में थे। कलकत्ता उनको डरा रहा था और ललचा भी रहा था। एक तरफ़ वह सोचकर काँप जाते थे कि वहाँ उन पर राम जाने क्या बीतेगी? वहाँ वह रास्ता

भटक गए या बीमार पड़ गए या मार डाले गए तो कौन उनका पुर्साहाल होगा, इस सवाल का जवाब नहीं था उनके पास। सुनी-सुनाई बातों के आधार पर वह इस कल्पना मात्र से थर्रा उठ रहे थे कि बंगाल की कोई जादूगरनी काला जादू से उनको भेंड़ बनाकर खूँटे से बाँध देगी तो माँ, बाप, पत्नी, बच्चों का क्या होगा! वह विचार करते, भेंड़ के बाद फिर इनसान बनने की क्या तरकीब होती होगी? वह यह सोचकर भी सहम जाते थे कि वह कलकत्ता में सोने की गिन्नी कमा रहे हों या भेंड़ बनकर भें भें भें कर रहे हों और वहाँ गाँव में किसी अपने की चिता जल रही हो...। लेकिन दूसरी ओर उन्हें लग रहा था कि जैसा अरकाटी ने कहा है वैसा हो गया तो फिर क्या, सात पुश्तें चाँदी के बरतन में खाएँगी।

इस क्रम में आख़िरी उधेड़बुन तब उठी जब सूरीनाम के परमिट की पाँच साल की मियाद पूरी हुई। गाँव, घर और अपने लोगों का मोह उन्हें भारत वापस बुला रहा था लेकिन इस व्यामोह से बाहर का यथार्थ सूरीनाम में ही बस जाने के लिए उनको विवश कर रहा था। उन्हें यह ख़ौफ़ सता रहा था कि वह सूखा दुर्भिक्ष के जिस वातावरण के चलते परदेस गमन के लिए मजबूर हुए थे वह अब भी बदस्तूर बरक़रार होगा। दरअसल इस मामले में वह अपने प्रस्थान के समय में अभी भी ठहरे हुए थे और उस वक़्त का मौसम उनमें ठहर गया था। दूसरी बात, यहाँ वह ठीक-ठाक कमा रहे थे और बचा रहे थे। उन्हें लगता—यहाँ सम्मान का जीवन जी रहा हूँ। आगे के लिए उम्मीदें हैं। वहाँ तो फिर वही थोड़ी-मोड़ी खेती और कुम्हारी। वहाँ मिट्टी लाओ, भिगोओ, चाक पर शक्ल दो, पकाओ और बेचो। तब भी परिवार का दोनों जून का पेट भरना मुश्किल। उस पर बाभन-ठाकुर-बनिया तमाम जातियों से दबते रहो, बचते रहो, कोई इज़्ज़त थी वहाँ! यहाँ पहली बात तो वैसा भेद और नरक नहीं है, दूसरे जो जानते हैं उनके लिए हम बाभन हैं। पांडे।

शुरू-शुरू में उन्हें बड़ा अनकुस लगा जब कुछ गिरमिटिया उनके पाँव छूकर पैलगी करते थे। वह भी क्या करते, उनको भी 'आशीर्वाद' देने का अभ्यास हो गया था। लेकिन अब वह भयग्रस्त हो रहे थे कि देस जाने पर पंडितों को ये बात पता चल गई तो नामालूम कितनी दुर्गति करेंगे। वह यह सोचते हुए तो काँप जाते ही थे कि सरकार बहादुर के साथ उन्होंने जो धोखा किया है उसका कितना भयानक दंड मिल सकता है। उन्हें दहशत होती कि देश पहुँचते ही पुलिस उन्हें गिरफ़्तार करके मारना शुरू कर देगी। पुलिस द्वारा दी जा रही भाँति-भाँति की प्रताड़ना की वह कल्पना करते और अन्तिम परिणति के रूप में जेलख़ाने के सीख़चों के पीछे पहुँच

जाते थे। इस तरह भारतीय गोराशाही सरकार का आतंक भी उनकी देशवापसी की राह में बाधक बन रहा था। और अन्तत: उन्होंने देश जाने की इच्छा का त्याग कर दिया। आगे उनको सूरीनाम में ही रहना था।

यह वही समय था जब माँ की मृत्यु के बाद उन्नीस साल की दादी जो तब दादी नहीं थीं अकेली पड़ गई थीं और उनके घनिष्ठजन विवाह के लिए वर खोज रहे थे जो बाबा के रूप में उन्हें मिला।

उन लोगों ने बाबा से पूछना शुरू किया था—

"नाम?"

"भगेलू।"

"जाति?"

"बाभन, पांडे।"

"कौन गाँव के हो?"

"गाँव गोसाईंगंज।"

"बाप का नाम?"

बाबा ने अपना और गाँव का नाम छोड़कर सारे प्रश्नों के उत्तर में झूठ बोला। इस प्रकार उनकी दादी से शादी हुई थी।

अत: जब इस विवाह के लगभग एक सदी के बाद पांडे भारत के उत्तर प्रदेश की राजधानी लखनऊ में सूर्यकान्त और बहुगुणा से बोला कि दादी के प्यार के कारण उसके बाबा भारत नहीं गए, कि वह गोसाईंगंज के एक ब्राह्मण परिवार में पैदा हुए थे...तो यह झूठ था। लेकिन पांडे निर्दोष था क्योंकि उसने यह झूठ स्वयं नहीं तैयार किया था बल्कि एक महासत्य के रूप में बाबा से पाया था। मगर यहाँ सवाल यह है कि क्या बाबा को भी झूठ बोलने के लिए वाक़ई गुनहगार ठहराया जा सकता है!!

हौली की शराब और चने की घुघरी

"गोसाईंगंज उत्तर प्रदेश के तीन ज़िलों में है। यानी उत्तर प्रदेश में एक नहीं तीन-तीन गोसाईंगंज। बाबा का गाँव कौन से गोसाईंगंज में हो सकता है?" सूर्यकान्त ने चौथे पेग की आख़िरी घूँट लेकर पूछा।

"मुझे ये नहीं मालूम। बाबा ने कभी बताया नहीं।" पांडे ने जवाब दिया।

"देखिए, आपके बाबा लगातार कुछ बातें छिपाते रहे थे, हो सकता है उन्होंने कुछ झूठ भी बोले हों।"

"हो सकता है।" पांडे शान्त था। लेकिन उसने सूर्यकान्त से कम नहीं पी थी न कम नशे में था।

"फिर इसका क्या सबूत कि बाबा गोसाईंगंज के ही थे?"

"सबूत आपको देने हैं और साबित भी आपको करना है।"

"आप क्या करेंगे?" सूर्यकान्त की स्वरलहरी तेज़ और डाँवाँडोल होने लगी थी।

"मैं आपको अच्छा भुगतान करूँगा।"

"बदले में आपको अपने बाबा के जीवन पर एक किताब भी चाहिए।"

"किताब में पहले मेरी रुचि नहीं थी। यह बहुगुणा जी का आइडिया था जो मुझे पसन्द आ गया। कितनी अच्छी बात है कि मेरे वंश पर एक किताब होगी।" पांडे ने रूमाल से अपने गीले होंठ साफ़ किये—"सच है कि शुरू में मेरी दिलचस्पी इतनी थी कि मेरे पुरखों के गाँव का पता चल जाए ताकि मैं वहाँ पहुँच सकूँ। वहाँ की मिट्टी को माथे से लगा सकूँ। ख़ुश हो सकूँ।"

"शराब ख़त्म हो गई है।" बहुगुणा ने विषयान्तर करने का प्रयास किया।

"और आ जाएगी।" पांडे शराब का ऑर्डर करने के लिए फ़ोन की ओर बढ़ा लेकिन किसी अन्य ओर लुढ़क पड़ा। मुमकिन है उसे अब कुछ ज़्यादा चढ़ गई थी। बहुगुणा ने फ़ोन उठाकर ऑर्डर कर दिया। जल्द ही वेटर शराब, सोडा, बर्फ़

की ट्रे के साथ आया और उनके लिए गिलास तैयार कर चला गया। अब नये सिरे से प्रारम्भ के लिए शराब का आगामी दौर था।

पांडे ने गिलास उठाया लेकिन रख दिया जैसे पीने से इनकार कर रहा हो। उसकी गरदन हल्की सी झुक गई—"मैं ये शराब नहीं पिऊँगा, मुझे किसी हौली में ले चलो।"

"वो क्यों?" बहुगुणा ने मुस्कराकर पूछा।

"इसलिए कि मेरे बाबा जब हिन्दुस्तान में रहते थे तो हौली में शराब पीते थे। देसी शराब। क्या बोलते हैं? ठर्रा...ऽ...ऽ...।" उसने फिर वही राग अलापा—"मैं हौली में ठर्रा पीऊँगा।" उसने खाद्य पदार्थों से सजी मेज़ को मामूली सा धकियाया—"मैं ठर्रा के साथ चने की घुघरी खाऊँगा। दोना में रखकर पत्ते के टुकड़े से निकाल-निकालकर घुघरी खाऊँगा।" वह खड़ा होने का प्रयत्न करने लगा—"आप लोग मुझको हौली क्यों नहीं ले चल रहे हैं?"

सूर्यकान्त कुछ बोलने को हुआ मगर बहुगुणा ने उसका हाथ दबाकर चुप रहने के लिए कहा और फुसफुसाया—"लगता है कि हौली, हम्माम, हरम इस देश की सारी चीज़ों का ज्ञान इकट्ठा कर रखा है इसने।"

पांडे की आवाज़ ने उनका ध्यान खींचा—"आज मैं कितना भी धनाढ्य क्यों न हूँ लेकिन मैं हूँ तो क़रीब सौ साल से ज़्यादा पुराना वह ग़रीब इनसान जो हौली में शराब पीता था...।"

बहुगुणा अभी भी सूर्यकान्त का हाथ पकड़े था और दुबारा फुसफुसा रहा था—"क्या उन दिनों हमारे देश में हौलियाँ रही होंगी?"

"अपने आबकारी संवाददाता से पता कराना।" सूर्यकान्त ने हाथ छुड़ाया—"पांडे जी क्या आप इस बात से ख़ुश हैं कि जिन दिनों सूखे के कारण लोगों के पीने के लिए पानी नहीं मयस्सर था तब आपके बाबा शराब पीते थे...।"

"मैं बस हौली में शराब पीना चाहता हूँ। शराब के साथ चने की घुघरी खाना चाहता हूँ। मैं शराब पीकर सड़क पर, नाली में लोटना चाहता हूँ। मैं बाबा से बाद का हूँ और अमीर हूँ तो क्या हुआ, मैं वास्तव में अपने बाबा जैसा हूँ। उसी तरह जैसे मैं सूरीनाम में पैदा हुआ लेकिन क्या फ़र्क़ पड़ता है, मैं असलियत में..."

बहुगुणा और सूर्यकान्त ने एक साथ सोचा कि पांडे कहेगा—'मैं असलियत में भारतीय हूँ।' पर पांडे ने कहा—"मैं असलियत में हिन्दू हूँ।" उसने आगे जोड़ा—"मेरे रक्त में बह रहा हिन्दू ख़ून मुझे बार-बार भारत बुलाता है।" वह उठा—"इसे सिद्ध

करता हूँ।" उसने अपनी एक अटैची खोली—"ये देखिए, बम भोलेनाथ को।" उसके हाथ में शंकर जी का फ़ोटो था—"और देखिए।" इस बार कुछ लोकप्रिय धार्मिक किताबें थीं—"सुबह पूजा के समय मैं इनका पाठ करता हूँ। मैं बग़ैर पूजा किये नाश्ता नहीं करता।" उसकी पिटारी में कुछ अन्य दर्शनीय चीज़ें थीं—जैसे अगरबत्ती, हनुमानजी की छोटी मूर्ति, पीतल की घंटी, रुद्राक्ष की माला वग़ैरह। पांडे ने अपनी क़मीज़ को बनियान सहित ऊपर खिसकाया। उसका मुँह ऊपर उठ गए कपड़ों से ढक गया था। कपड़ों के पीछे से वह बोला—"जनेऊ भी पहनता हूँ।" सच में वह जनेऊ पहने था।

सूर्यकान्त को पांडे के व्यवहार से पर्यटन विभाग के चेयरमैन सम्पूर्णानन्द 'बृहस्पति' की याद आई। उसने सोचा कि पांडे से पूछे—"आपको भी दुर्गा मइया सिद्ध हैं क्या?" वह पूछने, न पूछने को लेकर कोई फ़ैसला कर पाता कि पांडे ने नई नौटंकी शुरू कर दी। एक बैग खोलकर पांडे ने बीड़ी का एक बंडल और लाइटर निकाला। उसने बीड़ी सुलगाकर अपने होंठों के बीच दबाया—"मुझे बीड़ी से बहुत प्यार है। एक सदी से ज़्यादा पहले जब मैं भारत में अपने बाबा की आत्मा में था तब भी मैं यही बीड़ी पीता था।" उसने जानकारी दी—"मैं जब भारत से वापस जाता हूँ, दो चीज़ें इफ़रात से अपने साथ ले जाता हूँ—देशी शराब और बीड़ी के बहुत से बंडल। एक बार मैं यहाँ से सीधे फ्रांस गया। शायद सितम्बर था। वहाँ एक शाम होटल के कमरे में मेरे तीन मेहमान थे। तीनों अलग-अलग मुल्कों के थे—अमेरिकन, फ्रांसीसी और जर्मन। सामने क़ीमती सिंगल माल्ट के पेग थे और था मेरा प्यारा हिन्दुस्तानी 'देसी'। मैंने एक ख़ाली गिलास में वही भरा। मैंने कहा—'मैं ये पिऊँगा।' तीनों ने एक साथ पूछा—'ये क्या है।' मैंने बताया—'ये मेरे भारत देश की प्यारी मदिरा है जो पेड़ से टपके महुए से बनाई जाती है।' मैंने उन्हें भी महुआ पिलाई और वे झूमे, ख़ूब झूमे। हाँ, बीड़ी सबको नहीं पसन्द आती है। मैंने पारामारिबो में एक डच दोस्त को बीड़ी के सात बंडलों का तोहफ़ा दिया। बेवक़ूफ़ अगले दिन फ़ोन पर सुनाने लगा—'कितनी वाहियात चीज़ है, जलती नहीं, स्मोक क्या ख़ाक करूँ।' मुझे ग़ुस्सा आ गया बीड़ी की बेइज़्ज़ती पर। तुरन्त ड्राइव करता हुआ पहुँच गया उसके ऑफ़िस। वह मूर्ख बीड़ी को सिगरेट की तरह जला रहा था। वह सोच रहा था, होंठों के बीच रखकर एक कश खींचने से बीड़ी जल जाएगी। मैंने दो बीड़ियाँ अपनी दो उँगलियों में फँसाईं और उनके मुहानों को इतमीनान से लाइटर की लौ के हवाले कर दिया। जलीं वे। अरे मूर्ख, बीड़ी जलाना

और उसे पी चुकने तक जलाए रखना एक आर्ट है।"

"इस आर्ट के आप माहिर फ़नकार हैं।" सूर्यकान्त की आवाज़ में खीज थी। बहुगुणा ने इसे भाँपा और फुर्ती से फिर प्रसंग बदलने का कौशल दिखाया—"हाँ पांडे जी, तो जब बात शुरू हुई थी, एकदम शुरू में, तब आप क्या कह रहे थे?"

"मैं तब भी कह रहा था और उसके पहले भी कह रहा था, मैं सवा सौ साल पहले से कह रहा हूँ—"मुझे हौली ले चलो।"

> यहाँ चरित्र की आत्माभिव्यक्ति में झूठ की इतनी ज़्यादा मिलावट हो गई है कि आख्यान लेखक को अब हस्तक्षेप करना पड़ रहा है। इस घुसपैठ के पीछे तर्क वही है कि जिस प्रकार चरित्रों को कथाकार के वर्णन को संशोधित करने और सत्य उद्घाटित करने का इख़्तियार है उसी प्रकार चरित्र यदि मनमानी करने लगे, दूर की हाँकने लगे, झूठ-फ़रेब करने लगे तो कथाकार को भी वास्तविकता का उद्घाटनकर्ता होने के नाते चरित्र की नकेल कसने का हक़ है। पांडे जो इतनी दूर की हाँक रहा है, हक़ीक़त है कि उसके बाबा भारत से सूरीनाम जाने के पहले कभी शराब पिये ही नहीं थे। शराब उन्होंने पहली बार सूरीनाम जाने के कुछ साल बाद पी थी।

सन् 1895 में एक्ट आया था कि गिरमिटिया सूरीनाम में बसना चाहें तो यहाँ हमेशा के लिए बस सकते हैं। बसने का फ़ैसला करने वालों को खेत भी दिये जा रहे थे। इस क़ानून के तहत बाबा को खेत पाकर जो आनन्द और उत्साह हुआ था, वह दुर्लभ था। यह एक असम्भव स्वप्न का साकार होना था। बाबा इस देश के वासी हो गए थे और अपने खेत के मालिक। जब वह गन्ना पैदा करने के लिए 'अपने' खेत की जुताई के लिए पहुँचे तो उस खेत के बीचोबीच बैठकर रोने लगे थे। उन्हें यक़ीन नहीं हो रहा था कि वह जिस इतने बड़े खेत में काम कर रहे हैं जुताई कर रहे हैं, उसके मालिक हैं। पूरी पैदावार पर उनका हक़ होगा। उनको रोता देखकर कई भारतीय 'अपने' खेत का काम रोककर उनके पास आ गए और बाबा के रोने का कारण जानकर वे भी रोने लगे। एक अविस्मरणीय दृश्य था। दोपहरी में एक खेत में आठ-दस भारतीय बैठे हुए ज़ोर-ज़ोर से रो रहे थे। ये ख़ुशी का रुदन और उसके आँसू थे। इससे भी अजीब बात यह हुई कि उस वर्ष उस इलाक़े में गन्ने की सबसे अच्छी फ़सल बाबा के खेत में हुई थी। इससे एक

अन्धविश्वास फैल गया कि बढ़िया उपज का कारण बाबा के खेत में हुआ रुदन था। देवता रुलाई सुनकर पसीज गए थे और कृपालु हो गए थे। यही कारण होगा कि कई वर्षों तक उस इलाक़े के भारतीय अपने खेतों में जुताई करते समय रोने का कर्मकांड करते थे।

बाबा की फ़सल सबसे बढ़िया थी लेकिन अन्य भारतीयों के खेतों में भी गन्ने सघन, पुष्ट और रसदार हुए थे। जीवन कितना सुन्दर था। दाल, भात, तरकारी पहले से ही भरपेट दोनों जून मिल रहा था और अब यह अपना मालिकाना। उन लोगों ने ख़ुशी में एक शामिल जलसा किया था जिसमें ढोल, मजीरा और हारमोनियम के संगीत पर गायन और नाच हुआ था और दावत हुई थी और दावत के पहले शराब पी गई थी। बाबा ने पहली बार उसी दिन पी थी। वैसे सूरीनाम में शराब पीना बहुत कठिन काम था। क्योंकि क़ानूनन कोई बग़ैर परमिट पी नहीं सकता था। लेकिन बाबा को मौक़ा लग गया था। एक परमिट वाले ने उन्हें चोरी से थोड़ी पिला दी थी। यह बाबा की तक़दीर थी कि उनकी यह पियक्कड़ी चारों ओर उजागर नहीं हुई थी...। ख़ैर यह उनकी ग़लती की पहली वारदात थी जो अचर्चित रह गई थी।

बाबा ने पहली फ़सल के बाद कुछ नये काम किये। अपने घर के भीतर तुलसी का पौधा और बाहर नीम का पौधा लगाया। घर में एक छोटा सा पूजास्थल भी बनाया। वह कुछ सामान ख़रीदने बाज़ार गए। वहाँ उन्होंने चारपाई, नेवाड़ ख़रीदा। एक आईना और कपड़े ख़रीदे। ख़रीदारी के बाद बाबा के भीतर दो इच्छाएँ पैदा हुई थीं—एक सूरीनाम की कोई मिठाई ख़रीदकर खाएँ। भारत में उन्होंने गट्टा, बताशा, लड्डू, खाझा, अनरसा और चोटही जलेबी छोड़कर दूसरी कोई मिठाई नहीं खाई थी। यहाँ वह शौक़ पूरा करना चाहते थे लेकिन उन्होंने अगली फ़सल तक के लिए इस कोशिश को स्थगित कर दिया था। सोचा कि अभी ज़्यादा पैसा नहीं उड़ाना चाहिए।

विवाह के बाद बाबा ने पाया था कि उनका दाम्पत्य असामान्यता का शिकार है। वह विचित्र मुसीबत की पकड़ में थे। दरअसल शादी तय होते ही हिन्दुस्तान में रह रही

अपनी पत्नी और बच्चों के प्रति उनका प्रेम हिलोरें मारने लगा। उन्हें बीच-बीच में सन्देह होने लगता था कि वे लोग किसी ओट से उनकी सारी गतिविधियाँ देख रहे हैं और धिक्कार रहे हैं। जब वह भाँवरें ले रहे थे तो चौथे फेरे के बाद उन्हें हठात् अपनी पहली पत्नी की बोली सुनाई पड़ी थी और सातवें फेरे के वक़्त उन्हें सामने एक पेड़ के नीचे अपने बच्चे आपस में हाथ पकड़े हुए दिखे। इससे भी अधिक ग़ज़ब शादी के बाद हुआ। सहवास के समय उन्होंने दादी के साथ दीर्घकालीन सम्भोग किया किन्तु उन्हें स्खलन नहीं हुआ। यह कभी न सुना गया रोग था जिसमें दादी पस्त पड़ जाती थीं और बाबा से मुक्त हो जाना चाहती थीं। अन्ततः वह चीख़कर धक्का दे मारती थीं और बाबा अतृप्त लुढ़क पड़ते थे। वह यह मानने लगे थे कि उनकी यह समस्या और कुछ नहीं, पहली पत्नी का शाप है। उसकी बददुआ का नतीजा है कि पत्नी सुखी, हरी-भरी और ख़ुश है जबकि वह अधूरे। वह बुझे, उदास, लाचार दिखने लगे थे। बाद में दादी भी मुरझाई-मुरझाई दिखने लगीं। क्योंकि सब ताना मारने लगे थे कि उनकी कोख में औलाद पैदा करने की ताक़त नहीं है। वह निपूती हैं और निपूती ही रह जाएँगी। अब वह कैसे बता सकती थीं कि जब बीज ही नहीं पड़ेगा तो उगेगा क्या? लेकिन लोग अपने ढंग के थे। वे बाबा पर तरस खाते थे कि बेचारे की क़िस्मत फूटी जो बाँझ से ब्याह हुआ। वे उनको सन्तान हेतु दूसरी मेहरारू लाने की सलाह भी दे रहे थे। मगर बाबा तो असलियत समझ रहे थे सो वह दूसरी मेहरारू कैसे ले आते? बाबा और दादी ने बहुत प्रार्थनाएँ कीं, व्रत-उपवास किये कि उन्हें सन्तान हो जाए। आज एक शताब्दी बाद विचित्र लग सकता है किन्तु यह सच है कि उस समय बाबा-दादी ईश्वर से यह फ़रियाद नहीं करते थे कि सम्भोग के समय बाबा का स्खलन हो और दादी गर्भधारण करें। उन्हें ऐसी माँग और ऐसी भाषा का ईश्वर के दरबार में प्रयोग करना पाप लगता था। वे डरते थे कि ऐसे निर्लज्ज कथन से देवता नाराज़ हो सकते हैं और औलाद देने के बजाय कहीं कुपित होकर स्तम्भन क्षमता को भी छीन न लें। अतः देवताओं से उनकी अपेक्षाएँ महज़ सन्तान की थीं। और उन्हें इसका पक्का यक़ीन था कि देवता कोई भी चमत्कार दिखला सकते हैं। वे रेगिस्तान में दरिया बहा सकते हैं और बंजर में बग़ीचा उगा सकते हैं। इस तरह उनके चाह लेने पर दादी की गोद बाबा के बीज के बग़ैर भी हरी हो जाएगी। इतना ही नहीं, वे देवताओं के इस करामात की, कृपा की और माया की प्रतीक्षा करने लगे थे।

हालाँकि उस बार वे बड़े ख़ुश लग रहे थे। उन्हें महसूस हो रहा था कि भगवान ने उनकी पुकार सुन ली है। माहवारी की तारीख़ आए दो दिन बीत चुके थे और अभी उसके कोई लक्षण प्रकट नहीं हुए थे। दादी ने यह बात बाबा को बताई तो वह भावविभोर हो गए—"लगता है ऊपर वाले ने दया कर दी है।" दादी बोलीं—"मुझे विश्वास हो रहा है कि गरभ ठहरा है।" बाबा ने कहा—"अरे, देखना नौ महीने बाद तुम महतारी बनोगी, मैं बाप।" दादी शरमा गई थीं। उस रात बाबा-दादी देर तक अपने आने वाले बच्चे के बारे में गम्भीर, ऊटपटाँग, मज़ाक़िया और भावनात्मक बातें करते रहे। बाबा तो इस तरह व्यवहार करने लगे थे जैसे दादी के पेट में बच्चा बड़ा हो गया हो, डोलने लगा हो। दादी ने सोते में अपना एक पैर बाबा की जाँघ पर रख दिया था तो बाबा ने उसे इतनी सावधानी से, धीरे से, कोमलता से हटाया कि पेट के बच्चे पर दबाव न पड़े। लेकिन सबेरे दादी के पेट में मरोड़ होने लगी और थोड़ी देर बाद माहवारी शुरू हो गई। जब बाबा सामने पड़े उस वक़्त वह इतनी अपमानित, परास्त और दुखी हो गईं कि चाहा—'धरती फट जाए मैं उसी में समा जाऊँ।' उन्हें यह भय भी लग रहा था कि इसकी जानकारी मिलने पर बाबा क्रोध में न जाने क्या कर बैठें। लेकिन उन्होंने क्रोध नहीं किया था केवल दादी के अपमान, पराजय और दुख से कंधा मिलाया था। उन्होंने दादी को सांत्वना दी थी—"चिन्ता न करो, आज नहीं तो कल तुम्हें बच्चा ज़रूर होगा।"

"न भी हो तो क्या, मैं दुनिया में न पहली हूँ न अकेली जिसने बच्चा पैदा नहीं किया।"

बाबा ने दादी के माथे को सहलाया था और उस क्षण उन्हें उन पर बहुत प्यार उमड़ा था और इस बात की उत्कट इच्छा उमड़ी थी कि काश वह अपनी पहली पत्नी के शाप और बददुआओं से मुक्त हो जाते। पर कुछ हो नहीं रहा था, जीवन की गाड़ी उसी पटरी पर चल रही थी। बाबा दीर्घ सम्भोग करते थे किन्तु स्खलित नहीं हो पाते थे। लेकिन यह अन्तहीन नहीं साबित हुआ। एक दोपहर बाबा अपने मालिकाने के जिस खेत में रोये थे उसमें वे दोनों गए। यह उनकी और दादी दोनों के संयुक्त श्रम से उपजने वाली पहली ऐसी उपज होने जा रही थी जिस पर पूरा हक़ उनका और दादी का था। बाबा के रोमांच का आकलन इससे किया जा सकता है

कि जब तक खेत में गन्ने रहे वे क़रीब-क़रीब प्रतिदिन जाकर उनके बग़ल अपने को खड़ा कर उनकी बाढ़ नापते थे। वह अपनी उँगलियों का गोला बनाकर मोटाई नापते थे। दादी उनसे मज़ाक़ करती थीं—"गन्ने की पोरों पर जो गोल निशान बने हैं वो तुम्हारी उँगलियों के हैं।"

फ़सल तैयार हो जाने पर गन्नों के गट्ठर पर गट्ठर बनने लगे। दृश्य यह था कि बाबा दादी को देखकर ख़ुश हों और दादी बाबा को देखकर ख़ुश हों। दोनों ने ख़ुशी-ख़ुशी गन्ने को छीलकर चूसना शुरू कर दिया। गन्ना छूते समय, छीलते समय, उसका रस गले में उतारते समय, हर समय उन्हें ख़ुशी हो रही थी। उस रात दादी ने हलवा, पूड़ी, सब्ज़ी बनाई और बाबा के साथ खाती रहीं। ख़ुशी का पिटारा इतना अक्षय था कि सम्भोग के समय भी दादी ख़ुश हो जा रही थीं और बाबा ख़ुश हो जा रहे थे और उस सम्भोग में वह हुआ जो इतने वर्षों में कभी न हुआ था। परिणाम उनका इकलौता वह पुत्र था जो होनहार, मेहनती और मुक़द्दर का सिकंदर था और इतना अभागा था कि भरी जवानी में वह मर गया था। इतनी अल्पायु में भी उसने व्यवसाय से भरपूर फ़ायदा उठाकर काफ़ी सम्पदा जुटा ली थी।

जब वह मौत से कुछ वर्ष पहले की उम्र में पहुँचा था तो उस वक़्त सूरीनाम में बॉक्साइट की खदान, छोटी काश्त की खेती व शहरीकरण के क्षेत्र में अद्भुत तरक़्क़ी हो रही थी। बाबा का वह सपूत, वह धूमकेतु शहरीकरण की योजनाओं से दोनों हाथों से कमाकर मालामाल होने लगा था। लेकिन भगेलू पांडे के उस श्रवण कुमार के दिल में अपने पिता के प्रति प्रेम, सेवा और भक्ति में क़तई कमी नहीं आई थी। वह सोचता था—इतनी उमर के हो गए हैं ये, इनकी देखभाल मेरे सिवा कौन करेगा। अब तो माँ भी दुनिया में नहीं है इनकी सेवा करने को। उसकी भावुकता की वजह यह भी थी कि वह देख रहा था—जीवन में पैसा आ जाने, व्यवस्था आ जाने के बाद बाबा अपने पुराने गाँव और घरवालों को बहुत ज़्यादा याद करने लगे थे। वह आधी-आधी रात में सिसकते थे और जाने किन अदृश्य लोगों से बातें करने लगे थे। उसने एक रात उनसे पूछा—"आपको कोई दुख है?"

"नहीं।"

"अपने मन की आप बता नहीं रहे हैं।"

"कुछ नहीं।"

उनकी सुख-सुविधाएँ बढ़ा दी गईं। घर के सामने जो पेड़ था उस पर झूला

डलवा दिया। बाबा उस झूले पर झूलते रहते थे। बेटा काम धन्धे से लौटता तो उन्हें बड़े प्यार से घर के भीतर ले जाता।

उसने अपने और पिता दोनों के लिए मदिरापान का परमिट बनवा लिया। साथ ही घर के एक हिस्से में एक शानदार बार तैयार कराया जिसमें दुनिया की तमाम अच्छी शराबें थीं। शाम के बाद यहीं पर वह बाबा के साथ वक़्त गुज़ारता। चूँकि अपने नन्हे बेटे रामअजोर को समय देना ज़रूरी था इसलिए वह उस अपने बच्चे को—कलेजे के टुकड़े को—भी वहीं बार में लेकर आ जाता। दो पीढ़ियाँ बढ़िया क़िस्म की मदिरा पीतीं, तीसरी पीढ़ी का रामअजोर वहीं खेलते, पढ़ते-सोते बड़ा हो रहा था।

इस तरह लखनऊ के होटल में रामअजोर पांडे सौ फ़ीसदी ग़लत बोल रहा था कि उसकी रगों में हौली की देशी दौड़ती रहती है। वह यह भी झूठ बोल रहा था कि बाबा को बीड़ी पसन्द थी। सचाई यह है कि बाबा ने कभी बीड़ी नहीं पी थी। वह तमाकू सेवन के नाम पर यदा-कदा हुक़्क़ा पीते थे जिसे एक गिरमिटिया अपने गाँव से वहाँ ले आया था जिसकी मौत हो जाने पर उसकी बीवी ने वह हुक़्क़ा बाबा को दे दिया था।

तब पांडे झूठ क्यों बोल रहा था? संसार में सच की परख उसके उद्देश्य के आधार पर नहीं की जाती है। सत्य स्वयं में कसौटी है। किन्तु झूठ का मूल्यांकन उसके प्रयोग के पीछे निहित मंतव्य के आधार पर होता है। झूठ का इरादा यदि भला, करुणामय या परहित है तो सत्य जैसा दर्जा हासिल कर लेता है। पांडे का झूठ क्या इसी प्रकार का था? या वह ख़ुदग़र्ज़ी, मक्कारी से भरा हुआ गर्हित कोटि का झूठ था? दरअसल पांडे का झूठ इसमें से किसी तरह का नहीं था। वह एक विचित्र, पेचीदा और बेमतलब का असत्यवाचन था। ऐसा झूठ जिसे पांडे सत्य समझकर बोलता था। ऐसा असत्य जिसके सत्य में पांडे जीता था...। इस उलटबाँसी लगती बात के स्पष्टीकरण के लिए पुनः पीछे की तरफ़ जाना होगा...।

रामअजोर नाम बाबा का दिया हुआ था।

बाबा जब कुछ अधिक उम्रदराज़ हुए और उनका पोता रामअजोर स्कूल जाने लगा तो दोनों की जोड़ी देखने लायक़ थी। बाबा सुबह उसे जगाकर स्कूल के लिए तैयार करते थे। जब तक वह लौटता नहीं था, उसके इन्तज़ार में खाना नहीं खाते थे। बस बार-बार दीवार पर लगी घड़ी देखा करते। बाबा-पोता साथ भोजन करते थे और साथ सोते थे। रात को जब पोता गहरी नींद में चला जाता तो वह सोचते—अगर मैं गोसाईंगंज में रह गया होता तो आज मेरी ज़िन्दगी में क्या होता? वह जवाब देते—होता क्या, वही चाक चलाओ, बेचो खाओ और एक रोज़ मर जाओ। नसीब की घिचघिच से आज तक पिंड न छूटा होता। ये आराम और इज़्ज़त, ये कोट-पैंट बूट-सूट, ये बढ़िया खाना-पीना-दवा-दारू—वाह! वह ईश्वर के प्रति गहन कृतज्ञता का अनुभव करने लगते और उन्हें अपनी तक़दीर पर गर्व होने लगता था। लेकिन उनकी इन ख़ुशनुमा अनुभूतियों और यादों के साथ वह दुखमय भी नत्थी था। वह सदैव पीछे-पीछे चलता था या आगे-आगे—परछाईं की तरह। रात में जब संसार की सारी परछाइयाँ अपनी गुफाओं में गुम होकर आराम फ़रमाती हैं तब बाबा की परछाईं उन्हें घेर लेती। उनका मन अपने बिछड़े हुए स्वजनों की याद में कलपने लगता था। वह अपने वर्तमान और उनके वर्तमान की तुलनात्मक कल्पना करते और भयानक आत्मधिक्कार से ग्रस्त हो जाते थे। वह कैसे भी दुख, वियोग, अवसाद की पकड़ में होते किन्तु जब बग़ल में सो रहा उनका पोता रामअजोर अपनी कोई बाँह उनकी छाती पर रख देता या अपना एक पाँव उठाकर उनकी कमर पर लाद देता वह सारे क्लेश-संकट भूल जाते थे। बच्चे के हाथों की नन्ही, दुबली और कोमल उँगलियों को छूते ही बाबा की आत्मा में स्नेह वर्षा होने लगती।

वह चहेता पोता भी बाबा से अपरम्पार हिलगा हुआ था। सब कुछ बढ़िया था, उसे बाबा से बस दो शिकायतें थीं। एक—वह स्कूल का होमवर्क पूरा कराने में कोई सहयोग नहीं करते थे। दो—बाबा जो कहानियाँ सुनाते वे दिलचस्प नहीं होती थीं। उनमें न राजघराने होते थे न परियाँ। न युद्ध होते न हँसी का पिटारा। रहस्य, सनसनी, कुतूहल, रोमांच आदि के लिए उनके क़िस्सों में जगह नहीं होती थी। यहाँ तक कि उनमें पीर-औलिया, सन्तों, मुनियों के अजूबे भी नहीं होते थे। वे इतनी फीकी, नीरस और बेकार कहानियाँ होती थीं कि पोता बहुत जल्द ऊँघने लगता था।

पोते को बाबा कभी-कभी झक्की-पागल लगते। आख़िर इस तरह झक्की-पागल ही करेगा कि एकान्त में वह पोते को एकटक देखते रहते फिर उसे अन्य नामों से पुकारना शुरू कर देते। कहते—"मेरे परमू बेटे मुझको माफ़ कर दोगे न?" या कभी

उसे गले लगाकर कहीं गुम हो जाते—"रामअजोर नहीं बिसनाथ हो तुम।" कभी सवाल करते—"रामअजोर, तुमको एक नहीं दो दादी होतीं तो तुम्हें कैसा लगता?"

उनके झक्कीपन का दूसरा नमूना यह था कि पोते के पास एक से एक बढ़िया खिलौने थे। लेकिन वह ख़ुद से खिलौने बनाकर उसे देते थे। अजीब सनक थी—किसी दिन अलस्सुबह घर से निकल जाते थे और जाने कहाँ-कहाँ से भटककर मिट्टी लेकर लौटते थे। उस पल ख़ुशी और उनका जोश देखते बनता था। कहते—"बहुत बढ़िया माटी है।" अपनी उँगलियों के कौशल से वह मिट्टी से तरह-तरह के खिलौने बना देते। सीढ़ी, चूहे, हाथी, तलवार, गिलास, तश्तरी, बटुली, चूल्हा आदि बनाकर वह रामअजोर को देते थे। पूछते—"कैसे बने हैं ये?" पोता बताता—"बहुत अच्छा।" वह अफ़सोस करते—"मैं काफ़ी उम्दा बरतन और खिलौने गढ़ सकता हूँ पर मेरे पास चाक नहीं है न।"

"आप बरतन भी बना लोगे?" पोता चकित था।

"हाँ।"

"क्या-क्या बनाना जानते हो?"

"सभी तरह के मिट्टी के बरतन।"

"जैसे..."

"जैसे सुराही, गागर, परई, हँड़िया, मेटा...सभी कुछ।"

"तुम पूरे पाटर हो बाबा।" पोता ख़ुशी से चिल्लाया।

"पाटर क्या?" बाबा का प्रश्न था।

"कुम्हार। तुम पूरे कुम्हार हो बाबा।"

बाबा के चेहरे पर भय की मक्खियाँ उड़ने लगीं और पूरे शरीर में गड़बड़ महसूस होने लगी। वह चुप हो गए थे। वैसे ही ख़ामोश बने रहे फिर अचानक उठकर भारी क़दमों से चले गए।

उपरोक्त बातों को छोड़ दें तो बाबा बेहतरीन थे। रामअजोर के थोड़ा बड़ा हो जाने पर बाबा का उसके प्रति प्रेम अधिक मुखर हो गया था। वह उसे प्राय: कुछ ख़रीद देते थे। उसके छोटे-मोटे काम करके उन्हें बहुत ख़ुशी होती थी। रामअजोर भी उनका आदी हो गया था। सोलह साल का हो जाने तक स्थिति यह थी कि वह नहाकर निकलने पर कंघी लेकर बाबा के सामने खड़ा हो जाता। बाबा उसकी कंघी करते। इस पराश्रिता का परिणाम यह हुआ कि बाद में जब वह स्वयं बाल काढ़ने लगा तो बहुत दिनों तक उसकी माँग टेढ़ी-मेढ़ी रहती थी। इसी तरह वह बहुत दिनों

तक अपनी आस्तीन के बटन नहीं बन्द कर पाता था न गले में टाई बाँध पाता था न पायजामे का नाड़ा बाँध पाता था। क्योंकि अरसे तक उसके ये काम बाबा करते रहे थे। वह बाथरूम से अपना ढीला पायजामा पहने निकलता बाबा हँसते हुए उसका इज़ारबन्द कसते।

बड़ा हो जाने पर रामअजोर पांडे ने सोचा—'बाबा ने बहुत किया मेरे लिए अब कुछ करने की मेरी बारी है।' अत: अमेरिका में जब उसकी कम्पनी ने पहला मुनाफ़ा कमाया वह सीधे बाबा के पास आ गया था। बाबा उस वक़्त धूप में उकड़ूँ बैठे हुए ज़मीन पर उँगली से कुछ आकृतियाँ सी बना रहे थे। उसे देखकर हड़बड़ी में वह उन आकृतियों को मिटाने लगे। रामअजोर को इस निर्माण और ध्वंस का कोई ज्ञान न था वह अपनी रौ में झूमता हुआ आया और बैठे हुए बाबा को वैसे ही गोद में उठा लिया और भीतर आकर बिस्तर पर रख दिया—

"चलो अब तुम्हें यहाँ नहीं रहना है।" वह उत्साहित था।

"तब कहाँ रहना है?"

"अमेरिका चलकर मेरे साथ रहो।"

"मैं यहीं रहूँगा।"

"क्यों?"

"बस कह दिया।"

रामअजोर निराश होने लगा। वह बाबा को अमेरिका अपने पास ले जाना चाहता था, इसके पीछे उसका बाबा के प्रति लगाव था। वह चाहता था कि वे दोनों साथ रहें लेकिन इससे अधिक यह बात थी कि बाबा की ख़ुशी के लिए वह कुछ अनोखा करने की हसरत से भरा हुआ था। वह अपने प्रति बाबा के अतुल्य स्नेह, शुभाशीषों के लिए कृतज्ञता व्यक्त करना चाहता था। लेकिन बाबा थे कि टस से मस न हो रहे थे। उन्हें परदेस जाना क़तई स्वीकार न था। इनकार में उनकी गरदन अभी तक हिल रही थी।

तभी पांडे के मन में वह रामबाण प्रस्ताव कौंधा था जिसे लेकर उसकी आत्मा में यह अकाट्य विश्वास पनपा कि बाबा के प्रति अपने लगाव और इज़्ज़त को दर्शाने की इससे श्रेष्ठ कोई दूसरी राह नहीं हो सकती है। उसने बग़ैर वक़्त गँवाए कहा—"अपने मुलुक चलोगे, सबसे मिल लो। सब इन्तज़ाम मैं कर दूँगा।"

बाबा का शरीर काँपने लगा था। रामअजोर ने सोचा ऐसा आनन्द के अतिरेक से है। बाबा इस अप्रत्याशित नेमत को सह नहीं पा रहे हैं। पर वह हतप्रभ हुआ,

बाबा उसकी हथेली पकड़कर क़रीब-क़रीब गिड़गिड़ा रहे थे—"मैं जैसा हूँ वैसा ही ठीक। ज़िन्दगी को इसी तरह चलने दो।"

दो वर्ष बाद जब रामअजोर पांडे की कम्पनी ने चौदह लाख डॉलर का लाभांश कमाया तो वह फिर बाबा के सामने था—

"बाबा, तुम बुढ़ापे के कारण अपने देस जाने से डरते हो। कोई बात नहीं। मुझको अपने गाँव, ज़िले, प्रदेश का नाम बताओ, मैं चला जाता हूँ।"

बाबा की आँखों में प्रश्न था—"तुम क्या करोगे वहाँ जाकर?"

"मैं तुम्हारे परिवार को यहाँ ले आऊँगा।"

बाबा के चेहरे पर ऐसी ज्योति जली जो उनके जीवन में पहली और अन्तिम बार देखी गई थी। बाबा बुदबुदाये—'गोसाईंगंज।' बाबा के चेहरे की ज्योति क्षणिक साबित हुई। वह बुलबुले की तरह निर्मित होकर विलीन हो गई थी। इसी के बाद उनकी आँखें जैसे अन्धकार का कोटर बन गईं और अपने मुलुक की शिनाख़्त कराने वाला दूसरा कोई लफ़्ज़ उनकी ज़बान से न निकला।

जब रामअजोर पांडे की कम्पनी अपनी सफलता का एक शानदार जश्न मना रही थी तब एक बिजनेस मैगज़ीन की रिपोर्टर जोएन ने उससे सवाल किया था—"आपकी सबसे बड़ी ख़्वाहिश?"

"मेरी दो ख़्वाहिशें हैं।" पांडे ने टाई को हल्का सा सहलाते हुए कहा—"पहली, मुझे अगले पाँच साल में अपनी कम्पनी को अपने क्षेत्र की नम्बर वन कम्पनी के रूप में देखना।"

"और दूसरी?" जोएन अधीर होकर पूछ बैठी जबकि उसे चुपचाप सुनना चाहिए था।

"दूसरी यह कि मुझे अपने बाबा को उनकी इंडिया वाली फ़ैमिली से मिलाना होगा।"

जोएन की समझ में नहीं आया कि पांडे जैसे सम्पन्न इनसान के लिए यह आसान सी बात 'मक़सद' कैसे हो सकती है?

हालाँकि भविष्य ने जोएन को समझने के लिए पूरे मौक़े उपलब्ध कराए क्योंकि वह उस प्रेस कॉन्फ्रेंस के बाद से ही पांडे के नज़दीक आ गई थी और ज़्यादा समय नहीं केवल एक साल बाद दोनों की शादी हो गई। जोएन पांडे की पत्नी के रूप में भी उक्त सवाल का जवाब न समझ सकी। वह पांडे के साथ सूरीनाम जाकर बाबा से मिली फिर भी उसके पल्ले कुछ नहीं पड़ा। वह सोचती कि इसमें कौन सी बड़ी बात है। बाबा इंडिया से सूरीनाम आए, वहाँ उनकी फ़ैमिली थी। अब जाकर मिल लो उन लोगों से। जब वह बाबा और पोते को इस मसले पर उलझते हुए देखती तो और ज़्यादा दिग्भ्रमित हो जाती। धीरे-धीरे उसकी यह धारणा बनने लगी कि बाबा पागल हैं और उनका यह गुण आनुवंशिक रूप से ज़रा सा पोते में भी आ गया है। क्योंकि अगर बाबा पगले न होते तो भला उसकी शादी के मौक़े पर मिट्टी के घटिया से बरतन बनाकर देते।

पांडे का अपने बाबा के लिए जो जुनून था वैसा जुनून कौन आदमी किसी के लिए रखता है, इसलिए जोएन को पांडे भी पागल लगता। किन्तु पांडे की अपने व्यवसाय पर जो पकड़ थी, अपने फ़ैसलों में, प्रतिद्वंद्वी पर हमलों और सहयोगियों की पहचान में पांडे जिस निपुणता का परिचय देता था उससे जोएन के सारे वहम दूर हो जाते थे। इसके अलावा पांडे उसके प्रति इतना वफ़ादार और उसका इतना आज्ञाकारी था कि वह उसे निर्दोष मानने लगती थी और माफ़ कर देती थी। पांडे उसके प्रति इतना निश्छल था कि उसने अपनी (शायद तीसरी सबसे बड़ी) ख़्वाहिश पर लगाम लगा ली थी जो जल्द से जल्द बच्चा पैदा करने की थी। इसके लिए जोएन तैयार नहीं हुई। पांडे ने प्रश्न किया—"कब?"

जोएन हँसी—"जब तुम्हारी कम्पनी टॉप पर होगी।"

चार साल में पांडे की कम्पनी ने मंज़िल पा ली थी और जैसे पांडे को सब याद था या जैसे वह इसी अवसर की चार साल से गिनती कर रहा था। सफलता की पार्टी से लौटकर पांडे बिस्तर पर आया तो दिन भर की खटन के बाद भी उसे न थकान महसूस हो रही थी न नींद। उसने जोएन को चूमा। जोएन अवाक् रह गई। इतना अदम्य चुम्बन उसने कभी नहीं पाया था। जैसे समूची कायनात उस एक चुम्बन में समाहित थी। वह चुम्बन पहले अपरिचित और बहुत भारी महसूस हुआ था फिर सूक्ष्म और भारहीन। जैसे यह कोई खुल जा सिमसिम था, जोएन को याद आ गया वह पुराना संवाद—"कब?" जिसके उत्तर में वह बोली थी—"जब तुम्हारी कम्पनी टॉप पर होगी।"

मातृत्व के लिए वह अभी भी तैयार न थी पर उस रात बिस्तरे पर पांडे की कारगुज़ारियाँ ऐसी उद्दाम, ऐसी कुशल और ऐसी मादक थीं कि पांडे की ख़्वाहिश के प्रति उसका प्रतिरोध अपनी धार खोने लगा। वह स्वीकार और इनकार, आनन्द और आशंका, पाने और खोने के आधम-आध में व्याप्त हो गई थी। यह उसकी पहली हमबिस्तरी थी जिसमें उसके नखदंत, उसकी भुजाएँ और जंघाएँ चपल नहीं थीं। ऐसे अवसर पर वह दक्ष योद्धा की तरह दाँव चलती थी, प्रहार, आघात करती थी। वह अतीव ऊर्जा, फुर्ती, उत्तेजकता से सराबोर हो उठती थी पर आज सारी विजयें उसके हिस्से में अपने आप गिर रही थीं। जब सब व्यतीत हुआ—वह अभूतपूर्व तृप्ति से भरी हुई थी। उसने पांडे की पलकों को प्यार से छुआ था—फिर पांडे को घृणा से देखा था। गर्भपात के दस महीने बाद उसने हॉलीवुड के एक मशहूर कास्ट्यूम डिज़ाइनर से शादी की।

उन्हीं दिनों एक सुबह बाबा आरामकुर्सी पर बैठे हुए धूप खा रहे थे। उसी तरह अधलेटे-अधलेटे उनके प्राण पखेरू हो गए। उनकी मृत्यु कितने बजे हुई यह कोई बता नहीं पा रहा था और इसकी जानकारी का कोई फ़ायदा भी न था। मगर यह सर्वविदित था कि बाबा को पूर्ण आयु मिली। वैसे उनकी आयु के बारे में सटीक कुछ नहीं कहा जा सकता था। क्योंकि स्वयं उनके पास भी अपनी जन्मतिथि के विषय में कोई अचूक सूचना नहीं थी। वह कुछ असाढ़, माघ जोड़-जाड़ कर जो बताते उसको मोटा-मोटी मान लिये जाने पर एक गणना के मुताबिक़ उन्हें चौरानबे साल की उम्र मिली थी तो दूसरी गणना के मुताबिक़ वह पूरे सत्तानबे साल ज़िन्दा रहे।

बाबा के निधन पर पांडे बहुत दुखी हुआ। उसी ने उनका अन्तिम-संस्कार किया था। उस रात पांडे घर में रहा था किन्तु सोया नहीं था। वह इस कमरे से उस कमरे, ऊपर से नीचे के हिस्से में, नीचे से ऊपर मँडराता रहा और बीच-बीच में थककर बैठ जाता था। माँ-पिता पहले ही गुज़र गए थे अब बाबा भी। जोएन भी अब उसके पास न थी। इस संसार में वह निरा अकेला था। उसके मन में बार-बार यह प्रश्न कौंध रहा था कि अब कौन है मेरा? न बाबा न बाबू, न बेटा न बीवी, कोई नहीं

मेरे पास तो फिर इस ब्रह्मांड में कौन है मेरा? जैसे इस प्रश्न का उत्तर बन्द कमरों में न मिल रहा हो वह सीढ़ियाँ चढ़कर छत पर चला गया था। उस समय रात के दो बजे थे और रात अपने समूचे शृंगार के साथ थी। आसमान में चाँद काफ़ी नीचे उतर आया था और तारे भरपूर छितरे हुए थे। उसने उन सभी को देखा और जैसे उनसे भी सवाल किया—"इस ब्रह्मांड में अब मेरा कोई है?" कोई जवाब न बाहर से मिल रहा था न उसके अन्दर कोई जवाब था। वह नीचे कमरे में आ गया और बाबा की एक तसवीर के सामने भोर होने तक बैठा रहा।

अपने को दुख से उबारने के लिए उसने दो स्तरों पर सक्रियता दिखाई। एक—उसने दुबारा शादी रचाई किन्तु यह पत्नी जोएन से भी कम समय में उसे छोड़ गई। इस पत्नी की दृष्टि में विवाह करके उसने भारी भूल की थी क्योंकि विवाह दरअसल आत्महत्या है। अत: पांडे की सन्तान-प्राप्ति की साध इस बार भी धरी रह गई थी। उसकी सक्रियता का दूसरा धरातल उसका व्यवसाय था। उसने उसी में अपने को झोंक दिया और धीरे-धीरे अपने अतीत के दुखों से निजात पाने लगा था। बाबा के अभाव को वह एकदम से नहीं भूला था बल्कि पिता और माँ की तुलना में बाबा को ही ज़्यादा स्मरण करता था। क्योंकि पिता और माँ की मृत्यु के समय वह छोटा था जिससे उनका जीवन उसकी स्मृति में पर्याप्त विस्तृत तथा जीवंत नहीं था। एक तरह से उसके स्मृतिकोश में सबसे पुरानी और सबसे विशाल स्मृतियाँ बाबा की थीं। लेकिन उसकी व्यावसायिक वक़्त की धूल उन पर गिरती रही, गिरती रही और वे विस्मरण के तहख़ाने में चली गई थीं। ज़िन्दगी उसको उस तहख़ाने में झाँकने की मोहलत नहीं दे रही थी। वह अपने कारोबार में इस क़दर मसरूफ़ रहने लगा था, व्यवसाय के विस्तार, प्रबन्धन और मुनाफ़े के चक्रव्यूह में इतना उलझा रहता था कि यादें याद नहीं आती थीं उसको। बाद में जब उसकी कम्पनियाँ नये आयाम पाने लगीं तो फिर पूछो मत—हरदम वह मीटिंग कर रहा होता अथवा यात्रा। नींद में चले जाने के पहले वह अपनी नई परियोजनाओं पर चिन्तन करता और सो जाने के बाद उनकी सफलताओं के अनूठे स्वप्न देखता। इन्हीं के मध्य उसने एक बार तीसरी शादी का भी सपना देखा था लेकिन जल्दी ही उससे मुक्त हो गया था। दो पत्नियों की बेवफ़ाई ने उसको इतना डरा दिया था कि उसे लगा यह भी उसे छोड़कर चली जाएगी। इसका परिणाम यह हुआ कि बाद में उसने जिन औरतों से रिश्ते बनाए उन्हें वे छोड़ देंगी इस ख़ौफ़ से वह ख़ुद उन्हें छोड़कर नया सम्बन्ध क़ायम करने की दिशा में अग्रसर हो जाता था। स्वयं उसकी कम्पनियों में

अनेकानेक सुन्दर-कमनीय लड़कियाँ-स्त्रियाँ थीं जिनमें से कई को पांडे ने अपनाया और अलग किया था। उसकी सी फूड वाली कम्पनी की डायरेक्टर मार्केटिंग जो पश्चिमी जर्मनी से आई थी, से पांडे का अपनापा सबसे लम्बा चला था। इतना कि लगने लगा था कि यह स्थायी हो जाएगा और वह पांडे की पत्नी बन जाएगी। जब यह कहानी चरम पर थी तभी पांडे एक एयर लाइंस कम्पनी की सीएमडी के साथ ज़्यादा वक़्त बिताने लगा था।

पांडे स्त्रियों और डॉलर दोनों के मामले में अमीर हो रहा था। उसे शायद यह मालूम नहीं था और उसे कोई बताने वाला नहीं था कि इसी के समानान्तर अब वह बूढ़ा हो रहा था। और अन्ततः उसने स्वयं एक रोज़ महसूस किया कि उसके संसार में जो एक अभाव था वह अभी भी उपस्थित था और ख़लिश पैदा कर रहा था। उम्र की इस दहलीज़ पर भी उसमें सन्तान की कामना शेष थी। बल्कि समय के साथ वह ज़्यादा परिपक्व और अमिट हो चली थी। वैसे सचाई दूसरी भी हो सकती थी, मनोविश्लेषक परीक्षण करते तो यही निष्कर्ष निकलता कि पांडे में सन्तान पाने की इच्छा मूलतः पिता बनने की इच्छा थी। वह किसी को दुलराना चाहता था। वह किसी को अपने आर्थिक साम्राज्य को सौंपना चाहता था और चाहता था कि बाबा के साथ उसका जैसा नाता था वैसा किसी का उसके संग हो। यह सब उसे मयस्सर नहीं था और जब वह पैंसठ साल का हुआ तो एक शाम मयनोशी में उसे महसूस हुआ कि जोएन से लेकर आज तक जितनी औरतें उसे मिलीं सभी ने फ़रेब किया। उसने निश्चय किया कि वह ज़रूरत होने पर बाज़ारू औरतों की सोहबत करेगा। उसने घृणापूर्वक सोचा था—"ये भी असल में बाज़ारू ही थीं जो मुझे एक औलाद कदापि नहीं दे सकती थीं।"

कीथ को नहीं पता था कि भाग्य उस पर मेहरबानी की वर्षा करना चाहता है। वह लम्बे क़द का इकहरे शरीर का नौजवान था जो चलता था तो उसकी चाल में ग़ज़ब का आत्मविश्वास भरा रहता था लेकिन उसके चेहरे पर सरलता और लापरवाही व्याप्त रहती थी। उसके होंठों में हमेशा एक स्मिति और आँखों में हल्का आश्चर्य

रहता था। जैसे दुनिया कोई अजूबा है जिसे देखना उसे पसन्द आ रहा है। उसने बिजनेस मैनेजमेंट में पढ़ाई पूरी करके पांडे की एक कम्पनी ज्वाइन की थी जहाँ वह सफलता को फलाँगता हुआ उस वक़्त वाइस प्रेसीडेंट था।

एक दिन पांडे अनायास बहुत ख़ुश था और इतनी ख़ुशी उसे रास नहीं आ रही थी, इसलिए वह दूसरी दिशाओं में दिमाग़ को दौड़ाने लगा। उसी दौड़ में एक बिन्दु पर उसे ख़याल आया कि अगर जोएन ने गर्भपात न कराया होता तो आज जो उसकी सन्तान होती उसकी उम्र क्या होती? उसने गणना पूरी की, फिर लैपटॉप पर एच.आर. की फ़ाइल खोलकर देखने लगा। वह देखना चाहता था कि क्या कोई ऐसा उसके यहाँ काम करता है जिसकी जन्मतिथि तथा जोएन के गर्भपात की तिथि में क़रीबी सादृश्य हो। वह कीथ था।

पांडे ने अगले दिन मार्केटिंग हेड, एच.आर. हेड के साथ मीटिंग की और कीथ के बारे में पूछा। दोनों की राय में वह कुशाग्र, ईमानदार और सरल था। इन सबसे सन्तुष्ट होकर उसने कीथ के पीछे एक जासूस लगा दिया कि वह एक महीने तक उसकी तहक़ीक़ात करके अपनी रिपोर्ट दे। जिस दिन जासूस की रिपोर्ट आने वाली थी, पांडे सुबह से कई बार अपना ई-मेल जाँच चुका था। अन्तत: रात के दस बजे वह लैपटॉप पर जासूस की रिपोर्ट पढ़ रहा था। वह बहुत रोमांचित हो गया यह जानकर कि कीथ की ज़िन्दगी में कोई भेद, कोई ड्रामा, कोई धब्बा नहीं था। कीथ जिस लैब से अपना हेल्थ चेकअप कराता था वहाँ से जासूस ने उसकी जाँच रिपोर्टों का प्रिंट भी हासिल कर लिया था जिसके अनुसार कीथ पूरी तरह तन्दुरुस्त था। कीथ के विषय में ब्योरे इतने सादे थे कि पांडे ऊबने लगा। उसने सोचा—"ऐसे भी नौजवान होते हैं जिनका कोई भेद न हो?" लेकिन कुल मिलाकर वह कीथ से बहुत ख़ुश था और उसने निर्णय ले लिया था।

उसने तय कर लिया था कि कीथ उसका वारिस बनेगा। ये कम्पनियाँ, ये धन्धे उसके बाद कीथ के नेतृत्व में आगे बढ़ेंगे। यह निश्चय करने के बाद उसका मन उसकी तरफ़ और अधिक खिंचने लगा। वह धीरे-धीरे उसमें अपनी उस सन्तान को देखने का जतन करने लगा जो जीवन में उसे कभी नसीब नहीं हुई थी। उसने चाहा कि वह उससे बात करे, उसको किसी शानदार रेस्तरां में ले जाकर डिनर कराए और साथ में संसार की कोई अनोखी वाइन पिलाए। लेकिन पांडे जिस ओहदे पर था उसमें अपनी कम्पनी के नौजवान से इस प्रकार के व्यवहार की गुंजाइश नहीं थी। इसलिए पांडे ने उसे कम्पनी के काम के सिलसिले में फ्रांस भेजा और उसी

प्लेन से अपना टिकट भी बुक कराया। इस यात्रा में पांडे ने जाना कि वह ही कीथ को अपने बेटे की तरह नहीं मानने लगा था बल्कि कीथ भी उसको अपने पिता की तरह मानता था। पांडे उसका गाइड, फ़ादर, फ़िलॉसफर था।

"पर तुम तो मुझसे ज़्यादा मिले नहीं, शायद दो या तीन बार...फिर ये सब...।"

"सर, पैग़म्बर से मुलाक़ातें ज़्यादा कहाँ होती हैं।" कीथ ने जब यह कहा, उसके होंठों पर वही स्वाभाविक स्मिति और आँखों में आश्चर्य का भाव था।

पांडे ने एक वर्ष लिया था निर्णायक क़दम उठाने में। वह इस अवधि भर कीथ की थाह लेता रहा तब जाकर तय किया था कि कीथ के जन्मदिन पर उसको अपनी सी फूड वाली कम्पनी के सी.एम.डी. का तोहफ़ा देगा। इस प्रकार उसको अपने कम्पनी समूह का वारिस बनाने के सिलसिले का आरम्भ होगा।

पांडे ने कीथ को अभी तक कुछ नहीं बताया था। वह उस मासूम को चौंका देना चाहता था या बताकर देना वह एक ओछा काम समझता था या किसी काम को नाटकीय ढंग से अंजाम देना उसका स्वभाव था। शायद तीनों बातें थोड़ी-थोड़ी सच थीं। बहरहाल पांडे ने कीथ को बिना बताए उसका जन्मदिवस मनाने के लिए एक शानदार पार्टी का गुपचुप आयोजन किया जिसमें ख़ास निर्देश यह था कि सी फूड बिलकुल न परोसे जाएँ। यह पांडे की अदा थी कि उसकी निजी पार्टियों में सी फूड की मनाही रहती थी। इसका जवाब वह हँसकर देता था कि सारे समुद्री भोजन हम खा जाएँगे तो बेचेंगे क्या?"

सुबह कीथ की आँख फ़ोन की घंटियों से खुली। दोस्त उसे जन्मदिन की बधाई दे रहे थे। उसने उठकर एक चाय तैयार की और मोबाइल का मैसेज बॉक्स देखने लगा। रात बारह बजते ही जन्मदिन के शुभ सन्देश आने शुरू हो गए थे। वह उन्हें पढ़ने लगा। उसे इस तरह की चीज़ें पसन्द थीं, इनमें वह मन से शामिल होता था।

केतली से चाय का दूसरा कप तैयार करके वह बिस्तर पर ही मेल चेक करने लगा और इनबॉक्स खुलते ही वह इतना आह्लादित हुआ कि चीख़ते हुए बिस्तर से कूद पड़ा। सी फूड की एक दूसरी कम्पनी ने उसे मैक्सिको में अपना कंट्री हेड

बनाने का प्रस्ताव भेजा था। 'ये है जन्मदिन का उपहार।' वह उछलकर फिर बिस्तर पर आ गया और अपने सिर के बालों को उलझाने लगा। अब यह तय हो गया था कि उसकी क़िस्मत में पांडे के इतने बड़े आर्थिक तंत्र का मालिकाना नहीं था और पांडे के भाग्य में उसके जैसा सपूत। कीथ ने पांडे की कम्पनी को अपना इस्तीफ़ा भेजा और पांडे के निजी मेल पर लिखा—"सर, ख़ेद है कि मैं आज डिनर में नहीं आ सकूँगा।" साथ में अपने इस्तीफ़े को फ़ारवर्ड कर दिया।

पांडे ने सुबह नाश्ते के पहले अपना मेल चेक किया। उसके आह तक नहीं निकली। उसने नाश्ता करते हुए अपने सेक्रेटरी से बात की और दो आदेश दिये—(1) बोर्ड की इमरजेंसी बैठक बुलाई जाए, (2) रात की डिनर पार्टी में सी फूड भी परोसे जाएँ।

बोर्ड की बैठक में पांडे ने कहा कि वह बूढ़ा हो चुका है। ज़्यादा काम करने में थकान और असुविधा का अनुभव करता है—इसलिए वह अपने काम का बोझ हल्का करने का इच्छुक है। वह अपनी इक्विटी काफ़ी कम करके चैन से सोना चाहता है और चैन से मरना और जीना चाहता है। लोग सकते में थे कि पांडे जैसा धुरंधर व्यवसायी क्यों अपनी हिस्सेदारी बेचने पर आमादा है जबकि उसकी कम्पनियाँ सोना उगल रही हैं। हालाँकि बाद में इसे पांडे की होशियारी, बेरहमी, अचूक तथा भविष्यदर्शी व्यावसायिक दृष्टि का प्रमाण माना गया था जिसने देख लिया था जल्द आने वाली आर्थिक महामन्दी के भयानक क़दमों को। स्थिति यह हुई थी कि पांडे ने जब अपने शेयर बेचे थे तो वे उसकी कम्पनियों के इतिहास में सबसे ऊँची दर पर थे और बेचे जाने के कुछ समय बाद वे सर्वाधिक निचले पायदान पर लुढ़क गए थे।

अब पांडे के पास कोई विशेष व्यस्तता नहीं थी जबकि स्वास्थ्य उसका ठीक था। ख़ाली वक़्त में वृद्धि हो गई थी जिससे निपटने के लिए वह ज़्यादा मदिरापान करने लगा था। दरअसल कीथ के धोखे के बाद ही वह बुरी तरह टूट गया था। अब उसका किसी से मिलने-जुलने का मन नहीं करता था। अधिकतर वह अकेला बैठा रहता और कमरे की किसी न किसी वस्तु को बिसूरता रहता था। किसी वस्तु को बिसूरने का यह अर्थ नहीं था कि वह उसे वाक़ई देख रहा होता था। वह तो उसे देखते हुए किसी और मनोलोक में प्रयाण कर जाता था। उसकी आँखें, उसका स्थूल शरीर यहाँ मौजूद रहता किन्तु सूक्ष्म शरीर सूरीनाम में बीते अपने किशोरवय में चला जाता था। तब उसे बाबा की भावनात्मक यातना, अवसाद और दुख दिखने लगते थे।

पांडे पर अब बाबा हमेशा छाये रहते। वह स्वयं को बाबा की तरह अभिशप्त और दुखियारा महसूस करता। सोचता—"मैं उस उम्र में हूँ जब मौत मेरे पास है। इसलिए सवाल यह है कि मेरे मरने के बाद मेरा इस दुनिया में क्या होगा?" वह अपने ऊपर लानत भेजता—"मैं अपने वंश का नामोनिशान मिटाने वाला साबित हूँगा।"

एक दिन अवसाद की दशा में उसने अपनी दोनों पत्नियों के अलबम नष्ट कर डाले और अपने कम्प्यूटर से भी उन्हें खदेड़ बाहर किया। और लम्बे प्रवास के लिए सूरीनाम चला गया। वहाँ वह बाबा की तरह रहने लगा। घर में जो एक छोटा सा मन्दिर था वहाँ वह काफ़ी समय बिताता। कई बार वह मूर्तियों के पैरों में सिर झुकाकर पड़ा रहता था कई बार वहीं नंगी फ़र्श पर सो जाता था। वह देवता देवियों के ही नहीं, बाबा की फ़ोटो के सम्मुख भी सिर रगड़ता—"आपका रामअजोर आपको अपने परिवार से नहीं मिला सका।"

एक रात विचित्र ड्रामा हुआ—उसने कमरे को चारों ओर से बन्द कर लिया था। उसके हाथ में बाबा की फ़ोटो थी और उसने बाबा के कपड़े पहन रखे थे। उनकी ही पैंट-क़मीज़ और उनका ही कोट। उसके पैरों में चप्पलें भी बाबा की थीं। वह आईने के सामने खड़ा होकर कभी ख़ुद को देख रहा था कभी बाबा की तसवीर को। वह मिलान कर रहा था बाबा से स्वयं का। लेकिन वह हताश हुआ कि बाबा के पहनावे के बावजूद बाबा की तरह बिलकुल नहीं लग रह था। एकमात्र समानता भौंहों की थी—दोनों की आँखों की भौंहें एक कोर से आकर मिल जा रही थीं। उसके प्रतिबिम्ब और बाबा की छाया छवि में भिन्नताएँ बेशुमार थीं एकता बस यही एक थी। वह बुदबुदाया—"बाबा मैं आपकी तरह नहीं लेकिन आपका हूँ।" वह उसी तरह बाबा के कपड़े पहने बार में आ गया और उसने वह शराब

की बोतल खोली जो बाबा को पसन्द थी। उसने तय किया कि आज वह जब तक जागेगा, सिर्फ़ बाबा के बारे में सोचेगा।

रात में वह न जाने सोया या नहीं सोया लेकिन सुबह वह भारत यात्रा की तैयारियाँ कर रहा था। जब तक वह भारत नहीं गया लगातार इंटरनेट पर इस देश के बारे में जानकारियाँ इकट्ठी करता रहा लेकिन दुर्भाग्य से सारी सूचनाओं के संजाल में गाँव गोसाईंगंज के बारे में कोई सही जानकारी नहीं थी। वहाँ दो गोसाईंगंज का ज़िक्र था। एक उत्तर प्रदेश की वर्तमान राजधानी लखनऊ से क़रीब पच्चीस किलोमीटर दूर क़स्बा था जिसका पिनकोड बताया गया था—227125 जो नगर पंचायत क़स्बा था। दूसरा गोसाईंगंज पुरानी राजधानी फ़ैज़ाबाद का सबसे पुराना बाज़ार था।

पांडे को उम्मीद थी कि भारत यात्रा में इन दो गोसाईंगंज में से किसी एक में उसे अपनी मंज़िल मिल जाएगी जहाँ वह अपने वंश के लोगों को गले लगाएगा।

लेकिन भारत आने पर उसे जो जानकारियाँ मिलीं उनसे वह किंकर्तव्यविमूढ़ हो गया था। इस देश में दो नहीं अनगिनत गोसाईंगंज थे। कई प्रदेशों के कई जनपदों के मध्य गोसाईंगंज हमनाम व्याप्त था। पांडे की समझ में नहीं आ रहा था कि वह कहाँ जाए और कहाँ न जाए। जल्द ही उसने थककर इसे अगली भारत यात्रा के लिए छोड़ दिया और उस प्रवास को उसने देशभ्रमण में झोंक दिया था।

उस भारत यात्रा में उसके आचरण और जीवनशैली में दो परस्पर विरुद्ध देखे जा सकते थे। वह शहर के सबसे आलीशान होटल में ठहरता था और महँगी पोशाकें पहनता था। लेकिन वह किसी चमाचम लकदक गाड़ी में बैठकर खाना खाने किसी सस्ते ढाबे में जाता था। एक बार उसने किसी प्याऊ पर चुल्लू बनाकर पानी पीने की कोशिश की थी परिणामस्वरूप उसकी क़मीज़ की समूची आस्तीन भीग गई थी और आधा से अधिक पानी नीचे गिर गया था। इस तरह वह अपने बाबा की आत्मा को ख़ुश करने का प्रयास कर रहा था। कई बार वह उस समय की कल्पना करने लगता जब उसके बाबा हिन्दुस्तान में थे। वह कोई इतिहासकार नहीं था कि जानता हो तब किन-किन चीज़ों, रहन-सहन का चलन था अथवा नहीं था। न बाबा ने उसे विस्तार से अपने जीवन के बारे में बताया था। इसलिए वह अनुमान और सहजबोध के सहारे कल्पनाएँ कर रहा था। इसी तरीक़े से उसने इलाहाबाद के संगम में बाबा को डुबकी लगाते देखा और दिल्ली के चाँदनी चौक में सुबह-सुबह झाड़ू लगाता आदमी उसको बाबा लगा। बिहार के वैशाली में भूजा खाता हुआ इनसान दिखाई पड़ने पर उसे एहसास हुआ कि यह पुराना वक़्त है और

बाबा भूजा खा रहे हैं। सब कुछ देखते-सुनते कब वह एक दिन बीड़ी पीने लगा, उसे इल्म न हुआ। अगर उसे कोई एहसास हुआ तो यह—मैं नहीं बाबा बीड़ी पी रहे हैं। इसी कड़ी में वह देशी शराब की हौली में जा घुसा। उसने महसूस करना शुरू किया कि लालपरी का अद्धा ख़रीदकर वहाँ रखी टूटी-पुरानी गंदी बेंच पर वह नहीं बाबा पीने के लिए बैठे हैं। उसने देखा कि चीकट जाँघिया पहने हुए एक लड़का काउंटर पर परात में रखकर चने की घुघरी बेच रहा है। उसने एक दोना घुघरी ख़रीदी और अन्य शराबियों की तरह उस चखने के साथ शराब पीने लगा। उसे यह सब ऐसा अद्वितीय, मायावी और प्रिय लग रहा था कि उसने उसी वक़्त तय कर लिया था कि वह आगे भी भारत आने पर हौली की दारू और चने की घुघरी ज़रूर पिये-खाएगा।

"मुझे हौली में दारू पीनी है और दोने में रखकर घुघरी खानी है।" पांडे ने पुन: पुरानी तान छेड़ी।

"देसी दारू और घुघरी की दावत मेरी तरफ़ से होगी।" बहुगुणा ने सामने खड़ी बला को टालने की कोशिश में कहा—"पांडे जी हम लोगों ने काफ़ी मस्ती कर ली, अब कुछ काम की बातें कर लें।"

"मुझे क्या करना है, काम तो इनको करना है।" पांडे ने सूर्यकान्त की ओर इशारा किया।

सूर्यकान्त ख़ामोश होकर सोचने लगा—कहाँ से शुरुआत हो? हालाँकि उसे नशा हो चुका था लेकिन उसका दिमाग़ नियंत्रण में था। उसने तय किया, आरम्भ औपचारिक ढंग से हो। वह बोला—"पांडे जी अपने पुरखों के लिए आपकी इतनी तड़प देखकर मुझे बहुत ख़ुशी हुई है। आज जब पुरखों को भुला देने में, हर समस्या के लिए उन्हें गुनहगार साबित करने में अपनी शान मानी जा रही है तब आप इतनी दूर से इस देश में आए हैं अपने बाबा के गाँव की खोज में—ये बड़ी बात है। अपने इस मक़सद में आपने मुझे भी शामिल किया, इसके लिए मैं कृतज्ञ हूँ। भरोसा दिलाता हूँ कि मैं बाबा के गाँव को खोज सकूँगा।"

सूर्यकान्त के शब्दों को सुनकर बहुगुणा भौचक्का था और सशंकित था—इस साले ने पी नहीं है क्या, जो इतना साफ़, इतना बढ़िया बोल रहा है।

सूर्यकान्त आगे बढ़ रहा था—"सबसे पहले मैं आपसे अनुरोध करूँगा कि आप बताएँ बाबा की शख़्सियत की कुछ ऐसी चीज़ें जो आपके पिताजी में भी रही हों और आप में भी?"

"ये तो जासूस करमचन्द हो रहा है!" बहुगुणा ख़ुश हो रहा था।

"इसका गोसाईंगंज से क्या ताल्लुक़?" पांडे ने सूर्यकान्त से पूछा।

"ताल्लुक़ है।" सूर्यकान्त ने एक जासूस की तरह ही कहा—"गोसाईंगंज में आपका घर कौन है, यह उस घर में इस समय रह रहे आपके रक्त सम्बन्धियों से चीन्हा जाएगा। आपके बाबा के व्यक्तित्व की ख़ास बातें और आदतें आपके पिता और आपकी तरह, हो सकता है, आपके गोसाईंगंज वाले परिवार के लोगों में भी हों।"

पांडे अपने अन्दर खो गया, नशे के कारण या स्मृति में चले जाने के कारण, ठीक-ठीक नहीं जाना जा सकता। वापस बाहर आकर उसने कहा—"बाबा ने कभी चश्मा नहीं लगाया। वह बुढ़ापे में भी बिलकुल साफ़ देखते थे। पिताजी जल्दी ही संसार से चले गए लेकिन मैं...मुझे आज भी चश्मे की ज़रूरत नहीं है। कोशिश करूँ तो चींटियों जैसे अक्षर पढ़ लूँ। मेरा यक़ीन है कि मेरे पिताजी को भी अगर लम्बी उम्र मिली होती तो उनकी आँखें अपने हाथों के रोओं को बग़ैर चश्मे के देख लेतीं।"

"और?"

"और हाँ...मेरी भौंहों को देख रहे हो, दोनों आँखों के ऊपर की भौंहें आपस में एक-दूसरे से जुड़ जा रही हैं। ऐसी ही बनावट बाबा और पिताजी दोनों की आँखों के ऊपर थी।"

"और?"

"और?" वह हँसा—"और यह कि बाबा, पिताजी की तरह मेरे भी दो-दो हाथ, पाँव, कान, आँखें हैं।" इस बार वह ज़ोर से हँसा—"हम तीनों अलग-अलग इनसान हुए इसलिए हममें एक जैसी बातें ज़्यादा नहीं होंगी।"

सूर्यकान्त जासूस का बाना त्यागकर होमियोपैथ बन गया—"खाने में जो तीनों को पसन्द हो?"

"मीठा।"

"कोई ऐसी बीमारी जो तीनों को हुई हो?"

"उन दोनों को डिप्रेशन का मर्ज़ था और मुझे भी।"

"आपको डिप्रेशन!" बहुगुणा काफ़ी अन्तराल के बाद बोला था।

"डिप्रेशन की कोई वजह?" सूर्यकान्त ने मनोचिकित्सक की तरह प्रश्न किया।

"हम काम की बातें करें।" पांडे ने मुस्कराकर टाला।

"ठीक बात। अच्छा क्या आपके पास कुछ ऐसी चीज़ें हैं जिनसे मुझे गोसाईंगंज और आपके वंश की खोज में मदद मिले?"

पांडे की आँखों में सूर्यकान्त के लिए अपनापन उभरा और आवाज़ में थोड़ी सी भावुकता—"मेरे बच्चे, मैं उम्मीद कर रहा हूँ कि तुम कामयाब होगे।" वह अलमारी तक गया, उसमें से चमड़े का एक बैग निकालकर वापस आया। बैग से लैपटॉप निकाला—"यह रहा बाबा की ज़िन्दगी का दूसरा दौर।"

लैपटॉप में बाबा की ढेर सारी तसवीरें थीं। एक तसवीर में ख़ुद पांडे, जब बच्चा था, बाबा के गले में बाँहें डाले झूल रहा था। तसवीरों में कहीं-कहीं पर पांडे, पांडे का पिता, माँ, दादी भी थे। एक में बाबा, उनका बेटा और स्वयं किशोर उम्र पांडे साथ-साथ थे। उन तीनों की जुड़ी हुई अपनी-अपनी भौंहें एक ख़ास असर पैदा कर रही थीं।

बाबा कहीं सुन्दर हरे-भरे टैरेस पर खड़े थे कहीं आरामकुर्सी पर बैठे हुए थे। किसी तसवीर में घर के बार में बैठे शराब पी रहे थे। वह विभिन्न मुद्राओं में थे—जागते, सोते, उदास, काम करते, आराम करते हुए। ये तसवीरें बाबा के जीवन के उत्तरार्ध की थीं जब उनके बेटे ने सम्पदा इकट्ठा कर ली थी। इसीलिए बाबा एक को छोड़कर बाक़ी अधिसंख्य तसवीरों में बूढ़े या लगभग बूढ़े थे। जो वह एक तसवीर थी इसमें बहुत सारे लोग थे और यह बाबा के सूरीनाम जीवन के शुरुआत की थी यानी कि बाबा की दूसरे चक्र की ज़िन्दगी का प्रवेशद्वार थी।

"बाबा जब परदेस की धरती पर जहाज़ से उतरे थे तब की है। बाक़ी लोग जहाज़ से आए बाबा के सहयात्री हैं।"

वह एक बड़ी सी ग्रुप फ़ोटो थी जिसमें अनेक स्त्री-पुरुष थे।

पांडे ने एक इनसान पर उँगली रखी—"ये बाबा हैं।" यह युवा काल के बाबा थे।

बाबा में कोई ख़ास बात न थी। फ़ोटो के अन्य पुरुषों की तरह वह भी थे। वह कुर्ता-धोती पहनकर खड़े थे। चेहरे पर कोई चमक नहीं सिर्फ़ थकान थी जो लम्बी समुद्री यात्रा के कारण हो सकती थी।

बहुगुणा भी सूर्यकान्त के कंधे पर झुका उस ग्रुप फ़ोटो को देख रहा था। सूर्यकान्त ने अपने कंधे से उसे ठेला।

सूर्यकान्त सोच रहा था—इन तसवीरों से गोसाईंगंज में बाबा के वंश की खोज में क्या मदद मिलेगी। कोई ज़रूरी नहीं कि वंशज अपने पूर्वजों की तरह हों। उसने पांडे की तरफ़ देखा—यह बूढ़ा हो चुका है किन्तु इसकी शक्ल अपने वृद्धावस्था

के बाबा से क़तई नहीं मिलती। यह अपने युवा दिनों में अपने युवा दिनों के पिता से भी नहीं मिलता है। अलबत्ता अपनी माँ की छाप के क़रीब ज़रूर है यह। उसने पांडे से पूछा—"कोई और चीज़ भी है?"

"हाँ है।" पांडे ने लैपटॉप पर दूसरी फ़ाइल खोली, इसमें एक पेंटिंग थी—"यह पेंटिंग मुझे बाबा की मौत के बाद उनकी अटैची में मिली थी।" पांडे ने बताया।

सूर्यकान्त देखने लगा—उस पेंटिंग में एक गाँव था। जैसाकि गाँव में होना चाहिए था—मिट्टी के घर, फूस की झोंपड़ियाँ, वृक्ष, मवेशी, तालाब, फ़सल भरे खेत, खलिहान आदि पेंटिंग के गाँव में थे। खेतों में ख़ूब फ़सलें थीं, पेड़ों पर ख़ूब फल थे, स्वस्थ-तगड़े मवेशी थे और प्रसन्नचित्त मनुष्य थे। एक कुएँ की जगत पर पानी भरती हुई स्त्री थी। इस पेंटिंग में विशेष यह था—सब बारिश के भीतर था। साँवरे बादलों से झमाझम बारिश हो रही थी।

"इसे आपके बाबा ने बनाया था?"

"नहीं, उनको पेंटिंग नहीं आती थी। वह चित्र में ठीक-ठीक एक आदमी भी नहीं बना पाते थे। इसे उन्होंने किसी से बनवाया होगा।"

सूर्यकान्त ने पुन: चित्र देखा—सूखे और अकाल की मार से विस्थापित हुए बाबा के यथार्थ नहीं सपनों का गाँव है यह। हो सकता है, उन्होंने चित्रकार से अपने सपनों के गाँव का वर्णन किया हो और वैसा ही गाँव बनाने के लिए कहा हो। पर मुश्किल यह थी कि इससे भी गोसाईंगंज में बाबा के वंश की खोज में कोई मदद नहीं मिलनी थी। इसकी जगह पर बाबा आड़ा-तिरछा ही सही, अपने गाँव में अपने घर या बस्ती का नक़्शा बनाते तो वह ज़्यादा कारगर होता।

"आप इन सारी चीज़ों को मुझे मेल कर दें।" सूर्यकान्त ने अपना विज़िटिंग कार्ड भी दिया।

"पांडे जी! अब इस सिलसिले की आख़िरी बात भी हो जाए।" बहुगुणा ने हस्तक्षेप किया था, उसकी आवाज़ में चतुराई छलक रही थी—"मेरा मतलब सूर्यकान्त के भुगतान से है।"

"उसकी फ़िक्र न करें, मेरे पास काफ़ी धन है और ख़र्च करने वाला कोई नहीं।" पांडे के कथन में ज़रा सा अवसाद भी था।

"मैं जानता हूँ लेकिन मैंने शायद इसलिए कहा कि सूर्यकान्त की नौकरी क़रीब-क़रीब छूट गई है...।" बहुगुणा ने सफ़ाई पेश की।

पांडे ने नये पेग का घूँट लेने के पहले पूछा—"सूर्यकान्त की उम्र में यहाँ... क्या बोलते हैं...आईएएस किस पद पर होता है?"

"प्रमुख सचिव।" बहुगुणा ने बताया।

"इस काम के एवज़ में मैं एक साल तक प्रमुख सचिव का वेतन दूँगा। काम चाहे एक महीने में हो या एक साल से अधिक में।"

"हाँ, इसे आप अपना बच्चा ही समझें। बेटे जैसा।" बहुगुणा में अपनी बात पूरी तरह कह डालने की ख़ुशी थी।

सूर्यकान्त को अच्छा न लगा। कुछ क्षणों के लिए उसे बहुगुणा के साथ-साथ पांडे से भी विरक्ति-सी हुई। उसके मन में आया, वह कहाँ, किस घनचक्कर में फँस रहा है। बेहतर यही रहेगा कि सब कुछ को ठोकर मारकर यहाँ से निकले। लेकिन उसने अपने हालात और भविष्य के संकट के बारे में सोचा और मुनासिब समझौते के तहत वैसा कुछ नहीं किया। लेकिन कहीं ऐसा कुछ था कि वह इस नागवार वक़्त को शान्तिपूर्ण ढंग से—साबुत—बीत जाने नहीं देना चाहता था। उसकी उत्कट इच्छा हुई—कोई ऐसी धारदार, चुभती बात कहे जिससे पांडे को ज़ख़्म हो और बहुगुणा बेटा-बेटा की जो बिसात बिछा रहा है उलट जाए। तभी किसी देवता के वरदान की तरह तीर जैसा एक वाक्य उसके दिमाग़ में आया जिसे उसने ज़बान की प्रत्यंचा पर चढ़ाकर छोड़ा—"पांडे जी आप अपने बाबा के ही मूल स्थान और उनके वंशजों की क्यों तलाश करना चाहते हैं जबकि आपकी दादी भी एक गिरमिटिया मज़दूर बनकर सूरीनाम गई थीं! दादी में आपकी दिलचस्पी क्यों नहीं? इसलिए कि वह स्त्री थीं?"

पांडे विचलित नहीं हुआ—"मैं इस तरह नहीं सोचता। शायद इसलिए कि मैंने दादी के साथ ज़्यादा समय नहीं बिताया। मैंने उनको उस तरह नहीं जाना जैसे बाबा को—उनके दुखों, बेचैनी और उदासी के साथ।" उसने शराब की चुस्की ली और बोला—"काम की बातें हो चुकीं, अब हौली ले चलो। मुझे देसी ठर्रा पीना है और चने की घुघरी खानी है।"

मैं अग्नि हूँ जल जाओगे यार

घर में अकेली हो जाना गौरी के लिए नई बात न थी। गौरव स्कूल चला जाता था और सूर्यकान्त ऑफ़िस तो वह अकेली ही होती थी। गौरव जब नहीं जन्मा था तब भी वह सूर्यकान्त के बाहर जाने पर घर में अकेली रहती थी। लेकिन सच यह है कि गौरी वाक़ई अकेली नहीं होती थी। सूर्यकान्त और गौरव के प्रस्थान के बाद एकान्त मिलते ही घर में एक मेला लग जाता था। अनगिनत रंग-बिरंगे तरह-तरह के दृश्य, आवाज़ें, बातें आकर उसके चारों तरफ़ विराजमान हो जातीं। ऐसा लगता, एक सूर्यकान्त घर से निकलता था तो कई सूर्यकान्त छोड़ जाता था। गौरव स्कूल जाता तो घर में ढेर सारे गौरव प्रकट हो जाते। जैसे कोई नक़ली सूर्य, गौरव घर से दूर हों—असली उसके पास रह गए हों। वह उनकी गिरफ़्त से आज़ाद नहीं हो पाती थी। वह उन दोनों की ख़ुशी, रुचियों, अनिच्छाओं, नाराज़गी इत्यादि की चहल-पहल में जा गिरती थी। और उस गहरी खाई से तभी उबर पाती थी जब वे घर वापस आ जाते थे।

लेकिन आज फ़र्क़ एहसास था...

वह सोच रही थी—इधर का समय कितना घटनापूर्ण और नाटकीय रहा। सूर्य का वह तथाकथित रोग फिर उसका ग़लत निकलना, दफ़्तर में तनाव, नौकरी से लम्बी छुट्टी, आसानी से नई नौकरी मिल जाने का विश्वास और उसका टूटना, रोज़गार की कोशिशें, विफलताएँ, सूर्यकान्त का अवसाद और तनाव, फिर पांडे से मुलाक़ात...

वह होटल से देर रात लौटा था। बहुगुणा छोड़ गया था। वह भीतर तक पहुँचाने आया था। दोनों नशे में थे। जाते समय बहुगुणा कह रहा था—"गौरी, इससे कहना कि मौक़ा पड़ने पर गधे को बाप बनाना बुरा नहीं है। हालाँकि पांडे गधा नहीं एक बढ़िया इनसान है।"

वह कुछ समझ नहीं सकी। सोचा कि बहुगुणा से उसके कथन की तफ़सील पूछे लेकिन उसे झूमता देखकर हिचक रही थी। वह पसोपेश से उबरती, उसके पहले बहुगुणा लड़खड़ाता लहराता हुआ चला गया था।

सुबह देर तक सोने के बाद सूर्य जागा तो ख़ुश दिख रहा था। उसने रात पांडे से हुई मुलाक़ात का सारा वाक़या सुनाया। वह इससे सन्तुष्ट थी कि कई दिनों के बाद सूर्य के चेहरे पर रौनक लौटी है। उसने सूर्य से पूछा था—"ये गोसाईंगंज कहाँ है?"

"उत्तर प्रदेश में कई गोसाईंगंज हैं।" सूर्य का जवाब था।

"पर पांडे के पुरखों का गोसाईंगंज कहाँ है?"

"ढूँढ़ना होगा। वैसे पांडे की बातचीत के मुताबिक़ अवध में होना चाहिए।"

दोपहर तक मालूम हुआ कि अवध में फ़िलहाल तीन गोसाईंगंज हैं। एक लखनऊ ज़िले में, दूसरा फ़ैज़ाबाद में था और तीसरा सुल्तानपुर में भी था। सुल्तानपुर के नाम से वह घबराई—"पहले तुम्हें लखनऊ के गोसाईंगंज में खोज करनी चाहिए।" वह सूर्य को सुल्तानपुर जाने से बचाना चाहती थी।

"लेकिन मेरे हिसाब से पांडे के बाबा का गोसाईंगंज लखनऊ ज़िले में बिलकुल नहीं होना चाहिए। क्योंकि वह गाँव छोड़कर काम-धंधे की तलाश में फ़ैज़ाबाद गए थे। वहीं के सब डिपो में उनकी भर्ती हुई थी। सवाल है कि लखनऊ का आदमी सवा सौ किलोमीटर दूर फ़ैज़ाबाद क्यों जाएगा रोज़ी कमाने के लिए।"

"फिर तुम्हें फ़ैज़ाबाद पर फ़ोकस करना चाहिए।"

"देखते हैं।"

गौरी के मन ने कामना की—सूर्य सुल्तानपुर न जाए।

लेकिन वह चला गया था। उसे लेकर 'वरुणा एक्सप्रेस' गौरी की आँखों से दूर जाती हुई ओझल हो गई थी। स्टेशन पर अन्य ट्रेनों के यात्रियों की भीड़ थी। दूसरी ट्रेनें खड़ी थीं। उनके आगमन-प्रस्थान की बेसुरी उद्घोषणा थी। कुली थे, दुकानें थीं, कोलाहल था। पर वह महसूस कर रही थी कि वह एक निर्जन में है। उसे बेबसी के कारण पसीना आ गया था। क्या ऐसा इसलिए हो रहा था कि वह डर रही थी और पराजित महसूस कर रही थी कि कुछ वर्ष पहले उसने सूर्य को जिस शहर और जिन लोगों से छीना था, वह उसी शहर और उन लोगों के पास जा रहा था। अब वह भयग्रस्त थी, सूर्य असली सूर्य को वहीं छोड़कर यहाँ आया तो?

तब से वह सामान्य नहीं हो पा रही थी।

शायद वह सूर्यकान्त के उस जुनून के कारण विचलित थी जो अपने छोटे शहर और उसमें बसे अपने रिश्तों-नातों के लिए सूर्यकान्त में शुरू से ही अपरम्पार था। जो पिछले अनेक वर्षों से ख़ामोश, दमित और भूखा था। अब जब इतने बरस बाद वह वहाँ जा रहा था तो वह खलबली से भरी हुई थी और सहमी हुई थी—कहीं अब सूर्य के संसार में मेरे अधिकार का इलाक़ा कम न हो जाए। आख़िर वह ही थी जिसने सूर्य के संसार से सूर्य के बचपन और कैशोर्य को, उन दिनों की बहुत सारी यादों और आदतों को परे धकेला था और ख़ुद क़ाबिज़ हो गई थी...

सूर्यकान्त से प्रेम के शुरुआती दिनों में उसे बड़ी कोफ़्त होती कई बार। यूनिवर्सिटी की गहमागहमी से अलग दोनों जब मिलते थे, वह प्यार-व्यार की बातें करने के बजाय अपने भाई, बहन, माँ, पिता, चाचा के क़िस्से-फ़साने छेड़ बैठता। किसी रेस्तराँ में होने पर अपनी माँ के हाथ के बने व्यंजनों का बखान करने लगता था। अवध की पाककला का दीवाना था वह ।

एक बार एक पेड़ की छाँव में बनी बेंच पर बैठकर गौरी ने पूछा था—"सूर्य शादी के बाद तुम मेरे लिए क्या करोगे?"

"मैं एक घर बनाऊँगा। घर में एक बग़ीचा होगा। उस बाग़ीचे में छुट्टी के दिन मैं खाना बनाऊँगा और तुमको खिलाऊँगा।"

"तुम्हारे अवध में किचेन बाग़ीचे में होता है?" उसने उसके जोश की हवा निकालने के लिए कहा।

"नहीं किचेन किचेन की जगह होगा। मैं छुट्टी के दिन की बात कर रहा था...। बाग़ीचे में मैं ईंटों से एक फौरी चूल्हा बनाऊँगा जिसमें लकड़ियों का ईंधन जल रहा होगा। उस पर मिट्टी की हाँड़ी में दाल पकेगी धीमी आँच पर। हाँड़ी में ही चावल पकेगा। लोहे की कड़ाही में तरकारी बनेगी। बाद में बची हुई आग में चार आलू छोड़ दूँगा भुनने के लिए। उस आलू का जो भुर्ता बनेगा वह तुमने कभी नहीं खाया होगा।"

बात पाककला तक महदूद नहीं थी। वे दोनों गोमती नदी के किनारे या किसी पार्क में पहुँचते, वह अपने क़स्बे के किसी पोखरे या खँडहर का सौन्दर्य वर्णन इतने मनोयोग से करना शुरू करता जैसे धरती पर यदि स्वर्ग है, सुल्तानपुर में है।

एक दिन क्लासरूम से निकलकर वह बोली—"यार आज संजय दत्त आने वाला है, चलो हम भी देख आएँ।"

रास्ते में वह पुराण छेड़ बैठा—"लोग बताते हैं कि जब महात्मा गांधी पहली बार मेरे शहर में आए थे...।"

वह चिढ़ गई—"परसों नेहरू जी तुम्हारे सुल्तानपुर में आए थे, आज महात्मा गांधी। कोई वीआईपी बचा नहीं होगा वहाँ जाने से। भगवान भी...।"

"हाँ...मेरे ज़िले में एक स्थान है बिजेथुआ। कहते हैं कि हनुमानजी जब संजीवनी बूटी लाने के लिए द्रोणगिरी पर्वत जा रहे थे तो उसी रास्ते से गुज़रे थे। यहाँ कालनेमि राक्षस से उनका युद्ध हुआ।"

"बड़ी दुष्ट आत्माएँ रहती हैं तुम्हारी तरफ़। ऐसी अपवित्र भूमि...।"

सूर्यकान्त ने जवाब दिया—"उस अपवित्र भूमि पर देवता पवित्र होने के लिए आते हैं। लंका युद्ध के बाद तमाम हत्याओं के पाप से मुक्त होने के लिए राम मेरे ज़िले के धोपाप नामक स्थान में आए थे। असलियत में धोपाप एक नदी है जिसमें स्नान करने पर सारे पाप धुल जाते हैं।"

"वाह भाई वाह!" गौरी ने आँखें नचाई—"क्या धरती है जनाब आपके सुल्तानपुर की—पापियों को सज़ा नहीं सबाब देती है। हत्यारे क़त्ल करें, डाकू डाका डालें और पहुँच जाएँ तुम्हारे धोपाप में डुबकी मारने। तस्कर तस्करी करें, भ्रष्टाचारी भ्रष्टाचार—जाकर नहा लें वहाँ—ग़लती ख़तम।" वह आवेश में आ गई थी।

सूर्यकान्त बुझ गया। निरुत्तर, परास्त और मासूम दिखा वह। गौरी पसीज गई—"यार मैंने ऐसे ही कह दिया था। अब तुम दुख छोड़ो और ख़ुश हो जाओ।" उसने उसकी नाक पकड़कर हिलाई—"आपका जनपद वल्ला वल्ला।" उसने माहौल को हल्का करने के ज़ज़्बात से पूछा था—"हाँ तो अब आगे कौन सी विभूति पहुँचेगी तुम्हारे शहर में?"

वह मुस्कराने लगा था। कुछ मुस्कराते, कुछ सोचते हुए बोला था—"अगली विभूति एक स्त्री होगी—बहुत ही सुन्दर स्त्री।"

"कौन, जयाप्रदा या डिम्पल कपाड़िया या फिर श्रीदेवी?"

"नहीं। इनमें से कोई नहीं।"

"तब कौन?"

"गौरी।"

"मूर्ख! मैं स्त्री कहाँ? मैं तो कुंआरी कन्या। और मैं क्यों जाऊँ...ऊँ...ऊँ...?"

"क्योंकि हर लड़की शादी के बाद अपनी ससुराल जाती है।"

उन दिनों सूर्यकान्त जुबली छात्रावास के कमरा नं. 34 में रूम पार्टनर बहुगुणा—विजय वीर बहुगुणा—के साथ रहता था। कमरे की साज-सज्जा पर सूर्यकान्त की छाप स्पष्ट रूप से दिखाई देती थी—हमेशा कमरे में सिगरेट का धुआँ मँडराता था। पढ़ने की मेज़ पर चाय वाले कई प्याले सिगरेट की टोटियों और राख से भरे होते थे जिन्हें साफ़ करने की ज़िम्मेदारी बहुगुणा निभाता था। कमरे में झाड़ू भी बहुगुणा को ही लगानी पड़ती थी। बुहारी में धूल-मिट्टी के साथ ढेर सारी माचिस की तीलियाँ मिलतीं। क्योंकि सूर्यकान्त सिगरेट जलाकर तीली किसी भी दिशा में उछाल देता था। कुछ तीलियाँ बहुगुणा के नाम पर भी थीं जिनसे वह पूजा के समय अगरबत्तियाँ सुलगाता था और खानपान के लिए स्टोव जलाता था।

बहुगुणा तब सात्त्विक प्रकृति का नौजवान था जो प्रशासनिक सेवा सम्बन्धी परीक्षाओं की तैयारी कर रहा था। साथ ही छात्रावास में बने रहने के उद्देश्य से वह संस्कृत विषय से अध्ययन में शामिल था। सूर्यकान्त और बहुगुणा परस्पर विपरीत रुचियाँ, मनोवृत्तियाँ, जीवनशैली रखने के बावजूद एक-दूसरे के मामले में बिलकुल हस्तक्षेप नहीं करते थे। यही उनके हमदम होने का मूलाधार था। तो इस प्रकार सिगरेट और अगरबत्ती के धुएँ मिलकर एकाकार हो जाते थे...। बहुगुणा को सूर्यकान्त का देर तक सोना, सिगरेट पीना, गंदगी फैलाना ज़रा भी पसन्द नहीं था किन्तु वह एतराज़ नहीं करता था। जबकि सूर्यकान्त को उसका ब्रह्ममुहूर्त में जागकर खटर-पटर शुरू कर देना, पूजा-पाठ वग़ैरह हरगिज़ नहीं सुहाता था लेकिन वह चुपचाप रहता था। उसे विजय वीर बहुगुणा का पढ़ने का ढंग भी बहुत बेढंगा लगता था मगर आज तक उसने कभी उसे इस बात के लिए टोका नहीं था। बहुगुणा कमरे में भोजनादि से जितना समय बचता, लगातार पढ़ता रहता था। उसके पढ़ने का तरीक़ा यह था कि वह रेडियो चालू कर देता था और उससे भी तेज़ आवाज़ में श्लोक पढ़ने लगता था। श्लोक ही नहीं वह उनकी टीकाएँ भी चिल्लाकर पढ़ता था। वह रेडियो खोलता, विविध भारती से गाना बजने लगता—

शायद मेरी शादी का ख़याल
दिल में आया है

इसीलिए मम्मी ने मेरी
तुम्हें चाय पे बुलाया है

और इधर अत्यंत उच्च स्वर में बहुगुणा कहता—

पांतु न प्रथमम् व्यवस्यति जलं युष्मास्वपीतेषु या
नादते प्रियमंडनापि भवताम् स्नेहेन या पल्लवम्
आद्ये वः कुसुमप्रसूतिसमये यस्या भवत्युत्सवः
सेयं याति शकुंतला पतिगृहं सर्वेरनुज्ञायताम्॥

'अर्थात।' बहुगुणा और ऊँचे स्वर में चिल्लाता—"कण्व ऋषि अपनी पुत्री शकुंतला के पतिगृह जाते समय आश्रम के वृक्षों और लताओं से कहते हैं—'शकुंतला पतिगृह को जा रही है, आप सब लोग उसे अनुज्ञा दें। यह वही शकुंतला है जो आपको जल पिलाए बिना कभी स्वयं जल नहीं पीती थी और आपके प्रथम पुष्पोदय के समय उत्सव रचाया करती थी। यद्यपि वह प्रियमंडना है यानी कि उसको मंडन अथवा अलंकार बहुत पसन्द हैं तो भी आप पर उसका ऐसा स्नेह था कि अपने शरीर का श्रृंगार करने हेतु उसने कभी आपके पल्लव नहीं तोड़े।"

बहुगुणा का स्वर इतना ऊँचा रहता था कि सूर्यकान्त के कानों में उसके शब्दों और उनके अर्थ का प्रवेश ही नहीं हो पाता। उसे बस यही लगता जैसे वायुमंडल में हज़ारों गर्दभ चिंग्घाड़ रहे हों अथवा जैसे उसके दोनों कान उखाड़कर शोर के समुद्र में फेंक दिये गए हों। फिर भी वह कोई आपत्ति दर्ज नहीं करता था। बाद में उसने इन सबके प्रति अपना ऐसा अनुकूलन कर लिया था कि मूड में होने पर वह स्वयं कहता—"बहुगुणा कोई श्लोक सुनाओ।"

इस प्रकार कमरा नं. 34 में दोनों सहअस्तित्व के साथ रह रहे थे। कमरे के वायुमंडल तक पर दोनों का समान वर्चस्व था। एक ने धुएँ से अधिकार कर लिया था दूसरे ने ध्वनि से।

एक दिन वह सिगरेट पी रहा था और वह संस्कृत की किसी पोथी से सस्वर रट्टा मार रहा था। अर्थात धुएँ और ध्वनि के समवेत पर्यावरण में सूर्यकान्त ने बहुगुणा के सम्मुख अपनी एक व्यथा रखी—"बहुगुणा! मुझे जवान हुए इतने बरस हो गए पर मैं दोतरफ़ा प्रेम के अनुभव से वंचित हूँ। कभी-कभी शंका होती है—क्या मैं कुरूप हूँ?

लेकिन जब आईने में देखता हूँ तो लगता है—ऐसा गया-गुज़रा नहीं हूँ फिर क्यों आज तक किसी लड़की...।"

"बस-बस...।" बहुगुणा ने उसकी बात बीच में ही काट दी थी—"मैं समझ गया हूँ...इसका अर्थ है—तुमने अभी तक किसी सुन्दरी के अधरों का रसपान नहीं किया है। उसकी क्षीण कटि पर हथेली नहीं रख सके। अपने वक्षस्थल पर उसके उष्ण उरोजों का दबाव नहीं अनुभव कर सके...चकित नयनों..."

"मैं किसी की बाँह तक नहीं छू सका हूँ।" सूर्यकान्त ने निराशा से कहा।

"यह वाक़ई दुख की बात है, क्योंकि—

एकचक्रो रथो यद्वदेक पक्षी यथा खगा:।
अभार्योऽपि नरस्तद्वदयोग्य: सर्वकर्मसु॥

यानी कि यदि एक चक्के वाला रथ होगा तो वह कुछ दूर चलकर निश्चय ही लुढ़क जाएगा और यदि कोई चिड़िया एक पंख की ही होगी वह फड़फड़ाकर ही रह जाएगी। मतलब कि अपने उड़ने के प्रयोजन को पूरा नहीं कर पाएगी। इसी प्रकार अकेला नर—बिना नारी के साथ वाला नर—कोई कार्य नहीं कर सकता।"

"यही मैं भी सोचता हूँ मगर कहाँ है मेरे जीवन में नारी?"

"अच्छा ये बताओ कि तुम कौन नारी के वशीभूत हो?"

"मैं दो के वशीभूत हूँ—ऋचा चौबे और गौरी। मुझे लगता है कि मैं भी इन दोनों को पसन्द नहीं तो नापसन्द भी नहीं हूँ।"

"दोनों पर डोरे डालो।"

"दोनों पर क्यों?"

"इस प्रकार समझने का प्रयन्न करो—दक्ष की पुत्री तारिकाएँ क्या अकेले चन्द्रमा को नहीं भोगतीं! अथवा क्या दो लताएँ एक ही जड़ से फूटकर एक वृक्ष पर नहीं चढ़ जातीं।"

सूर्यकान्त मुस्कराया—"कैसे डोरे डालूँ?"

"तुम एकान्त पाकर नायिका को इस तरह पकड़ लेना जैसे कि गिरने से या फिसल जाने से उसको बचाया है।"

"पर उस वक़्त वह न गिरने को हुई न फिसलने को हुई, तब?"

"तब स्वयं के गिरने या फिसलने का स्वाँग करना और नायिका को इस प्रकार पकड़ना जैसे बचने के लिए उसका सहारा ले रहे हो।"

"वह बुरा मान गई तो?"

"वह तुम पर आसक्त हुई तो बुरा नहीं मानेगी। और बुरा मान जाने की स्थिति में तुम उसको यह सुनाना—

प्राणापदुपन्नायां स्त्रीणां स्वेषां च व क्वचित!
तदा स्पृष्ट्वापि तद्रक्षा कार्या संभाष्य तांश्च वा॥

भाव भी बताना उसको कि साधु या ब्रह्मचारी पुरुषों के लिए यह उचित ही है कि अपने या स्त्रियों के प्राणों का प्रसंग आए तो वे स्त्रियों को छूकर या उनसे बोलकर भी रक्षा करें।"

बहुगुणा ने कुछ वक़्त ठहरकर सूर्यकान्त को देखा और कहा—"लेकिन यदि वह तुम पर अनुरक्त हो गई तो ध्यान रखना, हमेशा उससे मीठे वचन—मधु में लिपटे हुए, चिकने-चुपड़े वचन बोलकर अपने प्रेम को एकदम पक्का बनाने का प्रयास करना न कि राजनीति और दर्शन बघारना। क्योंकि कहा गया है—

रत्यर्थिनी रहसि यः सुकुमार चित्ताम्,
कान्तां स्वभाव मधुराक्षरलालनीयाम।
वागर्चिषा स्पृशति कर्णाविरेचनेन,
रक्तां स वादयति वल्लकिमुल्युकेन॥

इसका भाव यह है कि जो पुरुष एकान्त में काम से भरी, सुकुमार चित्त वाली, सहज मीठे शब्दों से प्यार करने योग्य अनुरक्त स्त्री को कान फोड़ने वाली वाणी रूपी लपट से स्पर्श करता है, वह मानो लुआठा जो जलती हुई लकड़ी को कहते हैं से वीणा बजाता है।"

लेकिन सूर्यकान्त लुआठा से ही वीणा बजाने के रास्ते पर बढ़ा।

बाद में याद करती गौरी—प्रेम निवेदन करने से पहले सूर्य ने कितनी बार यह उम्मीद जगाई कि अब वह अपने मन की कहेगा पर ठीक अगले क्षण वह मोहनजोदड़ो पहुँच जाता था या मैक्सिको की माया सभ्यता में दाख़िल हो जाता था। उसकी आवाज़ यूनान से आती हुई लगती थी कभी रोम से जबकि सारे जहाँ से अच्छा हिन्दोस्तां सामने होता था। गौरी कुढ़कर रह जाती थी किन्तु वह उसे और प्यार करने लगती थी। आख़िरकार कॅन्जक्टिवाइटिस उनकी मदद के लिए प्रस्तुत हुआ था।

गौरी की बाईं आँख लाल हुई थी और उसमें थोड़ी तकलीफ़ रहने लगी थी। उसने कुछ रोज़ के लिए यूनिवर्सिटी जाना बन्द कर दिया और काले रंग की ऐनक पहनकर घर पर रहने लगी।

सूर्यकान्त इस बीमारी के बारे में भली प्रकार जानता था। एक बार उसके घर के हर सदस्य को यह हुई थी। उसके सुल्तानपुर में लोग इसे 'जय बांग्लादेश' कहते थे। और यह 'जय बांग्लादेश' उसको दो मर्तबा हो चुका था। इसलिए वह जानता था कि यह साधारण सा रोग है जो चार-छह दिनों में चलता बनता है। पर जब उसने सुना कि गौरी को 'जय बांग्लादेश' हुआ है तो मरीज़ का तसव्वुर इस प्रकार किया—गौरी का शरीर कुम्हला गया है और मुख मुरझा गया है। वह कुछ महीनों से बिस्तर पर लेटी है। बिस्तर के बग़ल में एक छोटी सी मेज़ पर तरह-तरह की दवाएँ रखी हैं और एक बास्केट में कुछ फल।

गौरी की आँख की बीमारी का सूर्यकान्त पर यह भी प्रभाव पड़ा कि वह नल के पास जाकर अपनी आँखें धुलने लगता था। वह आँखें धोकर आता, थोड़ी देर कुछ काम-धाम करता, फिर जाकर आँखें धुलने लगता। उसकी इस हरकत को बहुगुणा ने लक्ष्य किया और पूछा—"सूर्यकान्त ये बार-बार आँखों पर छींटा क्यों मार रहे हो?"

सूर्यकान्त उदास हँसी हँसा—"बस ये समझ लो दोस्त, कि मुझको ही कॅन्जक्टिवाइटिस हो गया है जिसे मेरे शहर में लोग 'जय बांग्लादेश' कहते हैं।" वह अधिक उदास हो चला।

उदासी की उसी मन:स्थिति में वह जाकर गौरी के दरवाज़े की कॉलबेल दबाने लगा था।

दरवाज़ा एक नौकर ने खोला जो बाद में उसे ड्राइंगरूम में ले आया था। उसे बिठाकर नौकर चला गया था और अब वह अकेला वहाँ कमरे का मुआयना कर रहा था। पर्दों, फ़र्नीचर, पेंटिंग, लोककलाओं से सुसज्जित था कमरा। कई बल्ब लट्टू लगे थे मगर कोई एक बल्ब जल रहा था। वह रोशनी के उस स्रोत को देखने लगा। देख ही रहा था कि कमरे के उस पार से दूसरी रोशनी आई। इस रोशनी ने जीन्स की पैंट पर सफ़ेद कुर्ता पहन रखा था। रोशनी की आँखों पर काले रंग का चश्मा था और गोद में एक नन्हा सा कुत्ता था। गौरी आकर सूर्यकान्त के सामने बैठ गई थी और कुत्ते को अपने से चिपकाए उसे धीरे-धीरे सहला रही थी।

"कहो सूर्य कैसे हो?" वह हल्का सा मुस्कराई।

"पता चला तुम्हारी तबीयत ठीक नहीं, इसलिए आ गया।"

"अच्छा किया।" कुत्ता उसकी गोद से उतरकर सूर्यकान्त के पैरों के पास लोटने लगा था। गौरी ने उसे रोका और आगे उससे बोली—"अच्छा किया तुम आ गए। देखो तुम्हारे सिवा दूसरा कोई दोस्त न आया जबकि मुझे कॅन्जक्टिवाइटिस है और बहुत तेज़ बुख़ार है। हंड्रेड थ्री तक।"

सूर्यकान्त ने गौरी की कलाई और माथा छूकर उसके बुख़ार की पड़ताल करना चाहा। उसने गौरी की कलाई की तरफ़ अपने हाथ बढ़ाए। गौरी ने अपनी कलाइयाँ बाँहों के नीचे छुपा लीं। वह हँसी—"इस वक़्त 103 डिग्री बुख़ार में मैं अग्नि हूँ जल जाओगे यार।"

सूर्यकान्त ने गौरी के वाक्य के एक हिस्से को मन-ही-मन दुहराया—'मैं अग्नि हूँ जल जाओगे यार'। वह एक अद्‌भुत पीड़ा से तड़फड़ाया। उसकी आँखें किसी जोगी की आँखों-सी सूनी तथा रहस्यमयी हो गईं। उसने कमरे को देखा। उसने देखा—कमरे में न कमरा है न पर्दे न फ़र्नीचर, न पेंटिंग न लोककला, कुछ भी नहीं है। कमरे में केवल एक वाक्य खिला हुआ है—'मैं अग्नि हूँ जल जाओगे यार'। उसने छत की ओर देखा, वहाँ एक लम्बी अलगनी थी जिस पर विभिन्न रंगों से रँगकर कई तरह से यही वाक्य जगह-जगह लटके हुए थे। दीवारों पर इसी वाक्य की लतरें छितराई हुई थीं...। वह मूक ढंग से बुदबुदाया : "तुम अग्नि हो मैं सूर्य...मैं कैसे जलूँगा?" तभी गौरी का वह वाक्य पुन: उसके अन्दर प्रकट हुआ—मैं अग्नि हूँ, जल जाओगे यार। और सूर्यकान्त बग़ैर उसे छुए जलने लगा।

उधर गौरी के दिल में यह बात बार-बार उठ रही थी कि सूर्य कितना अच्छा है, उसे देखने आया। अनेकानेक आवृत्ति के कारण या क्या बात हुई, धीरे-धीरे 'कि उसे देखने आया' मिट गया और वह केवल यह सोचने लगी—सूर्यकान्त कितना अच्छा है।

वह सूर्यकान्त को बाहर तक छोड़ने आई थी। उसके हाथ में एक रजिस्टर था।

ड्राइंगरूम में जब सूर्यकान्त चलने के लिए खड़ा हुआ था तो गौरी ने पूछा था—"तुम कैसे आए हो?"

सूर्यकान्त का उत्तर था—"गांधी जी की तरह मगर बग़ैर लाठी के।"

"इतनी दूर पैदल।" उसने ड्राइवर को बुलाकर कहा कि उसे हॉस्टल तक छोड़ आए।

"इसकी क्या ज़रूरत, मैं चला जाऊँगा।"

"गांधी जी की तरह मगर बग़ैर लाठी के।" गौरी हँसी थी—"तुम्हें गाड़ी से भेजने के पीछे मेरा एक स्वार्थ है। सुना है, तुम्हारे पास कुछ बहुत अच्छी किताबें हैं, दो-चार ड्राइवर के हाथ भेज देना।"

"किताबें मैं दे दूँगा।" सूर्यकान्त ने कहा—"सुना है तुमने बहुत अच्छे नोट्स तैयार किये हैं।"

बाहर निकलने पर गौरी के हाथ में वही नोट्स वाला एक रजिस्टर था।

सूर्यकान्त ने रात को अपने कमरे में उस रजिस्टर को मेज़ से उठाकर जब अपने हाथ में लिया, उसे लगा जैसे वह रजिस्टर नहीं, बहुत नरम, साफ़ रोयों वाला ख़ूबसूरत, सफ़ेद ख़रगोश है। जैसे ख़रगोश की त्वचा को लोग सहलाते हैं, उसने रजिस्टर को सहलाया।

वह एक लाल कवर वाला रजिस्टर था जिस पर सबसे ऊपर कम्पनी का नाम छपा था—मेफ़ेयर। मेफ़ेयर से थोड़ा नीचे रजिस्टर लिखा था। उसके नीचे नाम, विषय, कक्षा लिखने के लिए तीन लाइनें थीं जिन्हें गौरी ने अपने नाम-विषय-कक्षा से भरा नहीं था। सबसे नीचे बाईं तरफ़ अपेक्षाकृत छोटे आकार में '80 शीट' छपा था, फिर एक मछली की आकृति बनी थी, उसके आगे यानी दाईं तरफ़ मूल्य अंकित था। गौरी ने कभी चाय पीते हुए कप उसी रजिस्टर पर रख दिया होगा, कप की तली का गोल निशान रजिस्टर पर बन गया था। कहने का आशय वह एक सामान्य रजिस्टर था, असंख्य रजिस्टरों जैसा लेकिन सूर्यकान्त ने उसे सहलाया। उसने रजिस्टर को खोलना चाहा किन्तु नामालूम क्यों ठिठक गया। उसे लगा, उसकी उँगलियाँ रोमांच से काँप गई हैं जैसे कोई तिलिस्म—कोई मायालोक—खुलने जा रहा है...।

भीतर के काग़ज़ों पर साधारण लिखावट में लिखे गए गोल अक्षरों वाले शब्द थे। कहीं-कहीं घसीटकर लिखे गए थे, कहीं कटे हुए थे पर ज़्यादातर वे स्पष्ट, गोल और सुलिखित थे। सूर्यकान्त का चेहरा तरल हो गया—कई प्रकार की पेनों का प्रयोग किया है पगली ने। स्याही कहीं फीकी है, कहीं चटख, कहीं मध्यम। उसने गौरी की लिपि को छुआ। जैसे उसने गौरी के होंठ चूमे हों, उसकी धड़कन बढ़ गई और हलक़ सूख गया। उसने चौंककर हाथ हटा लिया। उसकी हिम्मत नहीं हो रही थी, दुबारा छुए। उसने देखा—इस समय उसकी निगाह में वे शब्द संसार की सर्वश्रेष्ठ कलाकृति थे। उनमें सर्वोत्तम अर्थ, विचार और सुन्दरता थी।

सूर्यकान्त ने बग़ल के तख़्ते पर बैठकर कुछ लिख रहे बहुगुणा से पूछा—"क्या टाइम हो रहा होगा?"

"आठ बजकर दस मिनट।"

"तब तो दुकान खुली होगी।"

वह उसी क्षण उठकर स्टेशनरी की दुकान पर चला गया—"मेफ़ेयर रजिस्टर होगा 80 शीट वाला?"

उस रात सूर्यकान्त ने अपने मेफ़ेयर रजिस्टर में चार पृष्ठ लिखे। उन चार पृष्ठों के बीच स्थित कुछ वाक्य इस प्रकार थे—'गौरी के बिना जीवन भी कोई जीवन है', 'प्रेम का बन्धन मुक्ति की बुनियाद है', 'इक लफ़्ज़ मुहब्बत का बस इतना फ़साना है, सिमटे तो दिले आशिक़ फैले तो ज़माना है', 'प्रीति की रीति जाने हर कोई', 'गौरी आई लव यू', 'दिल चीज़ क्या है आप मेरी जान लीजिए'। ये महज़ चन्द मुखड़े हैं वरना उसने बड़े विस्तार से अपने इश्क़ की मीमांसा की थी। यह आरम्भ था, इसके बाद वह प्रतिदिन मेफ़ेयर रजिस्टर के लोक में चला जाता था। कभी चार पृष्ठ लिखता था कभी तीन, कभी पाँच पृष्ठ लिख डालता था। इस प्रकार वह रजिस्टर उसकी प्रेमलीला का रोज़नामचा बन गया था। सर्दी, गर्मी, आँधी, बारिश, परीक्षा, अँधेरा, रोग कोई भी बाधा हो, सोमवार, मंगल कुछ भी हो, वह बिना नागा दो से छह पृष्ठों के आकार में अपनी भावनाएँ क़लमबद्ध करता था। और विवाह होने पर उसने सुहाग-सेज पर गौरी को तोहफ़े के रूप में 26 मेफ़ेयर रजिस्टर दिये थे जिन्हें पढ़ने में गौरी को एक महीने और सोलह दिन लगे थे। पढ़कर वह इतनी भावुक और इतनी प्रभावित हुई थी कि विवाह की पहली वर्षगाँठ पर उसने सूर्यकान्त को 26 नये कोरे मेफ़ेयर रजिस्टरों का बंडल भेंट किया था।

वैसे बड़े अनूठे ढंग से हुई थी उन दोनों की शादी। ज़ाहिर है, दोनों के घर वाले इस विवाह के ख़िलाफ़ थे अत: क़ानूनी शादी का ही विकल्प था।

कोर्ट से विवाह के काग़ज़ात लेकर वे बाहर निकले थे तो बहुगुणा और उसकी पत्नी अलका मालाओं के साथ खड़े थे। और भी तीन-चार क़रीबी दोस्त थे। अलका की माला लेकर गौरी ने सूर्यकान्त के गले में पहनाई और बहुगुणा की माला पति महोदय के काम आई।

इसके बाद एक रेस्टोरेंट में कुछ खा-पी लेने का कार्यक्रम था। रेस्तराँ के सामने पहुँचकर उसमें घुसने के पहले सूर्यकान्त ने प्रस्ताव रखा—"एक सिगरेट पी

लूँ, बड़ी देर से नसीब नहीं हुई है।" जल्द ही बहुगुणा ने अपनी मंडली के बीच तीन दहकते हुए अग्निपुंजों को और उनका धुआँ देखा तो जैसे उसे कुछ याद आ गया हो। उसकी पेशानी पर बल पड़ गए और उसने सोचा—ये सूर्यकान्त अपनी नवब्याहता को लेकर जहाँ अपने कमरे पर जाएगा वह कमरा गंदगी से अधमरा होगा। वह युद्धभूमि की तरह होगा जहाँ कपड़े एवं किताबें रणभूमि में शवों, घायलों और नरमुंडों की तरह इधर-उधर बिखरी पड़ी होंगी। सिगरेट के टुकड़ों से भरे हुए गिलास इस प्रकार लग रहे होंगे जैसे पराजित सेना के बन्दी योद्धाओं की उँगलियाँ काटकर इन बरतनों में ठूँस-ठूँस कर रख दी गई हों।

"अपने घर की चाबी देना।" बहुगुणा सूर्यकान्त से चाबी लेकर अलका से फुसफुसाया—"तुम इन लोगों को लेकर आना, मैं वहीं मिलूँगा।" उसने मंडली को सम्बोधित किया—"आप लोग पहुँचकर खाना-पीना शुरू करें, मैं आ जाऊँगा।"

रास्ते में झाड़ू, फिनायल इत्यादि ख़रीदकर वह सूर्यकान्त के कमरे पर पहुँचा था जहाँ यथार्थ की कल्पना से भी बदतर यथार्थ उसका इन्तज़ार कर रहा था। इसलिए उसे तब तक सफ़ाई के काम में जुटे रहना पड़ा था, जब तक कि सूर्यकान्त, गौरी और अलका बाहर दरवाज़ा नहीं भड़भड़ाने लगे थे।

दरवाज़ा खुलने पर सब लोग अन्दर आने लगे लेकिन बहुगुणा ने उन्हें रोक दिया। सूर्यकान्त के कमरे को चमाचम कर देने के कारण बहुगुणा आत्मविश्वास से भरा हुआ था और काफ़ी ख़ुश लग रहा था। दरअसल वह मित्र के जीवन के इस ख़ास अवसर में ख़ुशियों के अधिकतम रंग भर देना चाहता था। सूर्यकान्त, गौरी और अलका को उस पार रोक देने के बाद उसने कहा—"इस पार वर का घर है, कन्या का घर उस पार है।"

"गौरी हँसते हुए बोली—"बहुगुणा जी, अब मैं कन्या नहीं वधू हूँ। कचहरी में मेरी शादी हो चुकी है।"

"वह शादी भी कोई शादी है, न रीति न रिवाज।" बहुगुणा ने बनावटी असन्तोष प्रकट किया। इसके बाद बहुगुणा द्वारा निर्देशित एक लघुनाट्य सरीखा विवाह का कार्यक्रम सम्पन्न हो रहा था—इस विवाह के कार्यक्रम में न रिश्तेदार थे, न बराती, न माड़व, न खानपान। दुर्दशा इतनी थी कि दूल्हा-दुल्हन के बैठने के लिए पीढ़े तक न थे। दूल्हा अपने जूतों पर विराजमान था और दुल्हन अख़बार बिछाकर लसड़पसड़ बैठ गई थी। बहुगुणा पंडित बना था और अलका नाउन बनी थी।

बहुगुणा पंडित अगड़म-बगड़म जाने क्या बोलता जा रहा था और जाने कैसे-कैसे करतब कर रहा था। अन्तत: वह 'सिंधोरा-सिंधोरी पूजा' तक पहुँच गया था। उसने ज़ोर लगाकर उच्चारण किया—

ओं पितर: पितामहा: परेऽषरेततास्ततो महारहस्मितेभावन्त्वस्मिन
ब्रह्मण्यास्मिन क्षत्रेस्यामाशिष्यस्यां पुरोधायाभस्मिन् कर्मण्यायां
देवहूत्या ऊँ स्वाहा। इदं पितृभ्य: पियाम हेम्य परभ्योऽवरभ्यस्तततताभहेभ्यश्च

उसने अलका से मिनरल पानी की बोतल लेकर वर-कन्या पर जल छिड़का— "अब आहुति दिलावें।" उसने बोतल का ढक्कन बीच में रख दिया—"इसे ही मान लें अग्निकुंड। और इस ढक्कन के ऊपर जो अदृश्य वायु प्रवाहित हो रही है उसे मान लें दहकती हुई ज्वालाएँ।"

इस क्रम में 'पंचक होम' के अन्तिम चरण में बहुगुणा पंडित बोला—"लड़का के मामा दुपट्टा लेकर वर-कन्या के अन्तरपट करें तब वह आगे की एक आहुति मृत्युदेव के अर्थ देवें।" अब बहुगुणा मामा बन गया था और जेब से रूमाल निकालकर अन्तरपट करने लगा था। इतनी देर में वह क्या-क्या नहीं बना था। पंडित वह था ही, कभी कन्या का पिता बन जाता था कभी वर का, वह कन्या का भाई बन चुका था, कभी नाऊ। सहयोगी महिला किरदारों की इस कर्मकांड में ज़रूरत ज़्यादा नहीं थी जो पड़ती थी उसका अच्छा-ख़राब निर्वाह अलका कर रही थी। रही बात वर और कन्या के किरदारों की, इनकी भूमिका निभाने वाले सूर्यकान्त और गौरी अपने पुरोहित बहुगुणा के निर्देशों का पालन कर रहे थे या हँस रहे थे। हँसने को तो सभी हँस रहे थे। सबको ख़ूब मज़ा आ रहा था जो शायद वास्तविक रूप में ये सब होने पर सम्भव न था।

पंचम होम समाप्त होने के उपरान्त पंडित ने कहा—"अब लड़की के भाई को बुलावें, सूप में दोनों ओर से पचीस-पचीस रुपिया और धान डारें। वर की अँजुरी से कन्या की अँजुरी ऊपर होवे। लड़की का भाई सूप में से कन्या की अँजुरी में दो बार धान डारे, तीसरी बार सूप के कोने से डारे।" कथन पूरा करने के बाद वह भाई बन गया। अलका के दुपट्टे को सूप बनाया गया और अलका के ही पास उसके सिरदर्द के लिए मौजूद होमियोपैथी की गोलियों को धान की मान्यता दे दी गई।

"वर अब कन्या का दाहिना अँगूठा पकड़े।" पंडित जी आगे बढ़े थे।

सूर्यकान्त ने गौरी की पूरी हथेली पकड़ ली।

"वर कन्या के दाहिने पैर को लोढ़ी पर रखवावें।"

सूर्यकान्त का जूता लोढ़ी के रूप में हाज़िर था।

"वर और कन्या दोनों सिंधोरी लेकर भाँवर डारें। वर कन्या को अपने से आगे करे।"

"पंडित जी कब तक ये साँसत होगी?" सूर्यकान्त को अब ऊब होने लगी थी लेकिन गौरी अभी भी ठिठोली के मूड में थी—"अरे, पंडित जी से कहीं ऐसे बोलते हैं!"

"अरे, तुम बहुगुणा को नहीं जानती। इसको जहाँ संस्कृत सुनाने का मौक़ा मिलता है, पूरा पिटारा खोल देता है। यह एक के बाद एक सुनाता जाएगा और सुबह हो जाएगी।"

बहुगुणा ने सांत्वना दी—"अच्छा अब आख़िर में वचन माँगने-देने का काम कर लो बस्स—*मधुपर्कहतं पापं लाजहोम हुताशनः। यावत्कन्या न बामांगी तावत्कन्या कुमदिका।*"

"भाई साहब सातों वचन मुझे पता हैं, मैं अपने आप बोल लूँगी।" गौरी ने बहुगुणा को बताया। पंडित जी ने सूर्यकान्त को घूरते हुए गौरी को सादर देखा।

कन्या मुस्कराई—"सुख-दुख, दरिद्रता और धन दोनों की हालत में एक-सी प्रीति रखने का वचन दो तो मैं तुम्हारे बाएँ अंग आऊँ।"

"दिया।" सूर्यकान्त इस तरह बोला, जैसे उधार दे रहा हो। उसकी ऊब अब बढ़ने लगी थी।

"होम, यज्ञ, व्रत, दान, तीर्थयात्रा में हमको साथ रखना।"

"अगर ख़ुद ये सब किया तो रखूँगा।"

सूर्यकान्त की ऊब ने गौरी का लुत्फ़ बढ़ा दिया था, उसने थोड़ी अधिक नाटकीयता धारण कर ली—"बाली उमर में, जवानी में और बुढ़ा जाऊँगी तब—तीनों ही अवस्थाओं में तुम मुझसे एक समान अनुराग रखोगे।"

"बाली उमर में तुम चड्ढी पहनकर घूमती थी और मैं नेकर पहनकर...।"

"बहस मत कर सूर्यकान्त, मेरे जजमान...कह दे 'हाँ'।" बहुगुणा ने हस्तक्षेप किया।

"हाँऽऽ...।" सूर्यकान्त ने चिल्लाकर कहा—"बाक़ी के लिए भी हाँ...।"

बहुगुणा ने पाठ किया—"सातों वचन पाकर पार्वती जी वाम अंग को चलीं

तब महादेव जी ने कहा कि हे पार्वती! अब मैं तब आपको वाम अंग में लूँगा जब आप मुझको ये वचन देंगी।"

सूर्यकान्त शंकर जी की भूमिका में आया—"हे गौरी, मुझको जब ये वचन दोगी तभी अपने वाम अंग में बैठने दूँगा।"

"गुंडागर्दी है क्या!" गौरी उठकर उसके बाईं ओर बैठने लगी। अलका ने शोर मचाया—"हे बहुगुणा जी तुमने मुझको अपनी बाईं तरफ़ नहीं बैठाया है...।"

सूर्यकान्त खड़ा होकर जूते पहनने लगा और लसड़पसड़ बैठी गौरी ने खड़ी होकर अपने कुर्ते का पिच्छू झाड़ना शुरू कर दिया।

अलका समझ गई कि अब ये दोनों घर में घुसेंगे इसलिए वह तत्काल कमरे में घुसकर दरवाज़ा छेककर खड़ी हो गई—"भाई साहब बिना नेग पाए घुसने नहीं दूँगी।"

नेग पाने के बाद वह सास बन गई। उसने बहुगुणा से कमरे की चाबी लेकर गौरी की कमर में खोंस दी—"अब तुम्हीं इस घर की लक्ष्मी हो।"

"सासू जी आप मुझको अपनी बहू नहीं बेटी मानें।" गौरी हँस पड़ी। साथ में सभी।

थोड़ी देर बाद सासू जी अपने पति बहुगुणा को साथ लेकर वहाँ से प्रस्थान कर गई थीं। अब घर में केवल वे दोनों थे। यह घर के भीतर एक घर था। यह एक मकान में किराए के मक़सद से बनवाया गया एक कमरे का सेट था। एक कमरा, बाथरूम, किचेन वाला यह घर मूलत: एक व्यक्ति के रहने लायक़ था मगर दो भी रहें तो हर्ज न था। और इस समय दो थे। और था एकान्त। गौरी को कुछ भला-भला सा लग रहा था। उसे कुछ देर पहले की चहल-पहल बहुत पसन्द आई थी लेकिन अब यह शान्ति उससे कई गुना अधिक खलबली भरी, प्रिय और रोमांचक लग रही थी। इस वक़्त की अनुभूति को वह कोई शब्द नहीं दे पा रही थी न इसकी व्याख्या करने में वह समर्थ थी बस कुछ अनूठा-सा एहसास हो रहा था जैसे...जैसे...जैसे...एक सुन्दर-सुनहरी पत्ती उसकी गरदन और पीठ पर धीरे-धीरे हवा में हिल रही थी...।

"घर की याद आ रही है?" सूर्यकान्त ने पूछा।

वह ख़ुद में इतना खोई हुई थी कि सूर्यकान्त को ठीक से सुन नहीं सकी। वह चौंक पड़ी। उसे लगा, सूर्य ने कुछ कहा है। अपनी बेख़ुदी से लौटकर वह सचेत हुई और उसने लपककर सूर्य के जा रहे शब्दों को अपनी ओर मोड़ा—घर की याद आ रही है? उसी पल, अगर वास्तव में कोई सुन्दर-सुनहरी पत्ती धीरे-धीरे

हवा में हिल रही थी तो वह रुक गई। गौरी के दिल में उठा—"आज मैंने अपनी माँ, पिता—अपने बचपन को पहली बार छला है—पहली बार मैंने उनसे सीधे आँखें मिलाई हैं और आँखें चुराई हैं। पहली बार मेरी इच्छा का कोई फल इतना पका कि वह अपने वृक्ष से टूटकर यहाँ आ गया—इस कमरे में। वह भावुक हुई, सूर्यकान्त से बोली—"सूर्य मुझे कभी धोखा मत देना।"

सूर्यकान्त ने उसी समय उसको रंगीन काग़ज़ में लिपटे और रेशमी डोरी से बँधे 26 मेफ़ेयर रजिस्टरों का एक पैकेट दिया था और कहा था—"ये तुम्हारे लिए हैं। इन्हें पढ़ना। जान सकोगी कि मेरे पास तुम्हें देने के लिए धोखा है या प्यार।

गौरी ने उसके चहेरे को अपनी अँजुरी में लिया, चौंक पड़ी—उसका चेहरा जल रहा था जैसे किसी ने इस्तरी कर दिया हो। उसकी गरदन, माथे और कलाई को भी छुआ—"अरे, तुम्हें बहुत तेज़ बुख़ार है।"

सूर्यकान्त ने भारी होती जा रही अपनी पलकों को किसी तरह उठाया—"नहीं है।"

"थर्मामीटर है?" गौरी ने पूछा।

"नहीं।"

"बुख़ार की कोई दवा यहाँ है?"

"नहीं।"

"पास में कोई मेडिकल स्टोर है?"

"नहीं।" सूर्यकान्त ने उसकी नाक ज़रा सा मरोड़ दी और दुहराया—"नहीं।"

सारी रात वह बुख़ार से तपता रहा। वह गौरी के वक्षों के मध्य सिर धँसाकर लेटा रहता था, कभी उसके चिकने पेट पर माथा रख देता था। गौरी को शक हुआ था या सचमुच ऐसा था—उसे लग रहा था—सूर्यकान्त बीच-बीच में कुछ बुदबुदाता है। वह गौरी कहता है कभी तुम तुम। लेकिन उसने माँ भी कहा। वह पिता, दादी, चाचा, बहन, भाई को भी याद कर रहा था। इन लोगों के ज़िक्र से गौरी में नफ़रत उपजी और एक ग़ुस्सा भड़का लेकिन वह ज़ब्त कर गई थी इसलिए उसमें अवसाद पसर गया था। वह सूनी और खुली आँखों से छत देख रही थी और निश्चेष्ट पड़ी हुई थी।

आज कई साल बाद वह पुनः नफ़रत और क्रोध से भरी हुई थी। धरती पर जिन लोगों से उसे सर्वाधिक विरक्ति थी, सूर्य उनके पास वापस लौट रहा था। हालाँकि उसने एक बार कहा ज़रूर था कि अपने घर नहीं जाएगा...।

वह शाम को लौटा था। चाय पीते हुए कहने लगा—"मैंने जितनी जानकारी इकट्ठा की है, उसके अनुसार मुझे सबसे पहले सुल्तानपुर के गोसाईंगंज में पांडे के पूर्वजों का घर ढूँढ़ना चाहिए।"

"हो सकता है, फ़ैज़ाबाद वाले गोसाईंगंज में हो, वहाँ पहले देख लो।"

"मालूम हुआ है कि फ़ैज़ाबाद के गोसाईंगंज से केवल सन् 1880 में पाँच लोग सूरीनाम गए थे जबकि पांडे के बाबा उसके बाद गए थे।"

"फिर जाओ सुल्तानपुर के गोसाईंगंज।" गौरी ने हताशा से कहा था।

"सुल्तानपुर जाना पड़ेगा। लेकिन मैं अपने घर नहीं जाऊँगा न वहाँ रुकूँगा।" सूर्यकान्त ने फ़ैसला सुनाया लेकिन वह जैसे गौरी को दिलासा दे रहा था।

"नहीं, तुम जाना चाहो जाओ, मैं रोकती नहीं। वैसे भी वह हादसा अब काफ़ी पुराना हो चुका है।" गौरी ने फ़र्ज़ पूरा करने की नीयत से कहा था। इसके पीछे यह भरोसा था कि सूर्य उसके शब्दों को उछलकर पकड़ नहीं लेगा, उसके दिल की समझेगा जो यही चाहता था कि सूर्य कभी वहाँ उन लोगों के पास न रहे।

लेकिन सूर्यकान्त पैंतरा बदल चुका था—"तुम कहती हो, चला जाऊँगा लेकिन इसका मतलब यह नहीं कि बाबूजी ने हम दोनों के साथ जो कुछ किया था उसे मैं भूल गया हूँ। हो सकता है कि वह भूल गए हों अपने कुकृत्य को। तो समझो कि मैं उन्हें फिर से याद दिलाने जा रहा हूँ। और यह बताने जाऊँगा कि हमारे घाव अब ज़्यादा गहरे और हरे हैं। बस यह मानो कि मैं उनके प्रति अपनी नफ़रत और ग़ुस्से का इज़हार करने पहुँचूँगा वहाँ।"

सूर्यकान्त की ट्रेन चली जाने के बाद गौरी के दिमाग़ में खटका हुआ था—ठीक है, सूर्य ने सच कहा हो लेकिन उस घर में सूर्य के पिता के अलावा भी लोग हैं, उनके प्रेम ने सूर्य की नफ़रत को कमज़ोर कर दिया तो?

सुल्तानपुर का गुरुत्वाकर्षण कहीं बहुत ताक़तवर न हो जाए? मगर उसने अपने आपको सँभाला, वह अपने भरोसे को जगाने का जतन करने लगी। आख़िर वह ऐसी महाशक्ति थी जिसने सूर्य को उसके घर वालों से विरत करके अपना बनाया था। अब तो उसके पास गौरव के होने का भी बल था। उसने मन को समझाया—अब इन लोगों का सूर्य से मिलना होगा तो वे अपने उस पुराने सूर्य को नहीं पा सकेंगे।

वह जो उनके पास होगा वह उनका 24 कैरेट अपना नहीं होगा। इतने लम्बे अन्तराल में मेरे असंख्य चुम्बनों, हँसी, आँसुओं ने, मेरी बाँहों की घेरेबन्दी ने, मेरे नखदंत के आघातों ने, मेरे स्तनों की गर्मी और कटि की अठखेलियों ने, मेरे जीवन के साहचर्य ने और मेरे संवेदन ने सूर्य में ऐसी कीमियागरी कर दी है जिसका मुक़ाबला वे सब क़तई नहीं कर सकेंगे।

वह मुतमईन हुई किन्तु तभी चौंक पड़ी—शायद मैं ग़लत सोच रही हूँ।...जब सूर्य मुझसे मिला था तब उसमें कितने सारे अपनों का प्यार, इज़्ज़त और आशीष था, उसके अन्दर कितने सारे पुरखे थे और उनका संचित था। स्मृतियों की ऊँची तथा अभेद्य दीवारों के भीतर तमाम रिश्तों के ज़िरहबख़्तर से लैस था वह। पर कैसे वे समस्त मिलकर मेरी एक चितवन के सामने कारगर न हुए—सूर्य मेरा हो गया। तो क्या इस बार पलटवार होगा—मेरे चुम्बन, अठखेलियाँ, आघात और इन सबसे बढ़कर मेरा प्रेम सुल्तानपुर में अपनों के पुनर्मिलन के जज़्बाती क्षणों का सामना करने में अक्षम सिद्ध हों तो...

वह कोहरे वाली रात

सूर्यकान्त ट्रेन में था पर शायद वह ट्रेन में नहीं था। ट्रेन पूरब दिशा में जा रही थी, सूर्यकान्त का मन पश्चिम में गौरी के पास उतर गया था। वरुणा एक्सप्रेस के रास्ते में जो भी पेड़, मकान, खम्भे, मवेशी दिख रहे थे, सभी उलटी दिशा में बदहवास अपने बिछुड़े घर की ओर भाग रहे थे।

वृक्षों पर चिड़ियाँ घोंसला बनाकर रहती हैं, मधुमक्खियाँ अपनी रिहाइश का छत्ता वृक्षों पर बनाती हैं, गिलहरियों और फलों का ठिकाना पेड़ होते हैं। नदियों के अपने घर नहीं होते किन्तु वे मछलियों का घर होती हैं। न जाने कितने जलचरों के लिए नदियाँ, तालाब, कुएँ अपने हृदय को उनका घर बना देते हैं। दुकानें सामानों का घर होती हैं तो फूल होते हैं पराग और भौंरों के। सबके सब ट्रेन की उलटी दिशा में, गोया घर की तरफ़ दौड़ रहे थे...। यात्राओं में इसी तरह होता है...। ट्रेन आगे बढ़ती है, मन पीछे लौट पड़ता है।

"सूर्यकान्त हो क्या?" किसी ने उसे आवाज़ दी।

वह गौरी और गौरव के पास से वापस ट्रेन में आ गया और याद करने लगा, आवाज़ देने वाला इनसान कौन है—"अरे, आप रज़ा साहब?" वह पहचान गया।

तीस सेकेंड के भीतर कुछ वर्षों की दूरी तय करके उसने रज़ा साहब की याद को ढूँढ़ा था। उन दिनों वरुणा एक्सप्रेस में वह और रज़ा साहब, दोनों ही दैनिक यात्री थे। सुल्तानपुर से लखनऊ चलने वाले अधिसंख्य दैनिक यात्रियों की तरह वे दोनों भी इंजन के ठीक पीछे वाले डिब्बे में सवार होते थे। रास्ते भर सूर्यकान्त अख़बार, पत्रिकाएँ, किताब पढ़ता और रज़ा साहब अपने दोस्तों के साथ ताश खेलते। किसी-किसी दिन ताश मंडली के किसी सदस्य के ग़ैरहाज़िर होने पर सूर्यकान्त ताश का खिलाड़ी बन जाता था। इस प्रकार एवज़ी के रूप में हिस्सा लेकर वह दहलापकड़, कोटपीस, ट्वेंटी नाइन जैसे ताश के खेलों में निष्णात हो चुका था।

वह ताश के कई जादू भी सीख गया था जिनका प्रदर्शन करके उसने विवाह पूर्व गौरी को रोमांचित और बाद में गौरव को हैरान किया था।

वरुणा एक्सप्रेस में ताश खेलते समय वह रज़ा साहब का पार्टनर होता था और इस प्रकार जीत के मक़सद से की गई उनकी बेईमानियों, इशारेबाज़ी और हाथ की सफ़ाई का मूक साक्षी रहता था।

यह वाक़या तब का है जब गौरी से उसका विवाह नहीं हुआ था और पर्यटन निदेशालय में उसकी नौकरी नहीं लगी थी और यूनिवर्सिटी की पढ़ाई का बिस्तर बँध चुका था। पत्रकारिता की स्नातकोत्तर डिग्री की परीक्षाएँ देकर वह सुल्तानपुर लौट गया था और वहाँ अपनी वापसी पर पछता रहा था। वह छोटा सा शहर था जहाँ उसके अनगिनत परिचित, मित्र और रिश्तेदार थे। सभी उसकी बेरोज़गारी को लेकर दरियाफ़्त करते और मनमाने मशवरे देते। अत: वह बहुत जल्द लखनऊ लौटने के लिए फड़फड़ाने लगा था लेकिन इस राह में रुकावट थी कि वहाँ रहकर गुज़र-बसर करने लायक़ पैसों का उसके पास कोई जुगाड़ न था। बाबूजी का तर्क था कि जब पढ़ाई पूरी हो गई तो लखनऊ रहने का क्या मतलब? इसलिए उनसे रुपयों की उम्मीद निरर्थक थी और अनैतिक भी।

तभी एक चमत्कार, एक शगुन, एक वरदान की तरह चली थी वरुणा एक्सप्रेस। उन दिनों देश इक्कीसवीं सदी की ओर ले जाया जा रहा था और संसार भूमंडलीकरण की तरफ़। दुनिया एक गाँव बनने के लिए फुदक रही थी। इसी घनचक्कर में हमारे बड़े-बड़े शहरों को रेलों के मार्फ़त परस्पर सुबह-शाम के लिए जोड़ा जा रहा था। ट्रेनें राजधानी से राजधानी को, बड़े नगर को बड़े नगर से वाबस्ता कर रही थीं। दिलचस्प दशा तैयार हो रही थी। दैनिक अख़बारों के नये-नये संस्करण निकलने लगे थे, नतीजतन उनके ज़रिये 40-50 किलोमीटर दूर बसे शहरों, क़स्बों और गाँवों के समाचार मिलने बन्द हो गए थे। 60 किलोमीटर दूर का कोई इलाक़ा बाढ़ से बरबाद हो जाता था और यह इलाक़ा चैन की नींद सोता था। एक जनपद दूसरे जनपद की गतिविधियों से नावाक़िफ़ हो रहा था लेकिन शहर शहरों से जुड़ रहे थे। विचार, संस्कृतियाँ और भावनाएँ यात्रा नहीं कर रही थीं मगर मुसाफ़िरों को इस पार से उस पार उतारने का अभियान छिड़ गया था। इस प्रक्रिया में मशहूर बनारस की सुबह और लखनऊ की शाम का मिलन आसान तथा त्वरित हो गया था। वरुणा एक्सप्रेस सुबह बनारस से चलकर लखनऊ आती थी तो शाम लखनऊ से चलकर बनारस जाती थी। वरुणा का फ़ायदा बीच में बसे दो शहरों सुल्तानपुर और जौनपुर

को भी मिला था। क्योंकि वरुणा बस इन्हीं दो स्टेशनों पर दो-दो मिनट के लिए रुकती थी। अन्य ट्रेनें लखनऊ से बनारस की दूरी 6-7 घंटों में पूरा करती थीं, वरुणा केवल साढ़े चार घंटे में। सुल्तानपुर बीचोबीच था। लखनऊ हो या बनारस, क़रीब दो घंटे में पहुँच लो। इसलिए वरुणा का असर यह हुआ कि सुल्तानपुर के रेलवे स्टेशन पर टिकट खिड़की से ज़्यादा बड़ी लाइन एमएसटी (मंथली टिकट) वाली खिड़की पर लगने लगी।

सूर्यकान्त भी एक दिन एमएसटी बनवाने की क़तार में खड़ा हो गया और देखता है कि उसके ठीक आगे चाचा हैं। उसने उनके कंधे पर हाथ रखा—"चाचा।"

चाचा ने पलटकर कहा—"तुम यहाँ कैसे?"

"चाचा सोचता हूँ लखनऊ में नौकरी खोजूँ इसलिए एमएसटी बनवा रहा हूँ पर तुमको इसकी क्या ज़रूरत?"

"अरे, मुझको नहीं, तेरी चाची की फ़रमाइश है। कहती हैं बनवा लो, हर छुट्टी को घूमने चलेंगे वहाँ।"

उस दिन भतीजे की एमएसटी का पैसा भी चाचा ने दिया था और इस प्रकार भतीजे सूर्यकान्त को पहली एमएसटी मुफ़्त में मिल गई थी। अब वह दिन में लखनऊ और रात में सुल्तानपुर रहने की सुविधा से लैस था। एमएसटी बनने के अगले रोज़ ही वह वरुणा एक्सप्रेस में सवार हो गया था।

वरुणा के शुभारम्भ के पहले भी यह रास्ता ट्रेनों के मामले में कोई मुफ़लिस नहीं था। क्योंकि इसी रास्ते पर दिल्ली पंजाब से 'सुपरफास्ट' गाड़ियाँ बनारस, बिहार, कलकत्ता तक चली जाती थीं। पर वे सुल्तानपुर में रुकती नहीं थीं। यदि कोई-कोई रुकती थी तो उसका सुल्तानपुर से बनारस लखनऊ के लिए टिकट नहीं बनता था। हालाँकि कई थे जो बेटिकट बैठ लेते थे और दस रुपये देकर तीस रुपये का सफ़र पूरा करते थे। कुछ तो ऐसे भी थे जिन्हें दस रुपये की भी फ़िजूलख़र्ची बरदाश्त नहीं थी। दस रुपये देने वाले और न देने वाले दोनों ही प्रकार के यात्री सुल्तानपुर में न रुकने वाली ट्रेनों को भी सुल्तानपुर में रोक देते थे। ट्रेन रोकने के लिए ज़ंजीर खींचने का उपाय इन्हें वीरोचित नहीं लगता था इसलिए वे हौज पाइप निकालकर ट्रेन को अपनी मर्ज़ी की जगह पर खड़ी कर देते थे। इस पराक्रम को अनदेखा कर दिया जाए तो भी यह कम नहीं था कि धार्मिक नगरी से राजधानी के इस रास्ते पर डीजल गाड़ियाँ फर्राटा लेकर दौड़ती थीं जबकि सांस्कृतिक और बौद्धिक नगरी इलाहाबाद के रास्ते पर एक भी डीजल वाली ट्रेन नहीं चलती थी।

तीन ट्रेनें चलती थीं, सभी में कोयले वाले काले-काले इंजिन लगे थे। उस प्रकार के इंजिन अब रेल विभाग के मंडलीय कार्यालयों और दिल्ली के रेल भवन में दर्शनार्थ मिलते हैं जोकि विदेशी सैलानियों के लिए एक कौतुक हुआ करते हैं। सूर्यकान्त बचपन में अपनी मौसी के घर इलाहाबाद कई बार गया था और इसी कोयला वाली गाड़ी से गया था। इस गाड़ी के इंजिन की तली में आग की भट्ठी जलती रहती थी जिसमें एक नीली वर्दी वाला आदमी अकसर बेलचे से कोयला डालता रहता था। आग से चलने वाली यह ट्रेन प्रतापगढ़ स्टेशन पर रुककर पानी लेती थी। वहाँ मुसाफ़िर एक रुपये की चार आलू की टिकिया खाते और चाय पीते रहते थे, गाड़ी पानी लेती रहती थी। आग और पानी के अस्वाभाविक मिलन से चलने वाली इस ट्रेन का इंजिन धुआँ छोड़ते हुए डिब्बे खींचता था। ट्रेन हर स्टेशन पर रुकती थी चल देती थी। वह छुकछुक का शोर मचाती और सीटी बजाती हुई चलती थी। इसकी सीटी की आवाज़ भी वरुणा एक्सप्रेस से फ़र्क़ थी। यह ज़्यादा तेज़ और लम्बी तान वाली होती थी। इस गाड़ी में न कोई फ़र्स्ट क्लास होता था न एसी। इसमें अमूमन खिड़कियों में शीशे और बाथरूम में नल नहीं होते थे। शीशों और नलों की टोटियों को उखाड़कर यात्री ले गए थे या रेल कर्मचारी या वे लगाए ही नहीं गए थे, इन प्रश्नों के जवाब पर कोई आम सहमति नहीं थी। शीशे तो शीशे अमूमन खिड़कियों के शटर भी नहीं होते थे। इसीलिए इंजिन से निकले हुए कोयले के चूरे आकर यात्रियों के कपड़ों और शरीर पर फैल जाते थे। चूरे चेहरे से फिसल जाते थे पर बालों में फँस जाते थे। ख़ल्वाट खोपड़ियों पर कालेपन की पपड़ी जम जाती थी तो सफ़ेद बाल खिचड़ी दिखने लगते थे। गोरी लड़कियों, स्त्रियों के वक्षों के ऊपरी भाग देखने पर लगता था कि वहाँ पर काला स्प्रे कर दिया गया हो। रात में ज़्यादातर स्टेशन अँधेरे से भरे होते थे। वहाँ इंजिन के आगे लगी लाइट से ही उजाला होता था। एक ट्रेन आती थी स्टेशन पर उजाला हो जाता था। एक ट्रेन चली जाती थी अँधेरा हो जाता था। रास्ते भी पूरी तरह अँधेरे रहते। केवल सिग्नलों पर लाल-पीला-हरा जलता-बुझता। स्टेशनों पर और क्रॉसिंग पर लालटेन लिये कोई टहलुआ दिखता था तो वहाँ लालटेन भर रोशनी हो जाती थी।

जबकि लखनऊ के रास्ते से चलने वाली लम्बी दूरी की डीजल ट्रेनें विपर्यय थीं। यहाँ डिब्बों में मरियल पीला नहीं झकाझक उजाला था और जगह-जगह पंखे लगे थे। ज़्यादातर पंखे चलते थे। जो नहीं चलते उनके परों को यात्री पेन, दातौन या पॉकेट कंघी से घुमाते और तब वे हरहराकर चलने लगते। पर वरुणा

एक्सप्रेस का क्या कहना—इसकी फ़र्श चमाचम थी। नल खोलो तो धड़धड़ाकर पानी आता था और बन्द करने पर नल बन्द भी हो जाता था। वरुणा एक्सप्रेस में नल खोलता- बन्द करता हुआ सूर्यकान्त लखनऊ पहुँच जाता था। दरअसल उसने सुन रखा था कि ख़ूब पानी पीने से क़ब्ज़ दूर हो जाता है और त्वचा चमकती है। त्वचा चमकी या न चमकी पर क़ब्ज़ उसका दूर नहीं हुआ था। इसके बावजूद वह अलस्सुबह पूरा जग पानी पी जाता था। इसीलिए उसको ट्रेन में बार-बार बाथरूम से निकलकर नल खोलना और बन्द करना पड़ता था। बाथरूम में भी वह फ्लश चला देता था। किन्तु बाथरूम की दीवारों की सफ़ाई उसके बूते की न थी। दीवारों पर दिल बनाकर उसमें तीर खोंस दिया गया होता और नीचे लिखा होता—आई लव यू। कलाकार के रूप में कहीं ओंकार लिखा होता कहीं रिजवान। कहीं बंटी लिखा होता कहीं रूपेश। पूरा सर्वधर्म-समन्वय था। चित्रकारों में मिल्खा सिंह और अंथोनी भी शामिल थे। यहाँ तक ग़नीमत थी, चित्रकला बीभत्सता के परिपाक पर पहुँच जाती थी जब कोई दिल और तीर के स्थान पर स्त्री-पुरुष जननांगों की रचना कर डालता था। बुज़ुर्गों के अनुसार यह युवा पीढ़ी की पतनशीलता का उदाहरण था तो युवा पीढ़ी इसे कुछ कुंठित बुज़ुर्गों की विकृत बुड़भस का नतीजा मानती थी। यात्रियों से ठस्समठस्स वरुणा एक्सप्रेस में असली अपराधी कौन की पहचान असम्भव नहीं तो मुश्किल अवश्य थी। और मुश्किल काम करने की फ़ुरसत किसके पास थी!

व्यापारी, छात्र, नौकरीपेशा लोग ट्रेन में बैठते ही व्यस्त हो जाते थे। वे आसपास की परवाह नहीं करते थे। कुछ लोग पढ़ने लगते थे कुछ ऊबने और कुछ सोने। व्यापारी कैलकुलेटर या नोटबुक निकालकर जोड़ने-घटाने गुणा-भाग में मशग़ूल हो जाते थे। छात्र राउंड लगाते हुए सुन्दर युवतियों-लड़कियों को देखते या छेड़ते थे। एक दिन एक छात्र ने दरवाज़े से लटककर खिड़की के पास बैठी लड़की को देखने का करतब किया था तो रेल लाइन पर खड़े एक खम्भे ने उसका सिर तोड़कर हवा में लहरा दिया था। वरुणा एक्सप्रेस के भीतर यह पहली मौत थी। इसके बाद की मौतें उसके भीतर नहीं उसके पहियों के नीचे हुईं। इनसान ही नहीं जानवर भी उसके पहियों के नीचे कटकर मरते थे। नामालूम वे किस यंत्रणा में ख़ुदकुशी करते थे? वे लापरवाही से मरते थे, यह उस दुर्घटना का मनुष्यों द्वारा किया गया पाठ था जो पशुओं के अन्दरूनी संसार और उसमें होने वाली ख़लल से पूर्णतया नावाक़िफ़ होते हैं।

कोई मौत होती थी और ट्रेन देर तक के लिए रुक जाती थी। यात्री पहले स्तब्ध होते फिर दुखी होते फिर देर से गाड़ी खड़ी रहने के कारण उकताने लगते थे। ट्रेन चल पड़ती थी तो सब सामान्य हो जाता था। पर वरुणा एक्सप्रेस से हुई हर मौत पर रज़ा साहब सदमे में आ जाते थे। जब वह पहली बार सदमा खाए, ताश मंडली के सदस्यों ने समझा कि जो ऊपर चला गया है वह रज़ा साहब का कोई अपना है। पर असली बात यह नहीं, बल्कि यह थी कि रज़ा साहब की एक बेटी ने लम्बी दूरी वाली एक ट्रेन से सुल्तानपुर में कटकर जान दे दी थी। इसके बाद जब भी कोई ट्रेन से कटकर मरता उसके शोक में सन्तप्त होने लगते। अत: असली बात यही थी कि रज़ा साहब मृतक नहीं अपनी बेटी के शोक में विचलित हो उठते थे।

"रज़ा साहब आप अब भी डेली पैसिंजरी कर रहे हैं?" सूर्यकान्त ने पूछा।

"बस, अगले महीने तक।"

"उसके बाद?"

"रिटायरमेंट।"

"रिटायरमेंट के बाद क्या करने का इरादा है?"

"ख़ुदा जो मंजूर करेगा।"

"आपके जत्थे के बाक़ी मेम्बरान कैसे हैं? कोई दिख नहीं रहा है?"

"सिंह साहब जो थे उन्होंने अपना तबादला सुल्तानपुर में ही करा लिया, रोज़-रोज़ की किचकिच से फ़ुरसत पाए। जोगेश लाल फ़ैज़ाबाद पहुँच गए और अब उस रूट के एमएसटी होल्डर हैं। हरमिन्दर लखनऊ में ही रहने लगे, उनकी बीवी ने वहाँ आलमबाग़ में छोले भटूरे और दही बड़े की दुकान खोल ली है। ख़ुदा की बरक़्क़त है, दुकान अच्छी चलती है।"

"और ख़ुद हरमिन्दर?"

"दिन-रात पीता रहता है।"

"फिर क्यों छोड़ा सुल्तानपुर?" हरमिन्दर के पास कोई निश्चित रोज़गार नहीं था। वह वरुणा का डेली पैसिंजर था और सुल्तानपुर के दुकानदारों के ऑर्डर पर लखनऊ से माल ले जाता था। हर दिन ही उसके पास कुछ दुकानदारों के ऑर्डर होते थे। वह कमीशन के रूप में ठीक-ठाक कमा लेता था।

"क्या करता!" रज़ा साहब ने बताया—"कम्पनियों के एजेंट ख़ुद सुल्तानपुर में पहुँचकर ऑर्डर लेने लगे। चौबीस घंटे के भीतर सप्लाई। फ़ोन और अब तो ई-मेल से भी सामान मँगा लो। कौन पूछता हरमिन्दर को।"

"अरे, हाँ, जितेन्द्र जी कहाँ हैं?"

"कौन, वो जितेन्द्र बरनवाल, उसे छह साल पहले फ़ालिज मारा था। उसके बाद फिर सँभल नहीं पाया बेचारा...।" रज़ा साहब थोड़ा सा आगे झुक आए। धीमे से बोले—"तुमको मैंने लखनऊ में कई बार एक लड़की के साथ देखा था..."

"हाँ रज़ा साहब, उस लड़की की शादी हो गई। एक बच्चे की माँ है और लखनऊ में रहती है।"

"तुम सोचते होगे वह बेवफ़ा निकली। मगर समझने की कोशिश करो। लड़कियों के पास इख़्तियार नहीं होता है इसीलिए इश्क़ में डूबी वे ज़्यादातर बेवफ़ाई करती हैं या ख़ुदकुशी।" रज़ा साहब की आवाज़ और आँखें एक साथ काँपीं और वे ख़ामोश होकर खिड़की के पास छूटते जा रहे मंज़र देखने लगे। वह शायद अपनी खो चुकी बिटिया को ढूँढ़ रहे थे।

"रज़ा साहब वह लड़की बेवफ़ा नहीं निकली, उसने इसी नाचीज़ से निकाह कर लिया।"

उनकी आँखें बाहर से हटकर ट्रेन में आईं। पहले वह घूरे फिर उसकी एक हथेली को अपनेपन से सहलाया—"मुबारक हो...मुबारक हो...।" इतने वर्षों बाद विवाह की यह बधाई उसे अलग लग रही थी, अच्छी भी।

"आइए भाई साहब।" रज़ा साहब को ताश के खिलाड़ी पुकार रहे थे। ये लोग वरुणा एक्सप्रेस के शुरुआती दिनों के डेली पैसिंजर नहीं थे। जिस तरह ताश के पत्ते भले कट जाते हैं, मर जाते हैं पर ताश का खेल चलता रहता है, उसी तरह खिलाड़ी भी मर जाएँ, बदल जाएँ बीमार हो जाएँ मगर वरुणा एक्सप्रेस में ताश का खेल चलता रहता है।

रज़ा साहब उठे, सूर्यकान्त से माफ़ी माँगकर अपनी स्वाभाविक महफ़िल के बीच चले गए। वहाँ एक आदमी ताश के पत्ते तेज़ गति से फेंट रहा था।

सूर्यकान्त ने खिड़की के पार देखा, सोचा—अगला स्टेशन कौन होगा? दिमाग़ पर ज़ोर देने के बाद भी उसे याद नहीं आया कि अगले स्टेशन का नाम क्या है? जबकि इस ट्रेन से जब वह बिला नागा यात्रा करता था तो रास्ते के सारे स्टेशनों का क्रमवार नाम उसे कंठस्थ था। उसे ही नहीं, समस्त दैनिक यात्रियों को याद था। कई यात्री ऐसे विलक्षण थे कि आँखें मुँदी रहने पर या अधनींद में भी बता देते कि ट्रेन किस जगह पर है या कहाँ पहुँचने वाली है। ऐसे लोगों ने समय को साध लिया था अथवा स्थान को अथवा कोई अन्तर्दृष्टि विकसित कर ली थी! कहीं ऐसा तो नहीं

कि अलग-अलग ज़मीन पर ट्रेन की आवाज़ में हल्का सा फ़र्क़ हो जाता हो, हर कहीं ट्रेन की आवाज़ मामूली ही सही बदल जाती हो—और उस भेद, उस अन्तर के आधार पर वे यात्री बिना देखे स्टेशन का भूत, वर्तमान, भविष्य बता देते हों। वे डेली पैसिंजर न होकर धनुर्धर होते तो निश्चय ही शब्धबेधी बाण चलाने की विद्या में पारंगत होते। यह भी हो सकता है कि उनको इस कला को विकसित करने हेतु विधिवत प्रशिक्षण दिये जाने पर तो वे चलने पर होने वाली आवाज़ों के परिवर्तन से पहचान लेते कि धरती के भीतर कहाँ जल है, कहाँ खनिज सम्पदा! कहाँ सोना, हीरा मिलेगा, कहाँ पेट्रोल! कहाँ बारूद की सुरंगें बिछी होंगी, कहाँ शहतूत के वृक्ष मीठे फल देंगे, कहाँ लीची के उगेंगे!

स्टेशन आ गया—'रहमत नगर' और क्या हुआ कि सूर्यकान्त को सब याद आ गया। 'रहमत नगर' याद आते ही आगे के स्टेशन अपने क्रम में उसके दिमाग़ में पहले मुड़े-तुड़े-धुँधले से उमड़े। फिर रोशनी जैसे तेज़ होती गई हो—सभी स्टेशनों के नाम जगमगाने-चमकने लगे। लेकिन इसमें ख़ास बात यह थी कि ये सब थे छोटे-छोटे क़स्बाई-अर्द्धक़स्बाई जगहों पर बने हुए तुच्छ स्टेशन जहाँ वरुणा एक्सप्रेस जैसी ट्रेनें रुकती नहीं थीं। ऐसी ट्रेनें वहाँ के प्लेटफ़ार्म पर खड़े मैले-फटे लोगों को अपमानित करती हुई अपनी फर्राटा रफ़्तार से चलती चली जाती थीं। इसीलिए बौखलाकर कुछ नाराज़ बच्चे ऐसी ट्रेनों पर ईंट-पत्थर फेंकने जैसा नासमझी भरा काम करते थे। ऐसे ही सुल्तानपुर भी तब अपमानित होता था जब कोई ट्रेन वहाँ बिना रुके, हल्का सा ठिठके बग़ैर दौड़ती चली जाती थी। कुछ ऐसी गाड़ियाँ भी थीं जो सुल्तानपुर से भी अधिक बड़े स्टेशनों की ओर आँख उठाकर देखती तक नहीं थीं, अपने अहंकार में उनकी ख़ुद्दारी को रौंदती हुई बढ़ जाती थीं। ठीक इसी पद्धति से जब कोई पैसिंजर या फास्ट पैसिंजर ट्रेन छुटभैया स्टेशनों पर रुकती है तो वहाँ के लोग अकड़ जाते हैं और घमंड से उन गाँवों पर निगाह डालते हैं जहाँ न रेलवे स्टेशन होता है, न बस अड्डा।

इस प्रकार भेदभाव की—छोटे-बड़े की—अमीर-ग़रीब की एक व्यूह रचना थी जिसमें बड़े-बड़े शहरों, महानगरों को छोड़कर शेष अपमानित होने और अपमानित करने के लिए अपनी-अपनी जगह पर मौजूद थे।

हर दो स्टेशनों के बीच अनेक गाँव होते हैं। दो बड़े स्टेशनों के बीच सैकड़ों गाँव होते हैं। इन गाँवों के बहुत से लोग अपना ठिकाना छोड़ शहर में आ बसते हैं। उस दिन क्या होगा जब गाँव ख़ुद अपने बाशिन्दों के साथ या उनके बग़ैर शहरों में

आ जाएँ। रामचेतपुर, चिलबिला, पौधन, मनचीते, नगराम, पड़ेला जैसे बेशुमार गाँव न्यूयार्क, पेरिस, लंदन, वाशिंगटन, टोक्यो में आ धमकें, तो? और नहीं, वे दिल्ली के कनॉट प्लेस, ख़ान मार्केट, लोदी रोड जैसे इलाक़ों में, मुम्बई के नरीमन प्वाइंट, पैडर रोड, जुहू और कोलकाता के पार्क स्ट्रीट, जगदीश चन्द्र बोस रोड में उल्का पिंडों की भाँति गिरें, तो? या भूमि फोड़कर उठने वाली जलधार की तरह इन सरीखी जगहों में वे गाँव उग आएँ, तो? बेशक यह एक कल्पना है अथवा यह ज़्यादा से ज़्यादा है एक स्वप्न लेकिन इस बात में कोई संशय नहीं है कि अन्ततः सारे शहर गाँवों से घिरे हैं। एक रोज़ धरती के सारे गाँव सारे शहरों से ग़ुस्सा हो उठें, तो?

'कहीं उन्होंने इस बार भी वैसा ही व्यवहार किया?' सूर्यकान्त ने खिड़की के बाहर चिड़ियों के उड़ते झुंड को देखते हुए सोचा—'मैं क्यों अपने घर जा रहा हूँ? गौरी दुखी हो रही है और मेरी भी पराजय होगी, फिर मैं क्यों जा रहा हूँ?' उसकी इच्छा हुई लखनऊ लौट जाए और पांडे से क्षमा माँग ले कि यह काम वह नहीं कर सकेगा। या फिर दूसरा विकल्प था कि वह सुल्तानपुर जाए और घर न जाए। किसी होटल या किसी दोस्त के यहाँ रुके। यही मुनासिब होगा, उसने फ़ैसला किया।...

...वह घर से उसके निष्कासन की रात थी। रात के ग्यारह बजे सूर्यकान्त की गरदन पकड़कर उसे और गौरी को बाहर धकेल दिया था बाबूजी ने और ज़ोर से दरवाज़ा बन्द कर लिया था। दरवाज़े ने बन्द होने के पहले ज़ोर की आवाज़ की थी जैसे उसकी बेदख़ली पर डंके की चोट बजी हो। दरवाज़े के उस पार बाबूजी चिल्ला रहे थे—"अपनी शक्ल मत दिखाना आइंदा...जा रंडी साली की जाँघ सहला... उसके पेटीकोट में मुँह रगड़...। हरामी...बाप को इश्क़बाज़ी दिखा रहा है...।" इसके बाद उनके गले से लम्बा चिल्लाना शुरू हुआ था जिसके बीच में शामिल हो गई थी माँ की रुलाई। शायद वह रोते हुए दरवाज़ा खोलने के लिए झपटी थी। वह हिला ज़रूर पर खुल नहीं सका। स्पष्ट है बाबूजी ने रोका होगा सख़्ती और अपनी ताक़त से। इसके बाद धम्म-धम्म किसी के पिटने की आवाज़ें आने लगीं। कौन पिट रहा होगा? उसने अन्दाज़ा लगाया—माँ के सिवा और कौन!

"क्या टैम भया होगा?" एक ग्रामीण ने समय पूछा जो जल्दी पहुँच जाने की जल्दबाज़ी में था।

"सात बजने वाले हैं।" उसने बताया और परेशान-सा हुआ—ट्रेन लेट हो चुकी है अभी से। वह तर्क गढ़ने लगा। अन्यत्र कहीं न रुककर घर पहुँचने का—ट्रेन देर रात पहुँची तो किसी दोस्त का दरवाज़ा खटखटाना ठीक नहीं रहेगा। वैसे भी इस शहर से नाता टूटे कई साल हो गए हैं, अब कौन दोस्त कहाँ होगा क्या पता? होटल भी कैसे होंगे कहाँ होंगे जानकारी नहीं। उससे जब शहर छूटा था तब यहाँ लोग होटलों में कम ही रुकते थे और प्राय: रेस्टोरेंट और ढाबों को होटल कहा जाता था। यूँ बताया जाता—अरे वो लफंगा होटल में समोसा-चाय काट रहा था। बहरहाल उसने ज़िरह की—मेरा और गौरी का अपमान बाबूजी ने किया था पर घर में केवल वह ही नहीं रहते। माँ है, दादी हैं, भाई शिब्बू है, चाचा और उनका परिवार है। ठीक है, मकान बाबूजी का है पर घर तो इन सभी का है। उसने निर्णय किया, घर ही जाएगा। उसने सोचा—मैं रात को पहुँचूँगा। रात में घर के बाहर खड़ा रहूँगा। फ़र्क़ यही होगा कि उस रात मेरे साथ गौरी थी इस बार मैं अकेला। क्या दरवाज़ा बाबूजी ही खोलेंगे। वह मुझे भीतर न जाने दें...मैं चला जाऊँ और उसी तरह मेरी गरदन पकड़कर बाहर निकाल दें...। तब मैं उस बार की तरह आज पुन: रात में घर के बाहर खड़ा रहूँगा। फ़र्क़ यह होगा कि बीच में वक़्त की लम्बी दूरी रहेगी और मौसम का अन्तर होगा। आज गर्मी की रात होगी तब जाड़े की थी।

तब जाड़े की ठिठुरती रात का ग्यारह बजा था। सब कुछ कोहरे में समाहित हो गया था। चार दिनों से शाम होते ही कोहरा उतरने लगता था और रात होने तक नगर को अपने भीतर छिपा लेता था। सुल्तानपुर के लोग कह रहे थे कि पैंतीस बरस बाद इतना प्रचंड कोहरा पड़ रहा था। कोहरा इतना अधिक, इतना अधिक था कि अपने हाथ, अपने कपड़े तक बमुश्किल दिखाई देते थे। सामने खड़ा इनसान भी एक धब्बा सरीखा लगता था। दुर्घटना के भय से आदमी चींटियों की तरह चल रहे थे और साइकिलें आदमियों की तरह। कारें-स्कूटर रिक्शों की तरह सुस्त रफ़्तार से चल रहे थे। उनके आगमन, प्रस्थान को केवल उनकी लाइटों से जाना जाता था। लोग बहुत सावधान थे। फिर भी दुर्घटनाएँ घटित हो जा रही थीं। घने कोहरे के कारण एक सुबह आठ-नौ बजे के बीच बारह वाहन आपस में लड़ गए थे।

जब कुछ दिखता नहीं था तो यह कहने का कोई अर्थ नहीं रह गया था कि कोहरे के कारण नगर की चहल-पहल को ग्रहण लग गया था। कोहरा बढ़ते ही शहर की रौनक़, खानपान की दुकानों की भट्ठियाँ, तंदूर की तरह ठंडी पड़ जाती थीं। अपवादों को छोड़ दें तो सड़कों पर मनुष्य क्या जानवर तक ग़ायब हो जाते थे। रात में कुत्तों का भौंकना तक बन्द हो जाता था। वे दिन में भौंकते रात में चुप रहते थे। कभी-कभी ठंड के मारे काँपते हुए उनके गले से कूँ...कूँ की ध्वनि निकलती थी जो रात के विस्तार में कहीं दूर से आती हुई सुनाई पड़ती थी।

सड़क का आलम यह था कि जैसे ही कोहरा उतरकर सघन होना प्रारम्भ करता, लोग अपने-अपने घरों की दिशा में तेज़-तेज़ चलना शुरू कर देते। कुछ लोग तो कभी-कभी सड़क पर चलते-चलते दौड़ने लगते थे और इस तरह अपने घर पहुँचने की अवधि को कम कर लेते थे। अन्ततः होता यह था कि जल्द ही केवल इक्का-दुक्का लोग चलते-फिरते दिखते थे। बच्चे ज़रूर लापरवाही कर रहे थे जिसका नतीजा सामने था। शहर के सारे बच्चे छींकने-खाँसने लगे थे और सैकड़ों बच्चों ने बिस्तर पकड़ लिया था। बच्चों की तरह बड़े लापरवाह, बहादुर नहीं होते हैं। बड़े ऊनी कपड़ों से लदे-फदे रहते थे। हज़ारों गंजे इनसानों ने कनटोप ख़रीदे थे। कुछ बूढ़े पैरों में एक के बजाय दो-दो मोज़े पहनने लगे थे। दुकानों में टोपियों, शाल, मफ़लर, स्वेटर के स्टॉक पर स्टॉक आते और ख़त्म हो जाते थे। शीत के मारे लोगों को न भरपूर मस्ती आ पाती थी न उदासी।

ये सब अपनी जगह था, सबसे दर्दनाक बात थी कि ठंड और कोहरे ने आठ लोगों के प्राण ले लिये थे। इनमें तीन भिखारी थे, तीन मज़दूर, एक रिक्शाचालक था और एक विकलांग स्त्री थी जिसे सड़क पार करते हुए एक ट्रक ने कोहरे में ठीक से न दिखने के कारण कुचल दिया था। हालाँकि ग़रीब-गुरबा अपने तरीक़े से सावधानी बरत रहे थे। उन्होंने खुले आसमान के नीचे रात व्यतीत करना छोड़ दिया था। कहीं जगह न मिलती तो वह जानवरों द्वारा रिहाइश बना ली गई छतों के नीचे पनाह ले लेते थे। स्थिति यह थी कि श्मशान घाट जैसे स्थानों पर कुत्ते, गाय, गधे और ग़रीब एक साथ रात्रिविश्राम कर रहे थे।

वैसे शहर में कुछ सिरफिरे थे, वे कोहरा बढ़ जाने पर शान से घर से बाहर निकलते थे और इस प्रकार सड़क पर टहलते थे जैसे शाही सवारी चली आ रही हो। वे कभी सिगरेट पीते थे, कभी मूँगफलियाँ टूँगते थे। अतः कहा जा सकता है कि भयंकर ठंड-कोहरे से जीवन हारा न था। आख़िर कोई चाय की दुकान खुली

ही रहती, जहाँ वे सिरफिरे और कुछ फटेहाल चाय की चुस्की लेते रहते थे। इसके अतिरिक्त यदा-कदा जलते हुए अलाव और उसे घेरकर ऊष्मा पाते हुए मामूली और मुफ़लिस भी मिलते थे। कभी कोई पैदल या साइकिल सवार या कोई रिक्शावाला रुककर यहाँ आता तो ये लोग अपने घेरे में उसके लिए जगह बना देते थे। वह वहाँ बैठकर थोड़ी देर अपने हाथ के पंजे और पैर के तलुवे सेंकता। सिंके हुए हाथों से अपना चेहरा और कान सेंकता फिर उठकर अपने सफ़र पर कोहरे में चींटी चाल से आगे बढ़ने लगता...

...ऐसे मौसम में, ऐसे कोहरे में, इतनी ठंड में रात के ग्यारह बजे वह और गौरी घर से बाहर निकाल दिये गए थे। दरवाज़ा बन्द करने की ध्वनि, रुदन जो शायद माँ का था, और 'जा रंडी साली की जाँघ सहला...हर्रामी...की आवाज़ें बार-बार गरदन पर सवार हो रही थीं और गरदन पर एक पिता की ताक़त तथा उसकी घृणा से भरा हुआ दबाव...इन सबका एक कोलाज था जो उसकी और गौरी की आत्मा के रेटिना पर बार-बार गिर रहा था...

वह घर से निष्कासित होकर गौरी के साथ बाहर कोहरे के साम्राज्य में चार गज़ आगे बढ़ा होगा कि उसके मन में घर से वियोग की अथाह वेदना उमड़ी। उसने मुड़कर घर पर निगाह डाली लेकिन कोहरा इतना असीम था कि घर कोहरे में दिखाई नहीं दिया। घर कहीं दिख नहीं रहा था किन्तु घर के भीतर दिखाई दे रहा था...हर्रामी...रंडी...। उसने पाया था कि उसकी आँखें भर आई हैं। वह जहाँ खड़ा था वहीं सड़क पर बैठकर रोने लगा था। गौरी ने उसे उठाया और सड़क के किनारे ले आई। अब घर सामने था, वह घर के सामने रो रहा था। गौरी बच्ची-सी उसका हाथ पकड़े हुई थी। डब-डब आँखों के कारण उसे घर हिलता हुआ लगा। गौरी को इसके बग़ैर घर हिलता हुआ लगा।

रुलाई थमने पर उसने पाया कि अब उसके अन्दर दुख नहीं था बल्कि वह अपमान तथा क्षोभ से झुलस रहा था। इन दोनों भावों में इतनी आग थी कि सर्द मौसम में भी उसे अपनी कनपटियों पर गर्मी महसूस हुई। उसमें यह फ़ैसला उभरा कि बस ये आख़िरी बार है, आज के बाद वह यहाँ कभी नहीं आएगा। यह घर जो जीवन की प्रत्येक कल्पना में उसके भीतर उपस्थित था, जो उसके हृदय में गहरे बसा था, मिट रहा था। भावुकता की एक लहर उठी और उसने मन-ही-मन कहा—"मेरे घर तुम्हें मैं त्यागता हूँ।" लेकिन इसी क्षण उसने यह भी सोचा था कि हो न हो, दरवाज़ा खुले माँ निकले। माँ उसको और गौरी को वापस भीतर ले जाए।

तभी भावना पर आघात हुआ था, वह बुदबुदाया था—“अम्मा, अब मैं कभी नहीं आऊँगा।” जैसे वाक़ई माँ बाहर आकर उन्हें भीतर ले जा रही थी और वह मना करते हुए अपना फ़ैसला सुना रहा था।

वह गौरी के साथ सड़क पर बढ़ने लगा। सड़क पर चलते-चलते गौरी घटना के बाद पहली बार कुछ बोली—“तुम कुछ कह रहे थे, मैं सुन नहीं सकी।”

“कोई ख़ास बात न थी।”

गौरी ने उसे ग़ौर से देखा और बात वहीं ख़त्म कर दी। गौरी ने भी सूर्यकान्त की तरह ख़ुद से कहा—“बारह बजने वाले हैं।”

सूर्यकान्त ने सुन लिया। उसने गौरी के ‘बारह बजने वाले हैं’ वाक्य को ठीक से सुना और सिहर गया। क्योंकि कोहरा पहने हुए अँधियारे पाख की अर्द्धरात्रि में सड़क पर गौरी बिलकुल सुरक्षित नहीं थी। वैसे वह घर में भी कहाँ सुरक्षित थी! ‘रंडी साली...’ वह लिथड़ी हुई घिन दुबारा से उसके दिमाग़ में प्रकट हुई।

घर को वे भुगत चुके थे, बाहर आधी रात में किसी लड़की के लिए इस शहर में क्या ख़तरे थे, इसे यहाँ का मूल बाशिन्दा सूर्यकान्त जानता था।

“आगे के बारे में सोचो। घर के किवाड़ खुलने होते तो अब तक खुल चुके होते।” गौरी बोली।

“मैं इस उम्मीद में यहाँ नहीं रुका हूँ।”

“फिर किस उम्मीद में?” गौरी के स्वर में हल्की सी सख़्ती थी।

सूर्यकान्त ने असहाय होकर देखा। उसकी आँखों में इतनी ज़्यादा कातरता, क्षमायाचना थी कि गौरी को अपने कथन पर ग्लानि होने लगी—“सॉरी।” उसने सूर्यकान्त से माफ़ी माँगी। वह कुछ वक़्त ठिठकी रही, इसके बाद सूर्यकान्त के साथ घर के बरामदे में आई—“हम रात यहीं बरामदे में बिताएँगे। घर ने शरण न दी, बरामदा शरण देगा।”

कोहरा बरामदे में भी ठसाठस था। दीवारें तक नहीं दिखाई दे रही थीं। पूरे बरामदे में कोहरे के पर्दे पर केवल एक बड़ा सा दाग़ सरीखा महसूस हो रहा था। गौरी ने उसके एकदम क़रीब जाकर देखा, वह एक बकरी थी जो शायद कोहरे में अपने पालनकर्ता के घर का रास्ता भटक गई थी और अब फ़र्श पर शरणार्थी बनकर पसरी हुई थी। गौरी ने उसकी पीठ को सहलाते हुए अनुभूत किया कि उसकी त्वचा ठंड से अथवा स्पर्श से कँपकँपा रही है।

सूर्यकान्त और गौरी बरामदे की एक दीवार से पीठ टिकाकर बैठ गए। ऐसा

लगा था कि वे दोनों वहाँ रात बिताने नहीं बाबू के दुर्व्यवहार के विरोध में अनशन कर रहे थे।

"तुम्हें जाड़ा लग रहा होगा।" सूर्यकान्त में असहायता बरकरार थी।

"क्या वाहियात बात करते हो। इस मौसम में भला जाड़ा लगेगा। अरे यहाँ कोई पंखा नहीं लगा है मुझे पसीना आ रहा है। गर्मी से बुरा हाल है।" गौरी मद्धिम सी हँसी। उसने सूर्यकान्त की एक हथेली उठाकर अपने घुटनों पर रखा—"परेशान मत हो किसी तरह बीत जाएगा सब। हमेशा इसी तरह होता है दुनिया में, कोई भी चीज़ हो बीत जाती है।" उसने अपना हाथ सूर्यकान्त की पीठ पर रखा—"चलो लेट जाओ थोड़ी देर आराम मिलेगा।"

दोनों की पीठें दीवार से सरकती हुई फ़र्श पर लेट गईं।

फ़र्श बेहिसाब ठंडी थी। इतनी ठंडी फ़र्श सामान्य मन:स्थिति में उन्हें ज़्यादा परेशान करती पर इस समय अपमान, तनाव, दुख, क्षोभ उनके ध्यान को ठंड से रह-रह कर भटका दे रहे थे। जब बाबू ने सूर्यकान्त की गरदन पर पंजा गड़ाया था उस वक़्त सूर्यकान्त को ठंड का बिलकुल अनुभव नहीं हुआ था बल्कि उसकी कनपटियाँ गर्म होकर तड़कने लगी थीं। 'रंडी' सुनते ही गौरी के दिल में हौल उठा था और कुछ पलों के लिए उसका सब कुछ जैसे किसी ज्वाला में दहकने लगा था। दाहकता इतनी प्रबल थी कि कुछ वक़्त बीत चुकने के बाद भी उसकी आँच अभी बाक़ी थी। क्या यही कारण था कि उन दोनों को बीच-बीच में ठंड अधिक लगने लगती थी और बीच-बीच में ठंड कम महसूस होने लगती थी...?

ठंड से बचने के लिए दोनों ने अपने-अपने घुटने मोड़े।

घुटनों को मोड़ने से दोनों की पैंटें कमर पर पीछे कुछ नीचे खिसक गईं। उस नंगी जगह पर ठंड आकर चिपकी। गौरी ने पैंट ऊपर खींचकर उस जगह को ढका और सोचने लगी—"ग़ुस्सा भले सूर्य पर उतारा गया हो किन्तु निशाने पर मैं ही थी। गालियाँ फेंकी सूर्य पर गई थीं लेकिन सब की सब लगी मुझे थीं। 'रंडी साली...' कितने बीभत्स ढंग से कहा था—'पेटीकोट...'।" वह भीतर मरोड़-सी महसूस करने लगी, डरकर बैठ गई। उसने सूर्यकान्त की ओर देखा, वह आँखें मूँदे एकदम चित लेटा था—"क्या यह भी अपने पिता की तरह है वास्तव में? क्या यह भी किसी दिन ग़ुस्सा आने पर रंडी साली कहेगा...।" उसके नथुनों में कम्पन-सा हुआ। इस बेआवाज़ क्रिया को भी जैसे सूर्यकान्त ने सुन लिया हो, उसने आँखें खोलीं—"क्या हुआ?" गौरी की दुखियारी दशा देखकर वह उठने को हुआ, गौरी ने उसे वैसे ही

लेटे रहने का इशारा किया। उसका दिमाग़ दूसरी तरह से चलने लगा—"ये मेरा सूर्य कितना दुखी होगा। पिता, माँ, भाई, बहन सब छूट चुके हैं, घर छूट रहा है। यह शहर भी। कितना चाहता था इन सबको वह! यूनिवर्सिटी में इनके कितने क़िस्से सुनाए हैं इसने। अब सोच रहा होगा कि मैं उसकी बातों को झूठ की पोटली समझ रही होऊँगी। मेरी निगाह में इस तरह गिरना उसकी बरदाश्त के बाहर हो रहा होगा। वह सह नहीं सकेगा।" उसे सूर्य पर लाड़ आ गया—"थोड़ी देर पहले इसके अपने पिता की तरह होने का ख़याल करके मैं गुनाह कर रही थी।" उसने सूर्य के माथे को सहलाया—"परेशान न हो, सब ठीक हो जाएगा।" सूर्य ने कोई जवाब नहीं दिया, पुनः आँखें मूँद लीं। जबकि गौरी बेतहाशा चाह रही थी कि सूर्य और वह बातें करें। वह अपने शब्दों से, शब्दों के मध्य के मौन से, अपनी भूभंगिमाओं से यह विश्वास दिलाए कि आज के वाक़ये के कारण वह सूर्यकान्त से नाराज़ नहीं है, उसको क़तई दोषी नहीं मानती है। और यह भी कि वह उसके साथ है। लेकिन सूर्यकान्त था कि उसने आँखें मूँदी और अब करवट बदल ली। गौरी को कुछ न सूझा तो वह उस पर झुकी। उसके चेहरे को अपनी तरफ़ मोड़ा, उसके होंठों पर अपने होंठ रखे, अपनी आँखें मूँदी और अपनी बन्द आँखें सूर्य की बन्द आँखों की सीध में रख दी।

सूर्यकान्त ने होंठ हटाए।

गौरी हँसी—"मीठे नहीं लगे?" गौरी मज़ाक़ करके सूर्य के तनाव को कम करना चाहती थी—"डरो मत कोहरे में किसी को कुछ नहीं दिखेगा।" उसने होंठ सूर्य के कंठ पर रखे। सूर्य का स्वेटर उसकी ठोड़ी पर गड़ा—"शादी के बाद मैं तुम्हारे लिए स्वेटर बुनूँगी, बहुत मुलायम।"

वह हड़बड़ाकर दूर हट गई। कोई शराबी लहराती चाल से इधर आया और बरामदे की बकरी से भिड़कर लड़खड़ाते हुए सूर्यकान्त के पास पहुँच गया।

"चाचा नमस्ते।" सूर्यकान्त खड़ा हो गया। गौरी ने चरण स्पर्श किया।

"क्या बे सूर्यकान्त ये कौन है? ब्याह कर लाया है या भगा के लाए हो?" चाचा ज़्यादा नहीं पिये थे, कम भी नहीं पिये थे। गौरी कोहरे में उन्हें ग़ौर से देख रही थी—सूर्यकान्त के चाचा, उम्र सूर्य से थोड़ी ही ज़्यादा।

"चाचा, हम ब्याह अभी नहीं किये हैं, करना चाहते हैं। और चाचा, भगा के नहीं लाए हैं, अलबत्ता इस घर से भगा दिये गए हैं।"

"मुहब्बत! वाह!! तुम दोनों...संघर्ष करो...चाचा तुम्हारे...साथ है...।" वह

शाबाशी या आशीर्वाद में से कुछ देने के लिए आगे बढ़े पर इतना आगे बढ़ गए कि जाकर सामने की दीवार से टकरा गए।

"गौरी, सँभालो चाचा को।"

चाचा स्वयं सँभल गए थे। दरअसल इस तरह लड़खड़ाने, भिड़ने, गिरने और सँभल जाने का उन्हें अभ्यास था।

वह सूर्यकान्त के ठीक सामने खड़े हो गए थे और किसी कठपुतले की भाँति अविराम हिल रहे थे। उन्होंने शराबी शैली में कहा—"ऐ सूर्यकान्त...उर्फ़ गौरी के महादेव...अबे यहीं...बरामदे में शादी करने का...प्रोग्राम है क्या?"

चाचा उन्हें लेकर या यूँ कहें—वे नशेड़ी चाचा को सँभालते हुए सीढ़ियाँ चढ़ रहे थे।

तीनों अन्तत: सकुशल मकान की ऊपरी मंज़िल पर पहुँच गए। मकान का यह हिस्सा चाचा के पास था जिसमें वह चाची और दो बच्चों के साथ रहते थे। नन्हे-नन्हे वे बच्चे सो रहे थे। चाची कफ्तान पहने केश खोले जाग रही थीं।

सूर्यकान्त और गौरी को खाना मिल गया था, गर्म बिस्तर भी। पर नींद में अड़चन थी। क्योंकि बीती हुई घटनाओं के कारण वह उड़नछू थी। दूसरे चाचा का मशवरा था कि बाबू की आँख खुलने के पहले यहाँ से चले जाने में सबकी बेहतरी है। तीसरी बात यह थी कि चाचा किसी को सोने नहीं दे रहे थे। वह लगातार बोल रहे थे। चाची सो गईं तो 'उठो मेरी मुमताज महल' कहकर चिकोटी काट ली। सूर्यकान्त को एक बार झपकी आने पर उसका कान ऐंठ दिया। गौरी अनवरत जग रही थी फिर भी चाचा उसे जगाए रखने के लिए बीच-बीच में जल के छींटे मारते थे। केवल बच्चे थे जो गहरी नींद ले रहे थे, अबाध चिल्ल-पों का उन पर असर न था।

सूर्यकान्त की बिछुड़न के वक़्त में डूबी एकाग्रता टूटी, कोई स्टेशन आ गया था और यहाँ यात्रियों का जो शोर था वह याद में हो रही चाचा की चिल्ल-पों से ज़्यादा ताक़तवर साबित हुआ था। लेकिन अजीब था—उस कोहरे वाली रात की

याद से सूर्यकान्त को स्टेशन के कोलाहल ने बाहर निकाला था...बोलते जा रहे चाचा का जो बिम्ब था वह ओझल हो गया था...किन्तु चाचा अभी भी दिमाग़ में डोल रहे थे। शायद ऐसा था कि चाचा की आवाज़ न थी पर चाचा सजीव थे। जैसे किसी चल रही फ़िल्म में तकनीकी ख़राबी से कोई दृश्य स्थिर हो जाए और उसका साउंड ग़ायब हो जाए।

तकनीकी ख़राबी ठीक हो गई।

चाचा का प्रलाप जारी था। नशा इस बीच कुछ कम हो गया था इसलिए ज़बान साफ़ चलने लगी थी—"तुम्हारे पिता यानी मेरे भैया निहायत भले आदमी हैं, है न! तुम उन्हें बहुत चाहते थे, उनके गुन गाते थे, मैं भी, है न! तो फिर वो क्यों इतने फिरंट हो गए, इतने क्रोधी कि तुम्हें उसके सामने ज़लील किया जिसे तुम प्यार करते हो, है न! गरदन पकड़कर बाहर का रास्ता दिखा दिया, वह भी इस सर्द अँधेरी रात में, है न!" उन्होंने गिलास उठाकर गट गट पानी पिया। अब उनकी बोली काफ़ी साफ़ हो गई और 'है न' की टेक भी न रही—"मेरे प्यारे भतीजे ताज्जुब की बात बिलकुल नहीं है...। दरअसल औरत, जाति और धर्म—इन तीनों के नाम पर बुज़दिल, नरमदिल, नेकदिल भी ख़ौफ़नाक बन जाता है। एक डरपोक इनसान अपनी स्त्री के सामने बाघ बना रहता है। इसी तरह धर्म के नाम पर होने वाले दंगों में देखो, जो लोग रोज़मर्रा की ज़िन्दगी में घायल परिन्दा देखकर दुखी हो जाते हैं...चींटियों को आटा खिलाते हैं, बन्दरों को चना—वे भी दंगों में इनसान के ख़ून की होली खेलने की बात करने लगते हैं...तो ये है वो ख़ुदा का बन्दा, परमेश्वर का सपूत जो दूसरे मज़हब के लोगों की लाशों को धरती का बिछौना बनाना चाहता है...। और जो जाति है न, शोर कम मचाती है...ख़ून भी कम बहाती है...पर भीतरी हिंसा करती है। ये मामूली से मामूली बात में मौजूद रहती है और बड़ी से बड़ी बात में भी। वाक़ई इसकी हिंसा दिखे भले न पर होती हर जगह है। जन्म से मौत तक यह चिपकी रहती है। लेकिन गौरी के मामले में तो चौथी ही चीज़ है...इसमें पिछली तीनों के जोखिम हैं और उनके अलावा भी बड़े ऊबड़-खाबड़ हैं...इसी ने भैया को तुम्हारे ख़िलाफ़ किया...।

"पर बिटिया गौरी तू चिन्ता मत कर, वैसे भी वह इश्क़ कैसा जिसकी राह में रोड़े न हों।" वह मुस्कराए—"मैं तुम दोनों को आशीर्वाद देता हूँ, तुम्हारे प्यार का भविष्य दिलीप कुमार मधुबाला की प्रेमकहानी न हो, वह नरगिस और सुनील दत्त की तरह सफल बने।"

रात बीतने वाली थी। जाड़े में सुबह होने तक अँधेरा रहता है। अँधेरा था जो कोहरे से भरा हुआ था। अभी भी कोहरे का प्रसार चतुर्दिक था। वैसे वरुणा एक्सप्रेस के समय में अभी देर थी लेकिन चाचा की सलाह थीं कि उन दोनों को भैया की नींद खुलने के पहले निकल जाना चाहिए।

घर से वह दोनों ही नहीं, चाचा भी साथ में बाहर आए। चाचा वरुणा एक्सप्रेस के आने तक साथ रहे। जब ट्रेन दूर से आती हुई दिखी तो चाचा ने सूर्य को गले से लगाया और कहा—"देख, ये ट्रेन इधर से जाती ही नहीं, उधर से लौटती भी है। एकदम से भुला मत देना हमें।"

आज वह इतने बरसों बाद लौट रहा था—उसी वरुणा एक्सप्रेस से जिसमें वह बैठकर कभी यहाँ से विदा हुआ था। वह इस ट्रेन का दैनिक यात्री था जो इसमें सवार होकर लखनऊ जाता था वहाँ से सुल्तानपुर आता था।

> जो बात लिखी गई है कि 'बीच में शामिल हो गई थी माँ की रुलाई', वो सच है। कौन माँ अपने बेटे को—जवान बेटे को—कलेजे के टुकड़े को इस तरह घर से निकाले जाने पर नहीं रोएगी। पर बताऊँ मुझे इससे भी ज़्यादा रोना इस बात पर आया कि मेरा लाल उस लड़की के सामने पिट रहा है जिसे वह चाहता है। कितने भरोसे—कितनी उम्मीद से उसको लेकर यहाँ आया था वह। वह न आता, वहीं लखनऊ की कचहरी में ब्याह लेता या किसी मन्दिर में फेरे लेकर माँग में सिन्दूर भर देता तो क्या करते हम लोग! मगर वह आया था उसे लेकर, इसी भरोसे से न कि हम लोग उस लड़की को—उसकी प्राणप्यारी को—देखकर ख़ुश हो जाएँगे और दिल से या मुरौवत में उसकी पसन्द पर अपनी रज़ामन्दी की मुहर लगा देंगे। लेकिन हुआ क्या? सब उलटा हो गया...। हे भगवान कितना बुरा हुआ! मैंने भरसक कोशिश की थी समझाने की। यह कहकर मैं अपनी बड़ाई नहीं कर रही हूँ...ओह वह बिचारी लड़की, क्या नाम उसका गौरी...कितनी घबराहट, कितनी चिन्ता, कितने डर से हम सबको देख रही थी। जैसे कुछ रोक रही हो और कुछ माँग रही हो। कितनी सुन्दर, कितनी चुपचाप, कितनी सहमी हुई सी वह मेरी गिलहरी। जाने क्यूँ मुझको लग रहा था कि वह ख़ामोश रहकर भी मुझसे बार-बार कह रही है कि अम्मा तुम मेरी मदद करो।

"पर बेटी, मैं क्या कर सकती थी। सूर्यकान्त के बाबू का पैर पकड़ सकती थी...गिड़गिड़ा, रिरिया सकती थी। भगवान के कोप का वास्ता दे सकती थी—सब मैंने किया ये तुमने देखा। लेकिन उनके सिर पर जैसे कोई भूत, शैतान सवार हो गया था। और बताऊँ, ये जो नॉवेल में लिखा हुआ है—'रोते हुए दरवाज़ा खोलने के लिए झपटी थी', हाँ, मैं झपटी थी। अब मेरी खोपड़ी फिर गई थी। मैंने सोचा, पैदा मैंने किया, बड़ा मैंने किया और घर से भगाने के लिए ये। उस बेचारे की गरदन दबोचे ये मुझे क़साई लगे। मैं लपकी थी पर तब तक ये उन दोनों को बाहर करके दरवाज़ा बन्द कर चुके थे। अब उपन्यास में ये जो मेरे लाल को लगा कि अन्दर माँ को उसके बाबू पीट रहे हैं, ग़लत है। पीटने की धम्म-धम्म आवाज़ें ज़रूर हो रही थीं पर वे मुझे नहीं मैं उनको पीट रही थी। मुझ पर ख़ून सवार हो गया था। जाने कहाँ की हिम्मत आ गई थी। लेकिन उन्होंने दरवाज़ा नहीं खोला और न दूसरे को खोलने दिया। कहा, किसी ने दरवाज़ा खोला तो वह अपने पेट में चाकू घोंप लेंगे। बस यहीं मैं हार गई। वह मुझे मार डालेंगे, इस धमकी से भी डर लगता है पर इससे बहुत ज़्यादा ख़ौफ़नाक है यह धमकी कि वह अपने को मार डालेंगे। बस मैं डर गई थी। क्या करती कुछ देर रो-गाकर शान्त हो गई। दो दिन तक कुछ खाया-पीया नहीं यही अपने को सज़ा दी थी मैंने। बाद में खाना-पीना भी शुरू हो गया। वैसे यह बात बहुत दिनों तक कचोटती रही कि वे दोनों बेचारे जाड़े की वह कोहरे वाली रात कैसे काटे होंगे। इससे भी बड़ी बल्कि सबसे भयानक बात जिसकी वजह से मैं मरी जा रही थी यह थी कि ये बाप-बेटे दोनों बला के ज़िद्दी ठहरे। बाप अपने किये पर पछताने के बावजूद बेटे से कभी माफ़ी नहीं माँगेगा और बेटा ज़िन्दगी भर माफ़ नहीं करेगा। तो क्या अब कभी वह लौटेगा नहीं, कभी उसको देख नहीं पाऊँगी? कभी उसके मत्थे को सहला नहीं पाऊँगी, उसकी पसन्द की चीज़ें पकाकर उसे खिला नहीं पाऊँगी—ये बातें सोचते ही बार-बार मेरा मन भर आता था। वह तो भला हुआ कि देवर जी उन्हें मिल गए और रात में अपने घर ठहराया वरना पता नहीं क्या होता उन दोनों के साथ—मैं सोच-सोचकर काँप जाती। देवर जी रोज़ की तरह रात को शराब पीकर आ रहे थे। हालाँकि उन्होंने बताया

कि वे अस्पताल में भर्ती अपने एक दोस्त को देखकर घर आ रहे थे कि रास्ते में दोनों दिख गए। दोनों घर लौटने का नाम न लें। जब देवर जी ने अपनी क़सम दिलाई, कान पकड़कर प्यार से ऐंठा तब वह उनके घर में रात गुज़ारने के लिए तैयार हुआ। मान लो देवर जी का कोई परिचित अस्पताल में न भर्ती होता या उनको शराब न पीनी होती तो देवर जी उस कड़कड़ाती सर्दी में घर से बाहर क्यों निकलते। लेकिन हर चीज़ का संयोग होता है। बाप ने घर से निकाला और चाचा ने घर में पनाह दी...।

गिरते हैं साइकिल सवार ही मैदाने-जंग में

चाचा-भतीजे में गहरी छनती थी। इसलिए चाचा चाचा नहीं रहा और भतीजा भतीजा नहीं रह गया था। दोनों के बीच यारबाशी थी। हालाँकि वक़्त के लम्बे अन्तराल के बाद वह रिश्ता फीका पड़ चुका था जो कभी चाचा-भतीजे की तरह नहीं दो यारों की तरह था। लेकिन यह उन दिनों की बात है जब कोहरे वाली रात के घटित होने में कई साल बाक़ी थे।

भतीजा पैदा हुआ तब चाचा चार बरस के थे। चाचा की माँ के स्तनों में प्रसूति के बाद बहुत ज़्यादा दूध भर आता था। उनकी सन्तानें कई-कई साल उनका दूध पीती थीं। इस बार उन्हें पचास की उम्र में प्रजनन हुआ था और चाचा ने पाँच साल तक माँ का दूध पिया। जबकि भतीजे की माँ का दूध एक वर्ष में ही चुक गया था। नतीजा यह निकला कि चाचा-भतीजा दोनों ने गिलास से दुग्धपान एक साथ शुरू किया था।

दोनों एक साथ बदमाशी करते थे एक साथ पीटे जाते थे। एक साथ खेलते थे एक साथ खाते थे। दोनों एक साथ सोते और एक साथ जाग जाते थे। जहाँ वे एक साथ नहीं थे वहाँ एक के बाद थे। चाचा की साइकिल चाचा के बाद भतीजा चलाने लगा था। चाचा के बाद भतीजा भी स्कूल जाने लगा था। उसने चाचा के बाद चाचा के कपड़े पहने थे। चाचा की क़मीज़ें, पतलून, कोट और स्वेटर पहने थे। जब चाचा चार साल के थे तब से उनकी चीज़ें पुरानी या छोटी हो जाने पर घर के बड़े कहते—रख दो भतीजे के काम आएँगी। वे चीज़ें रख दी जातीं और कुछ साल बाद निकाली जातीं। परिणाम यह हुआ कि भतीजा कोई चप्पल पहली बार पहनता, वह चार साल या तीन साल या पाँच साल पुरानी होती। हद तब हो गई जब एक बार उसको चाचा का स्कूल बैग और चार वर्ष प्राचीन चिथड़ा किताबें पकड़ा दी गईं। लेकिन वह अपनी इस नियति से हमेशा ख़ुश रहता था। उसे चाचा

की चीज़ें सौग़ात की तरह लगतीं क्योंकि मुहल्ले और स्कूल के हमउम्र बच्चों में वह जितने क़िस्म के वस्त्रों, जूतों, खिलौनों का प्रदर्शन करता था, अन्य के लिए स्वप्न था। वे बच्चे उसके चाचा की उन वस्तुओं को हसरत से देखते और भतीजे का रोबदाब मानते।

पर 'एक के बाद' के क्रम ने एक साथ या साथ-साथ के सिलसिले को समाप्त कर दिया हो, ऐसा नहीं था। वे साथ-साथ स्कूल जाते थे, वहाँ से आते थे। गर्मी की छुट्टियों में साथ-साथ गाँव जाते और गाँव से आते। गाँव में साथ-साथ ट्यूबवेल पर नहाते। आँधी-अन्धड़ चलने पर साथ-साथ बाग़ की ओर दौड़ लगाते और आम बटोरकर लाते। गाँव में भतीजे की दादी अर्थात चाचा की माँ से वे साथ-साथ क़िस्से और लोकगीत सुनते।

इस तरह वे बड़े हुए थे और बड़े हो रहे थे। जब चाचा पन्द्रह के हुए और भतीजा ग्यारह का तो चाचा को साइकिल मिली। भतीजा चकित था कि चाचा पहले से साइकिल चलाना जानते थे। वह भतीजे को कैरियर पर बैठाकर फर्राटा दो किमी. का चक्कर लगा आए। तब भतीजे के अचम्भे का ठिकाना न रहा जब उसने देखा—चाचा बग़ैर हैंडल पकड़े साइकिल चला ले रहे थे। उसे चाचा पर फ़ख़्र हुआ और अपने पर अफ़सोस कि उसके पाँव साइकिल के पैडल तक नहीं पहुँच रहे थे। लेकिन उसने हौसला दिखाया और कैंची विधि से साइकिल चलाना सीखा। अगले रोज़ उसने कहा—"चाचा मैं भी चला लेता हूँ।" उसने चाचा को बैठाया और साइकिल तोड़ लिया था, घुटने फोड़ लिये थे। इस पर चाचा ने शेर कहा था—'गिरते हैं साइकिल सवार ही मैदाने-जंग में'।

साइकिल चलाने के चस्के के कारण दोनों स्कूल जाने के लिए जल्दी ही निकल जाते। वे इतने अधीर रहते थे कि जो कच्चा-पक्का खाना बन सका होता था उसे भी ठीक से नहीं खाते थे और अपनी दुपहिया पर सवार हो जाते थे। वे जब राजकीय इंटर कॉलेज सुल्तानपुर के गेट पर पहुँचते तो गेट खुला नहीं होता था। समय बिताने के लिए वे कॉमरेड कोमल की चाय की दुकान की किसी बेंच पर बैठकर अख़बार पढ़ने लगते थे। कॉमरेड की दुकान पर हिन्दी के सारे अख़बार आते थे। इसी तरह सारे अख़बार भटनागर जी की चाय की दुकान पर आते थे जो बस अड्डा के ठीक सामने थी। कॉमरेड कोमल और भटनागर जी दोनों की दुकानें ख़स्ताहाल थीं पर वहाँ काफ़ी भीड़ उमड़ती थी। भटनागर जी के यहाँ कांग्रेस, जनसंघ तथा संघ वालों का जमावड़ा होता था और कॉमरेड के यहाँ कम्यूनिस्ट,

समाजवादियों का। दोनों ही दुकानों पर पीने को चाय एवं जल था तो खाने को बिस्कुट और जीरा और दालमोठ। भटनागर जी के यहाँ नेता ज़रूर आते थे किन्तु ख़ुद उनको राजनीति की समझ न थी, न उसमें उनकी दिलचस्पी थी। बस वह चाय खौलाते, बनाते, छानते रहते थे और प्लेट में बिस्कुट, दालमोठ देते रहते थे। कोमल भिन्न थे। वे केतली से गिलासों में चाय उड़ेलते हुए पूँजीवाद, समाजवाद, बुर्जुआ जैसे शब्दों का उच्चारण करते रहते थे। कहते हैं चाय की दुकान चलाने के पहले कॉमरेड कई जुलूसों में लाठी, डंडा, गोली खा चुके थे और एक थाने में दरोगा से अपने बाएँ हाथ की दो उँगलियाँ तुड़वा चुके थे। अब भी वह साल में कुछ मर्तबा लाठी, डंडा, गोली खाने के इरादे से जुलूस में शामिल होने के लिए दुकान बन्द कर देते थे। पर इधर ऐसा मौक़ा नहीं आया था क्योंकि देश में आपातकाल लागू था। जुलूस, धरना, प्रदर्शन दूर की बात, शादी-ब्याह का जलसा भी आसान नहीं था। ग़ौरतलब है उन दिनों सुल्तानपुर का पड़ोसी जनपद देश की प्रधानमंत्री इंदिरा गांधी का संसदीय क्षेत्र था और उनके बेटे संजय गांधी का संसदीय क्षेत्र सुल्तानपुर ज़िले में होने वाला था। 'नाम में क्या रखा है' का सशक्त दृष्टान्त यह था कि कलेक्टरी कचहरी के एक अहलमद भवानी प्रसाद के पोते का नाम भी संजय था। मगर उन्हीं दिनों यह साबित हुआ, नाम में बहुत कुछ रखा है। हुआ यह कि भवानी प्रसाद ने लोहरामऊ के देवी मन्दिर में अपने पाँच साल के पोते के मुंडन पर नाई से कहा—"संजय का सिर ज़रा क़ायदे से मूँड़ो।" और वे गिरफ़्तार हो गए थे। वहाँ खड़े एलआईयू के एजेंट ने भवानी के कथन को संजय गांधी तथा राष्ट्र के ख़िलाफ़ करार दिया था। भवानी बाबू अपने बेटे, दो भाइयों, नाई के साथ जेल भेज दिये गए थे और पोता अपनी आधी घुटी खोपड़ी लिये दादी, माँ, बुआ के साथ घर लौट आया था। उसके पूरे सिर का मुंडन तभी हुआ जब आपातकाल समाप्त हो गया था। क्योंकि उसकी माँ और बुआ ने घर आकर प्रतिज्ञा की थी—जब तक इमरजेंसी नहीं हटेगी बच्चे के सिर की हालत ऐसी ही रहेगी। अपनी प्रतिज्ञा में बुआ इतनी कठोर निकली कि जैसे ही बच्चे के सिर के घुटे हुए हिस्से की ख़ाल काली होती और उन पर बाल की नन्ही खूटियाँ उगकर बड़ी होतीं, बुआ अपने भाई के दाढ़ी बनाने वाले रेजर से उन्हें सफ़ाचट कर देती। बच्चा आधा मुँड़ा, आधा बालों वाला सिर लिये घर में मँडराता, मुहल्ले में खेलता और स्कूल जाता। धीरे-धीरे इस फ़ैशन का भेद शहर जान गया और कालान्तर में तो यह चर्चा बग़लगीर जनपदों तक पहुँच गई थी। आधे बालों और आधा घुटे सिर वाले बालक की न कोई ख़बर

अख़बारों में छपी न फ़ोटो। टेलीविज़न उस ज़माने में था नहीं। न उसके बारे में कोई पैम्फलेट छपा न भोंपू से प्रचार हुआ न इस बात के प्रचार के लिए अफ़वाहनवीसों का कोई जत्था अभियान पर लगा लेकिन एक आधी रात को भवानी बाबू के घर के सामने दो ट्रकों से हथियारबन्द सिपाही उतरे। ज़िला कप्तान, ज़िलाधिकारी का लश्कर भी था वहाँ। ढेर सारी संगीनों के पहरे में वह आधा घुटे सिर आधा बालों वाला लड़का जेल भेजा गया।

इस घटना के बाद बताते हैं कि सुल्तानपुर शहर के लोगों ने अपने बेटे-बेटियों, पोते-पोतियों का तब तक मुंडन न कराया जब तक देश में इमरजेंसी लागू रही। इतना ही नहीं, कहा तो यहाँ तक जाता है कि सुल्तानपुर शहर के सभी बच्चे-जवान-बूढ़ों के केशों पर तब तक कैंची, उस्तुरा नहीं चला जब तक इमरजेंसी जारी रही। इस प्रकार नगर के निर्दोष नाइयों की आमदनी कम हो गई थी और हर कहीं बेतरतीब, झबरैले बालों वाले चेहरे दिखाई पड़ने लगे। छोटे-बड़े सभी की गरदन तक बड़े-बड़े बाल लटक आए थे और मोटी-मोटी खतों पर बाल चढ़कर कानों को ढकते थे। बाद में जब इमरजेंसी हटी तो नाइयों की दुकानों पर ऐसी भीड़ उमड़ी कि लग रहा था कि तानाशाही के ख़ात्मे का जश्न मनाने वालों के जुलूस निकले हों। सैलूनों के सामने लम्बी-लम्बी लाइनें इतनी जोशीली, अनुशासित और उमंगभरी थीं कि भ्रम होता था कि पंक्तियों में खड़े इनसान बाल कटाने नहीं मतदान के लिए लाइन में खड़े हैं।

ऐसे परिवेश में कॉमरेड कोमल को लाठी, डंडे, गोली खाने का अवसर मुहैया कराने वाला जुलूस कहाँ से निकलता। जुलूस को छोड़िये कॉमरेड की दुकान पर अब भीड़ भी कम होने लगी थी। क्योंकि उनकी दुकान पर आने वाले कई समाजवादी जेलों में ठूँस दिये गए थे और कई बचने के इरादे से भूमिगत हो गए थे। यही हाल भटनागर जी की दुकान पर बैठने वाले जनसंघियों और संघियों का था। इसका एक प्रभाव यह हुआ कि दोनों दुकानों पर अख़बार पढ़ने के लिए मारामारी न रही। वहाँ मेज़ पर ईंट के टुकड़े से दबे अख़बार और अख़बार में दबी ख़बरें खुलने, पढ़े जाने के लिए फड़फड़ाती रहती थीं। अत: चाचा और भतीजा कॉमरेड कोमल की दुकान पर बैठकर आराम से अख़बार बाँचते।

भतीजा अख़बार में रुचि लेने लायक़ बड़ा नहीं हुआ था। इसीलिए चाचा अख़बार पढ़ते तो वो अख़बार देखता। वह सबसे पहले फ़ोटो देखता। तब अख़बारों में मनोरंजक चित्र छापने का रिवाज नहीं था, न रंगीन पृष्ठों के प्रकाशन का चलन था। उन दिनों फ़ोटो ब्लॉक बनाकर छापे जाते थे जो झंझटी और ख़र्चीली प्रक्रिया

थी अत: फ़ोटो की छपाई से बचते थे लोग। वैसे भी आज की तरह दुनिया की हर ख़ास वारदात की फ़ोटो उपलब्ध कराने वाला इंटरनेट नहीं था न प्रेस फ़ोटोग्राफ़रों की फ़ौज काम करती थी। सरकारी दफ़्तर जो तसवीरें हासिल करा देते थे उन्हीं का सहारा था। फलस्वरूप भतीजा जल्द ही तसवीरें देख चुकता और ऊबने लगता। जबकि अभी कॉलेज का गेट खुलने में विलम्ब रहता था। भतीजा क्या करे, बेमन से सही, अख़बारों के समाचार पढ़ने लगता था। वह गेट खुलने तक समाचार पढ़ता रहता था, हालाँकि अधिसंख्य पंक्तियों के अर्थ और उनकी असलियत वह नहीं समझ पाता था। बहरहाल इसका यह फ़ायदा हुआ कि उसकी भाषा रवाँ हो गई। वह हिज्जों, मात्राओं, वाक्यों के इस्तेमाल में इतना प्रवीण हो गया कि सामने वाले भौचक्के रह जाते थे। वह समयसारिणी, चलचित्र, प्रतिक्रियावाद, अनुशासन, फासीवाद, नवनिर्माण, परिवर्तन, राष्ट्रद्रोह, जनजीवन जैसे लफ़्ज़ों का प्रयोग इतना कमउम्र होकर धड़ल्ले से करता कि लोग चौंक पड़ते। और जब वह प्रधानमंत्री के ख़ास सिपहसालार देवकान्त बरुआ, विद्याचरण शुक्ल आदि इनसानों के नामों और 'इंदिरा इज इंडिया' जैसे आप्तवचनों का उच्चारण करता तो सुनने वाला डर जाता। एक दिन उसने अपनी कक्षा में देवकान्त बरुआ की तुक बनाने के प्रयास में पहले 'कड़वा' कहा, फिर कहा, देवकान्त भुड़ुआ। कक्षा ने क्या देखा कि उनका गुरु यह सुनते ही पहले काँपने लगा गोया उसे जूड़ी आ गई हो फिर वह गश खाकर मेज़ पर गिर पड़ा। विद्यार्थियों को हैरत हुई कि भुड़ुवा और बरुआ की तुक मिलाने से गुरुजी क्यों अपमान से बेहोश हुए, वह तो शुक्ला हैं? इस पर भतीजा ने कहा—"हाँ, एक शुक्ल भी हैं—विद्याचरण शुक्ल।" विद्याचरण शुक्ल तत्कालीन सूचना एवं प्रसारण मंत्री थे। भतीजा बोला—"और एक विद्या सिन्हा भी हैं।" इन वाक्यों को कक्षा के पास बड़ा सा हाज़िरी रजिस्टर, डस्टर लिये जा रहे गुरुजी ने सुना और उलटे पाँव भागे। सहपाठी विस्फारित, भतीजे को देखने लगे। वह उन्हें दिव्य शक्तियों से भरपूर लग रहा था जिसके भय से एक गुरु मूर्च्छित हो चुका था और दूसरा भाग गया था। अत: जब भतीजे को पकड़कर प्रिंसिपल के कमरे में ले जाया जा रहा था तब उसके साथी छात्रों का यक़ीन था कि अब प्रिंसिपल की शामत आई है। कम-से-कम उन्हें इस बात का पक्का भरोसा था कि भतीजे का कुछ भी नहीं बिगड़ेगा।

प्रिंसिपल के कमरे में भतीजा प्रिंसिपल के सवालों के जवाब न देकर ज़मीन पर आँखें गड़ाए रहा। इस पर प्रिंसिपल चिढ़ गया—"आँखें नीची क्यों किये हो?

क्या वे अन्धी हैं? जवाब दो।" 'अन्धी' शब्द भतीजे की खोपड़ी में बजा और उसे कुछ याद आ गया, वह कहने लगा—"अन्धी से याद आया नसबन्दी।" प्रिंसिपल घबड़ाकर कुर्सी से उठा। उसने भतीजे के मुँह पर हथेली रख दी—"आगे कुछ न बोलो।" अवकाश-प्राप्ति के नज़दीक पहुँच चुका वह प्रिंसिपल छोटे से बालक के सम्मुख गिड़गिड़ा रहा था—"इस कॉलेज में ये सब किसी के सामने मत बोला करो वरना तुम्हारे साथ हम सब मारे जाएँगे।"

भतीजा हकबक था। उसने चाचा को पूरा वाक़या बताया तब चाचा ने ज़ोर से कहा—"अबे तू अख़बार से शब्द तो याद कर लेता है लेकिन उसका मायने तुझे घंटा नहीं मालूम होता।" फिर चाचा ने बहुत धीमे से कहा—"देवकान्त बरुआ, विद्याचरण शुक्ल प्रधानमंत्री की बदनाम मंडली के मेम्बर हैं।" भतीजे के मुँह से हठात् निकला—"और बंसीलाल?" वैसे वह इसका भी मतलब नहीं जानता था।

चाचा को कॉमरेड कोमल की दुकान के अख़बारों ने दूसरी तरह प्रभावित किया था। चाचा में पढ़ने की भूख पैदा हो गई थी। वह इंटरवल की अवधि में भी कॉमरेड की दुकान पर आकर अख़बार पढ़ने लगते। पढ़ने का आलम यह था कि उन्होंने कोर्स की पुस्तकें आरम्भिक तिमाही में ही समूची पढ़कर ख़त्म कर दी थीं। अब क्या करें, वह कॉलेज की लाइब्रेरी में चले गए। वहाँ कई आलमारियों में किताबें रखी थीं। कुल सात आलमारियाँ थीं जिनके सात तालों में किताबें बन्द थीं। चाचा ने पुस्तकालयाध्यक्ष से कुछ उपन्यासों की फ़रमाइश की। उसे चाचा के अनुरोध पर विश्वास नहीं हो रहा था। वह आठ वर्षों से इस कॉलेज में लाइब्रेरियन था और आज तक किसी ने उपन्यास, कविता, कहानी की किताबों की माँग नहीं की थी। शायद इसी वजह से इन विधाओं वाली आलमारियाँ कम-से-कम आठ साल से नहीं खुली थीं। वह भूल गया था कि इनके ताले किस-किस चाबी से खुलते हैं। वह चाबियों का घना गुच्छा लाया जिसमें चाबियाँ ही चाबियाँ थीं। उसने एक-एक कर सारी चाबियों का इस्तेमाल कर डाला पर कोई अलमारी नहीं खुली। जबकि चाचा बग़ैर किताब लिये ख़ाली हाथ जाने को तैयार न थे। लाइब्रेरियन ने घूरकर चाचा को तौला फिर हथौड़े से उपन्यास वाली अलमारी का ताला तोड़ने लगा। भरपूर मशक़्क़त के बाद भी ताला न टूटा तो उसने हथौड़े से अलमारी के शीशे तोड़ दिये। चाचा ने अपनी पसन्द के उपन्यास निर्गत कराए और लाइब्रेरियन से चिन्ता प्रकट की—"अब इन किताबों की हिफ़ाज़त कैसे होगी?"

लाइब्रेरियन ने ठहाका लगाया—"कोई चुराएगा भी इन्हें?"

लाइब्रेरियन को कहाँ पता था कि चाचा ही चुराएगा। चाचा ने पुस्तकालय की अनगिनत किताबें चुराकर अपने घर की शोभा बढ़ा ली थी। उनके लिए लाइब्रेरी इतनी आकर्षक हो गई कि कॉलेज का गेट खुलने पर कॉमरेड कोमल की दुकान से उठकर भतीजा क्लास में और चाचा तीर की तरह लाइब्रेरी में घुसते थे। लेकिन लाइब्रेरी में पत्रिकाएँ नहीं आती थीं जबकि चाचा-भतीजा दोनों ही पत्रिकाओं से सम्पर्क बनाने बढ़ाने के आकांक्षी हो चुके थे। समस्या थी कि उनके पास पत्रिकाएँ ख़रीदने के लिए पॉकेट में पैसा नहीं था। पढ़ने की प्यास और धनाभाव के गठजोड़ ने चाचा-भतीजे को खन्ना जी के बुक स्टाल पर पहुँचा दिया। दोनों इंटरवल में खन्ना जी के बुक स्टाल पर पहुँच जाते और अपनी-अपनी पसन्द की पत्रिका उठाकर जल्दी-जल्दी पढ़ना शुरू कर देते। जब तक खन्ना जी ऊबकर उन्हें भगाने के लिए चिल्लाते तब तक वे दोनों एक-दो पत्रिकाओं की पसन्दीदा रचनाओं को चट कर चुके होते। त्वरित गति से पढ़ने का उनका ऐसा ज़बरदस्त अभ्यास हो गया था कि बाद में यूनिवर्सिटी में पढ़ाई के दौरान भतीजे की प्रेमिका गौरी ने उसे तीन रातों में जागकर लिखा गया पाँच पृष्ठ का प्रेमपत्र दिया तो भतीजे ने चार मिनट में ही उसे पढ़ डाला था। गौरी ने इसे अपनी प्रेमाभिव्यक्ति का अपमान समझा था और भड़क गई थी—"ईडियट तुमने इसे ठीक से पढ़ा भी नहीं।" वह ख़त को छीनकर तमतमाई हुई वापस चली गई थी। वह इतनी नाराज़ थी कि उसने संवाद ख़त्म कर लिया था। कोई चारा न देखकर भतीजे ने एक पत्र लिखकर जबरन गौरी को पकड़ाया था। दरअसल भतीजे ने इस पत्र में ख़ुद से कुछ भी न लिखकर गौरी के उस पत्र को उतार दिया था जिसे वह उससे छीनकर चली गई थी। पत्र को घर ले जाकर एकान्त में गौरी ने पढ़ना शुरू किया था। वह पढ़ती जा रही थी और अपनी ग़लती के लिए पछताती जा रही थी। वह इतना पछताई कि उसका सिर दर्द करने लगा था। लेकिन ये वाक़या कुछ साल बाद का है।

जब इमरजेंसी हटी तो चाचा-भतीजे की ख़ुशी कुलाँचें भरने लगी। इसकी दो वजहें थीं। दूसरी का ज़िक्र बाद में। पहली वजह यह थी कि अब चाचा के भाई यानी भतीजे के पिताजी को तनख़्वाह मिलने लगेगी। उनका वेतन कई महीनों से स्थगित था। क्योंकि वह केस नहीं ला सके थे। केस नसबन्दी कराने वाले को कहते थे। आपातकाल में सरकार का सबसे केन्द्रीय कार्यक्रम था—परिवार नियोजन। इसके लिए हर जनपद हर तहसील में नसबन्दी की ज़ोरा-ज़ोरी थी। प्रत्येक सरकारी मुलाज़िम के लिए नसबन्दी का केस लाने का फ़रमान था। यदि वह अपने कोटे

का केस नहीं ला पाता था तो उसकी तनख़्वाह रोक दी जाती थी। लोग कोशिश करते थे और सफल या असफल होते थे। कुछ ने अपनी और अपने रिश्तेदारों की नसबन्दी कराकर पगार पाई थी। कई नसबन्दी के केस के फ़र्ज़ी प्रमाणपत्र पैसा देकर लाते थे तब वेतन पाते थे। अफ़सरान के बारे में चर्चा थी कि वे राह चलते लोगों को पकड़कर नसबन्दी करा देते थे। इस मुहिम के चलते भिखारियों, मजूरों, रिक्शावालों आदि की शामत आ गई थी। उन पर झपट्टा मारा जाता और नसबन्दी कर दी जाती। और तो और बच्चे, बूढ़े, किशोर भी सुरक्षित नहीं थे। अफ़वाह थी कि डी.एम. साहब के बँगले पर काम करने के बहाने दो सौ मज़दूर बुलाए गए जिनमें सभी की प्रजनन नस काट दी गई थी। इसी तरह का क़िस्सा दूसरा यह था कि गणतंत्र दिवस पर प्रभातफेरी के लिए निकले एक स्कूल के एक सौ तेईस बच्चों को बधिया कर दिया गया था। जनपद के अनेकानेक कुँआरे पिता बनने के पूर्व ही पिता बनने की क्षमता से महरूम कर दिये गए थे। बूढ़े जिनमें सन्तानोत्पत्ति की रंचमात्र औक़ात नहीं बची थी वे नसबन्दी आन्दोलन के जबड़े में फँस जाते थे। कोई यदि इस अन्याय का विरोध या शिकायत करता तो 'मीसा' क़ानून में गिरफ़्तार कर लिया जाता था। ऐसा भी सुना गया था कि जेल में भी नसबन्दी कर दी जाती थी। कॉमरेड कोमल और भटनागर जी की दुकान पर चाय पीने, बहस करने वाले काफ़ी नेता इमरजेंसी लगते ही गिरफ़्तार करके जेल भेज दिये गए थे, उड़ती-पुड़ती ख़बरों के मुताबिक़ वहाँ सभी की नसबन्दी कर दी गई थी। ये बात जनता के दिमाग़ में इस क़दर बैठ गई थी कि जब आपातकाल हटा तो जनसमूह द्वारा अपने अकूत स्वागत से उक्त नेता भाव-विभोर हुए लेकिन उन्हें कई महीने तरह-तरह की तरकीबों से यह साबित करना पड़ा था कि उनकी नसबन्दी नहीं हुई है। मगर जब वे जेल में थे तो आमतौर पर यही कानाफूसी थी कि जो मीसा में बन्द होता है उसकी नसबन्दी हो जाती है। इसलिए कोई मीसा में क़ैद नहीं होना चाहता था। नसबन्दी के मामले में नुक्ताचीनी का अर्थ था—मीसा में बन्द कर दिया जाना।

चाचा-भतीजा के ख़ुश हो जाने का दूसरा कारण यह था कि अब उन्हें दोनों हाथों से काम करने की आज़ादी मिल गई थी। इधर पाँच महीनों से वे कोई काम एक ही हाथ से करते थे, दूसरा फँसा रहता था। हुआ यूँ था कि कुछ महीने बीते होंगे उनके कॉलेज में छात्रों के बीच दहशत फैल गई थी। यह ख़बर उड़ने लगी कि सरकार नसबन्दी कार्यक्रम की उपलब्धियों को काफ़ी कम मान रही है और नाराज़ है। दिल्ली से सरकार ने आदेश जारी किया है कि सारे सरकारी दफ़्तरों, कॉलेजों

में पढ़ने वाले विद्यार्थियों का ऑपरेशन करके परिवार नियोजन के अभियान को सफल बनाया जाए। स्वाभाविक है कि राजकीय इंटर कॉलेज के छात्रों में ख़ौफ़ व्याप्त हो गया था। शुबहा था कि इसमें सचाई बिलकुल नहीं है, यह दूसरे कॉलेजों के लड़कों की शरारत भर है लेकिन यह वह समय था जब सत्य और अफ़वाह, क़िस्से और हक़ीक़त, जनसेवक और दमनकर्ता, शरीर और उसकी परछाईं का भेद मिट गया था।

पूरे राजकीय इंटर कॉलेज पर दहशत तारी हो गई थी जो हफ़्ते भर के भीतर दूसरे कॉलेजों में जाकर पसर गई। अब सूचना इस प्रकार थी कि ख़ाली सरकारी कॉलेज सरकार की उम्मीदों को पूरा नहीं कर सकेंगे, अत: उसका फ़रमान निजी विद्यालयों पर भी लागू होगा। अब सुल्तानपुर जनपद के चाचा-भतीजा सहित सभी कॉलेजों के छात्र हर समय डरे रहते थे कि कहीं उनकी नसबन्दी न हो जाए। विद्यालयों के प्रार्थनास्थल हों या कक्षाएँ—विद्यार्थियों का एक हाथ अपने लिंग पर रहने लगा था। आतंक अन्तश्चेतना में इस क़दर प्रवेश कर गया था कि युवा एक हाथ से साइकिल चलाने का अभ्यास करने लगे थे। भतीजा चूँकि कैंची चलाता था इसलिए एक हाथ से साइकिल दौड़ाने के रियाज़ में बार-बार गिर जाता था। चाचा और भतीजा जल्द ही इतना भयभीत हो गए कि वे सोते समय, खाते समय, नहाते समय—हर समय अपना एक हाथ लिंग की रक्षा में तैनात किये रहते। स्वतंत्रता दिवस, गांधी जयंती के दिन विद्यालयों में खेलकूद प्रतियोगिताएँ और सांस्कृतिक कार्यक्रम हुए, उनमें समस्त प्रतिभागियों का एक हाथ अपने लिंग पर था। उसी मुद्रा में लोग भाषण दे रहे थे, काव्यपाठ कर रहे थे, ऊँची कूद और भाला फेंक कर रहे थे। वे एक हाथ से लिंग को रक्षित किये दौड़ रहे थे। ऊँची कूद खेल में वे उसी प्रकार दौड़ते हुए आते और छलाँग लगाते। सारे विजेता रिकॉर्ड के मामले में पिछली बार के विजेताओं से बहुत पीछे रह गए थे। लेकिन उनको इस चीज़ का ख़ेद नहीं था। वे सन्तुष्ट थे कि ऐसी परिस्थिति में जितना मुमकिन था उन्होंने किया।

आपातकाल समाप्त होने पर भतीजे ने चाचा को साइकिल पर बैठाकर शहर का एक चक्कर लगाया था। उस समय वह कैंची नहीं, बाक़ायदा गद्दी पर बैठकर पैडल मार रहा था। दरअसल आपातकाल बीतते-बीतते उसके शरीर का क़द डेढ़ इंच बढ़ गया था और चाचा ने साइकिल की गद्दी कुछ नीची कसवा दी थी।

बाद में भतीजा साइकिल पर चाचा को बिठाकर विपक्षी दल जनता पार्टी की जनसभाओं में भी जाने लगा। हालाँकि वे परीक्षाओं की तैयारी के दिन थे, चाचा

को बारहवीं भतीजा को आठवीं का इम्तिहान देना था लेकिन वे दोनों जनता पार्टी की चुनावी सभाओं के शौक़ीन हो गए थे। चाचा ने जनता पार्टी का एक झंडा भी साइकिल में लगा दिया था जो तेज़ हवा में फरफराता था। भतीजा कुछ ज़्यादा ही जोश में भरा रहता था। वह सभाओं में इमरजेंसी के ख़िलाफ़ हो रहे व्याख्यानों पर गड़गड़ाकर तालियाँ बजाता था और जुलूसों में गलाफाड़ नारेबाज़ी करता था। यूँ उसमें शब्दों के अर्थ की सटीक समझ अभी भी विकसित नहीं हुई थी। उसे बस इस बात की तसल्ली थी कि पिता की रुकी हुई पगार अब मिल जाएगी और एक हाथ से साइकिल चलाने की मुसीबत से छुटकारा हो गया है। यूँ कॉमरेड कोमल की दुकान पर अख़बारों के अध्ययन ने इधर कई नये शब्दों से उसका परिचय करा दिया था। मसलन लोकतंत्र की हत्या, अभिव्यक्ति की आज़ादी, जनता पार्टी, दूसरी आज़ादी, ग़ैर कांग्रेसवाद। निश्चय ही इनके भावार्थ से वह उसी प्रकार अनभिज्ञ था जैसे आपातकाल के दौरान प्रयुक्त बीस सूत्री कार्यक्रम, अनुशासन पर्व आदि शब्दों के मतलब से। लेकिन स्पष्ट है, महज़ कुछ शब्दों की रटंत उसे या किसी को सरकार के इतना ख़िलाफ़ नहीं कर सकती है जितना ख़िलाफ़ भतीजा हो गया था। विरोध के प्रति उसके चस्के के पीछे एक छोटी सी घटना थी। हुआ यह था कि इमरजेंसी हटने के कुछ रोज़ बाद राजकीय इंटर कॉलेज के छात्रों को वह घटना याद आई जब भतीजे ने बरुआ, नसबन्दी और विद्याचरण शुक्ल के नामों के साथ कुछ अजीबोग़रीब प्रयोग किये थे जिसके कारण प्रिंसिपल ने उसके मुँह पर हथेली रख दी थी, एक अध्यापक उलटे पाँव भागा था दूसरा गश खाकर मेज़ पर लुढ़क पड़ा था। उस घटना की याद में कॉलेज के एक कमरे में भतीजे का अभिनन्दन हुआ जिसमें हिन्दी के मास्टर साहब ने उसे भविष्य का भगतसिंह बताया था। हालाँकि यह उस विशाल आयोजन के सम्मुख क्षीण और छोटा था जो शहर के बीचोबीच बने घंटाघर के सामने आयोजित हुआ था। उसमें बहुत भीड़ उमड़ी थी और जनता ने आधे-घुटे आधे बालों भरे सिर वाले बच्चे को मालाओं से लाद दिया था। भतीजे का सम्मान समारोह बेशक उस स्तर का नहीं था फिर भी भतीजे के लिए पर्याप्त उत्साहवर्द्धक था। वह चाचा को साइकिल पर बिठाकर इधर-उधर हर जगह मँडराता रहता था और रंचमात्र नहीं थकता था।

भतीजा साइकिल चलाता था, चाचा पीछे कैरियर पर बैठे पैर लटकाकर कोई किताब पढ़ते रहते थे। भतीजा साइकिल खींचते हुए ज़ोर से कहता—"चाचा कोई किताब पढ़ रहे हो क्या?"

"तुमको कैसे पता?"

"इतनी देर से चुपचाप बैठे हो, ज़रूर कोई किताब पढ़ रहे होगे!"

चाचा हँसते और फिर किताब पढ़ने लगते।

"चाचा इतना न पढ़ा करो।"

"क्यों?"

"इतना पढ़ोगे तो पगला जाओगे।"

चाचा अबकी ज़्यादा हँसे और किताब बन्द करके गाना गाने लगे—

ज़िन्दगी एक सफ़र है सुहाना
यहाँ कल क्या हो किसने जाना
मौत आनी है आएगी एक दिन
जान जानी है जाएगी एक दिन
ऐसी बातों से क्या घबड़ाना
इट्टिर इट्टिर रे उट्टुर उट्टुर रे

"चाचा तुम सुनते हो मोहम्मद रफी की आवाज़ वाले गाने और गाते हो किशोर के। ये कैसा गड़बड़ घोटाला है?" भतीजे ने टिप्पणी की।

किताबों-पत्रिकाओं की चाट लगने के बाद अब चाचा को रेडियो सुनने का रोग पैदा हो गया था। रेडियो कभी अपनी छाती पर कभी अपने पेट पर रख लेते और आनन्द लेते रहते। वह कोर्स पढ़ रहे होते या साहित्य या हिन्दी-अंग्रेज़ी लिख रहे होते, रेडियो मेज़ पर बजता रहता था। इस सम्बन्ध में भतीजे की विशेषज्ञता यह थी कि वह घनघोर तेज़ वॉल्यूम पर बज रहे रेडियो की आवाज़ को पढ़ते समय अनसुना कर सकता था। जब वह विद्याध्ययन करता था तो उसके संसार से शेष सारी आवाज़ें तिरोहित हो जाती थीं। कम पढ़कर अधिक अंक पाने के पीछे यही उसका राज़ था।

रेडियो पर दो कार्यक्रम सुनना भतीजे को प्यारा था। पहला था, बिनाका

गीतमाला। बुधवार की रात भतीजा चाचा के साथ उस हफ़्ते के सोलह सर्वाधिक लोकप्रिय गानों का लुत्फ़ उठाने रेडियो के सामने बैठ जाता। पहली पायदान पर कौन सा गाना पहुँचेगा इसे लेकर चाचा-भतीजे में कभी-कभी बाज़ी लग जाती थी। गानों के बीच-बीच में प्रस्तोता साहेब बिनाका टूथपेस्ट तथा बिनाका टूथब्रश का प्रचार किया करते थे। हालाँकि चाचा-भतीजा दोनों ही बिनाका ब्रांड नहीं बन्दरछाप लाल दंतमंजन का इस्तेमाल करते थे। उनकी बाईं हथेली की गद्दी पर हमेशा लाल मंजन का धब्बा पड़ा रहता था। ब्रश की जगह उनके हाथ में नीम की दातौन होती थी जिसके ज़रिये वे शीशे में देख-देख दाँत चमकाते।

बिनाका गीतमाला के अलावा भतीजा समाचार सुना करता था। कॉमरेड कोमल की दुकान पर उसकी अख़बार पढ़ने की लत ने प्रगति कर ली थी और अब वह रेडियो पर भी समाचार सुना करता था।

पर चाचा हर तरह के कार्यक्रम में वक़्त ख़र्च कर दे रहे थे। वैसे उनकी जो हालत चल रही थी उसे देखकर कहा जा सकता है कि उनमें कोई उधेड़बुन थी। वह कॉलेज से आते, खाना खाते, पानी पीते, रेडियो सुनने लगते। वह इंटर पास करने के बाद डिग्री कॉलेज में पढ़ने लगे थे जैसे भतीजा आठवीं पास करके नवीं का छात्र हो गया था। चूँकि चाचा का डिग्री कॉलेज शहर से ढाई कोस दूर था इसलिए अब साइकिल वही ले जाते थे। भतीजा पैदल-पैदल स्कूल और घर के बीच जाता-आता था। स्कूल से लौटने के बाद वह चावल-दाल-अचार खाता, फिर थोड़ा खेल-कूदकर चाचा के संग पढ़ने बैठ जाता था। एक दिन वह पढ़ने के लिए कमरे में घुसा तो सुना—चाचा बलवंत कौर बलवंत कौर बड़बड़ा रहे हैं। भतीजा मसहरी पर बैठ गया—"चाचा, ये बलवंत कौर बलवंत कौर क्यों बड़बड़ा रहे हो?"

"हिस्टरी याद कर रहा था, उसी में बलवंत कौर का नाम है।" चाचा ने भतीजे को सन्तुष्ट करने की कोशिश की।

बलवंत कौर कोई ऐतिहासिक चरित्र न होकर सुल्तानपुर शहर के मेजरगंज मोहल्ले की थी जो केशकुमारी कन्या विद्यालय में कक्षा-12 में विद्यार्जन कर रही थी। चाचा पर उसका अमिट प्रभाव पड़ गया था। इसका एक लक्षण यह था कि वह मस्तक पर बिन्दी नहीं लगाती थी पर चाचा को लगता उसके माथे पर बिन्दी लगी है। रात-बिरात तो वह उसके दपदप करते चेहरे पर लाल गोल टीका भी देखा करते थे। वह कान में बुंदे नहीं पहनती थी लेकिन चाचा को वह बुंदे पहने हुए लगती। उसकी कलाइयों में बिसाती की दुकान के सस्ते एक-एक कंगन होते थे

पर चाचा को उसकी कलाइयाँ चूड़ियों की भरमार से खनखन बजती हुई महसूस होतीं। हालाँकि वह कभी-कभार फ़ैशन-वैशन कर लेती थी तब चाचा उसमें सादगी की प्रतिमूर्ति देखने लगते। वह चाचा के लिए उस समय की प्रसिद्ध अभिनेत्रियाँ मुमताज, हेमा मालिनी और जया भादुड़ी एक साथ थी।

बलवंत कौर के स्कूल जाते और स्कूल से आते समय रास्ते में चाचा साइकिल पकड़े खड़े हो जाते थे। उसके दिखने के पहले बालों में कंघी करने लगते थे और क़मीज़ की सिकुड़न-उकड़न ठीक करने लगते थे। चाचा ही क्यों, स्कूल खुलने-बन्द होने के समयों पर नगर की सड़कें इसी प्रकार के युवाओं से और उनकी इसी प्रकार की हरकतों से गुलज़ार रहती थीं। अनगिनत लड़के इसी प्रकार की कारगुज़ारियों में मुस्तैद मिलते। उनमें कई शोहदे थे, कई मनोविकारग्रस्त, कई सच्चे आशिक़ थे। चाचा सच्चे आशिक़ थे। वह पास से बलवंत कौर के गुज़र जाने पर ख़ामोश उसके पीछे-पीछे साइकिल घसीटते हुए चलते रहते थे। बलवंत की चाल धीमी होती चाचा की चाल धीमी हो जाती। वह तेज़ चलने लगती चाचा भी तेज़ चलने लगते। वह रुकी, चाचा रुके। बलवंत कौर और चाचा के रुकने-चलने के मध्य साइकिल भी बराबर पर शरीक रहती थी।

छुट्टी के दिन बलवंत कौर से मिलन चाचा को नसीब नहीं होता था। तो वह अकेले में कोई दर्द भरा गीत गुनगुनाने लगते थे। इसी प्रकार वह उस इतवार को कमरे में अकेले लेटे हुए दर्द भरा गीत गुनगुना रहे थे कि भतीजा उनके लिए स्टील के कप में चाय लेकर आया। उसने चाय मेज़ पर रखी—"चाचा ये बताओ कि साइकिल से मैं स्कूल जाया करूँ क्या?"

"क्यों? मुझे ढाई कोस दूर कॉलेज जाना होता है तो तू कैसे साइकिल ले जाएगा?"

"पर चाचा तुम साइकिल चलाते कहाँ हो? जब देखो उसे पैदल घसीटते रहते हो।"

"तुमने कब देखा?"

"रोज़ ही देखता हूँ। पहले सोचा कि पंचर हो गई होगी साइकिल पर हर दिन थोड़े पंचर हो जाती होगी।"

चाचा ने आत्मसमर्पण कर दिया। पहले भतीजे की थाह ली फिर बोले—"तुम मुहब्बत का अर्थ जानते हो?"

"चाचा, मैं अब पहले वाला नहीं रहा। अब मैं कठिन शब्दों के भी अर्थ जानने लगा हूँ। मैं मुहब्बत पर शेरो-शायरी भी सुना सकता हूँ।"

चाचा ने शेरो-शायरी के इम्तिहान में भतीजे को नहीं उतारा। उन्हें भतीजे की समझ पर भरोसा हो गया था। वह बोले—"मैं बलवंत कौर नाम की एक लड़की से मुहब्बत करने लगा हूँ।"

"करो न, कौन रोके है।"

"मेरा विश्वास करो सूर्यकान्त, मेरा प्रेम पवित्र है, उसमें वासना नहीं है।"

भतीजा एक ज्ञानी की तरह कहने लगा—"चाचा तुम भी दो तरह की बात करते हो। पहले कह रहे थे कि बलवंत कौर से मुहब्बत करते हो, अब कह रहे हो कि प्रेम करते हो। एक बात बताओ कि क्या करते हो?"

चाचा ने कई वर्षों बाद भतीजे का कान ऐंठा—"शब्दों के अर्थ कब तुम्हारी समझ में आएँगे? अरे बेवक़ूफ़ प्रेम और मुहब्बत दोनों एक ही हैं।"

चाचा-भतीजे का कान छोड़ने के बाद कप उठाकर चाय पीने लगे, गोया वह आपना ग़ुस्सा शान्त करने का उपाय कर रहे थे। दो-तीन चुस्कियों में कप ख़ाली हो गया था क्योंकि देखने में भारी-भरकम लगते उस स्टील के कप की पेंदी बहुत ऊँची थी जिससे थोड़ी सी चाय में कप भर जाता था। अब कप ख़ाली पड़ा था। चाचा अपने को सहज बनाने के लिए जल्दी-जल्दी साँस ले-छोड़ रहे थे। वह कातर आँखों से चाचा को बिसूर रहा था। उन आँखों को देखकर चाचा पसीज गए और उसे ख़ुश करने का जतन करने लगे—"चल तुझे पिक्चर दिखाता हूँ आज। नई पिक्चर।"

"कौन पिक्चर चाचा?" भतीजा बड़ी जल्दी ख़ुश हो गया था।

"गोपी पिक्चर।"

गोपी नई पिक्चर क़तई न थी। हाँ, सुल्तानपुर के लिए वह नई थी। क्योंकि फ़िल्में जन्म लेने के बाद मुम्बई, दिल्ली, लखनऊ, फ़ैज़ाबाद आदि की यात्रा करते हुए सुल्तानपुर कई साल बाद विवर्ण और घिसे रूप में पहुँचती थीं। गोपी कुछ पहले ही आ गई थी इसलिए वह नई फ़िल्म थी। उसके प्रचार में रिक्शे पर लाउडस्पीकर लेकर बैठा हुआ दुलारे बोलता जाता—"सुल्तानपुर की पब्लिक की भारी माँग पर मुहब्बत, ऐक्शन और ड्रामा से भरपूर एकदम नई फिल्लम देखिए रोजाना चार शो नेशनल टाकीज में। आपके चहेते अदाकारों—दिलीप कुमार, सायरा बानू की जोड़ी से सजी दिलकश पिक्चर गोपी।" इसके बाद ग्रामोफ़ोन गाना बजाने लगता—जेंटिलमैन जेंटिलमैन मैं तो आया लंदन से बन-ठन के।

दुलारे के रिक्शे के आगे चार गड़ारियों पर टिका एक बड़ा सा त्रिकोण ढाँचा चलता रहता था। त्रिकोण की दो दीवारों पर फ़िल्म के बड़े-बड़े पोस्टर चिपके होते

थे जिनके ऊपर नीली स्याही से लिखा रहता—देखिए 10 सितम्बर से नेशनल टाकीज में चार शो। इस त्रिकोणात्मक गड़ारी को एक बच्चा ठेलता हुआ आगे बढ़ता था। जैसे ही रिक्शे पर बैठा दुलारे माइक पर बोलना रोककर ग्रामोफ़ोन बजाता, लड़का गड़ारी ढकेलने लगता और रिक्शावान रिक्शा खींचने लगता। दुलारे, रिक्शावान, बच्चा और गड़ारी का यह जुलूस शहर भर घूम-घूम कर उस समय लगी फ़िल्म का प्रचार करता। जहाँ भीड़-भाड़ होती—जैसे कचहरी, अस्पताल या स्टेशन के पास—यह जुलूस देर तक ठहरता। ये वहाँ भी ज़्यादा देर रुकते जहाँ फ़िल्म का पोस्टर लगा होता था। फ़िल्म के पोस्टर ज़्यादा बड़े नहीं होते थे और दीवारों पर नहीं चिपकाये जाते थे। एक पोस्टर प्राय: 2×3 फुट के लकड़ी के फ्रेम में फिट करके किसी पेड़ पर टाँग दिया जाता था। शहर के ऐसे पेड़ों को यह सौभाग्य प्राप्त था कि उनके पास पथिक पोस्टर देखने के लिए रुकते थे। बाद के वर्षों में एक बार ऐसा भी दौर आया जब आते-जाते लोग इन पेड़ों के नीचे ज़रा ज़्यादा ही ठहरने लगे थे क्योंकि एक सुप्रसिद्ध अभिनेत्री अपनी फ़िल्म के पोस्टर में लहँगा पहनकर एक वृक्ष की डाल पर खड़ी थी। अत: राहगीर रुककर लहँगे के निचले हिस्से से ऊपर की तरफ़ कुछ देखने का प्रयत्न करते रहते थे। यह कमोबेस उसी प्रकार था कि एक फ़िल्म को कई दर्शकों ने कई-कई बार इसलिए देखा था कि उसके एक दृश्य में तौलिया पहनकर नृत्य कर रही नर्तकी का तौलिया क्षणांश के लिए खुल जाता है। लोग बार-बार वह फ़िल्म देखते थे कि पिछली बार वह दृश्य ठीक से नहीं देख सके थे, इस बार नहीं चूकेंगे। हालाँकि वह इस बार भी चूकते थे और आगामी हर बार चूकते थे।

लेकिन चाचा और भतीजा ने कोई फ़िल्म एकाधिक बार नहीं देखी थी।

'गोपी' देखने के बाद चाचा-भतीजे के बीच चाय-समोसे का दौर भी चला। वह सिनेमा हॉल से लगी हुई 'गुप्ता जलपान-गृह' नाम की दुकान थी जहाँ चाय की चुस्की लेकर भतीजा अपने चाचा से बोला—"चाचा, अब मेरी समझ में आ गया है।"

"क्या?"

"यही कि प्रेम और मुहब्बत एक ही चीज़ है। और यह भी कि तुम्हारे प्रेम में वासना नहीं है।"

चाचा ने उसकी बात पर कोई तवज्जो नहीं दी। अब वह इस मसले पर भतीजे के विचार जानने के लिए उत्साहित नहीं थे। उनकी उदासीनता को भतीजे ने उनकी नाराज़गी समझा। उसने उन्हें ख़ुश करने के इरादे से कहा—"चाचा,

हमको मालूम है तुम छुप के सिगरेट पीते हो, चाहो तो मेरे सामने पी लो, मैं किसी को बताऊँगा नहीं।"

बाद में चाचा-भतीजा मिलकर सिगरेट पीने लगे थे। वैसे सही बात यह थी कि भतीजा चाचा की ही सिगरेट बीच-बीच में लेकर सुट्टा मार लेता था। यह उसी प्रकार था जिस प्रकार वह कभी-कभार चाचा द्वारा लाई गई साहित्यिक किताबों में से कुछ को पढ़ लिया करता था। या चाचा से रेडियो लेकर समाचार सुन लेता था। या चाचा द्वारा बलवंत कौर को लिखे प्रेमपत्रों में कोई शेर लिख देता था। इस मामले में चाचा सजग रहते थे कि शब्दों के मोह में भतीजा कोई ऐसा शेर न लिख डाले जिससे अनर्थ हो जाए।

चाचा ने बलवंत कौर के नाम कुल बयासी पत्र लिखे थे जो कभी बलवंत कौर को दिये नहीं गए थे। वे फाड़ दिये जाते या चाचा द्वारा ही बार-बार पढ़े जाते। इस कड़ी में तिरासीवाँ पत्र अवश्य बलवंत कौर के पास पहुँच गया था।

वह आसमानी कुर्ता-सफ़ेद सलवार वाली स्कूल पोशाक़ में पैदल चली जा रही थी। वही मंज़र था—चाचा साइकिल घिर्राते पीछे-पीछे। सब कुछ अचानक झपाटे में हुआ—सुनसान में चाचा ने खटाक् से साइकिल स्टैंड पर खड़ी की, तपाक से चिट्ठी बलवंत को पकड़ाई और फटाक से साइकिल पर बैठकर इतना तेज़ भागे कि उड़नछू हो गए थे।

उस पत्र को मुट्ठी में पकड़कर बलवंत कौर पहले घबड़ाई थी। चारों ओर देखा—निरापद था—उसने पत्र को वहाँ रख लिया जहाँ वह रुपये या चाबी हिफ़ाज़त से रखती थी। फिर वह ज़रा-सा मुस्कराई थी फिर हँस पड़ी थी।

> लेखक जी ने ग़लत लिखा है—मैं न मुस्कराई थी न हँस पड़ी थी। ये सब मैं कैसे कर सकती थी। क्योंकि ख़त जब मुझे दिया गया तो उसे छूते ही मेरी आँखों के सामने अँधेरा छा गया था। न, यह भी ग़लत होगा, शायद मेरी आँखों के सामने ख़ूब उजाला छा गया था। पता नहीं क्या छा गया था। बहुत हँसी और बहुत रुलाई मेरे भीतर फूट पड़ रही थी। कभी लगता था कि मेरे पाँव जाम हो गए हैं, कभी लगता था कि मैं उड़ी जा रही हूँ।
>
> यह भी ग़लत है कि मैं पैदल जा रही थी—मैं तो रिक्शे से स्कूल जा रही थी। यह सच है कि मैं अकसर पैदल ही स्कूल जाती थी और रिक्शे के पैसे बचा लेती थी। उस पैसे से मैं इंटरवल में समोसे ख़रीदकर खाती

थी। वाक़ई समोसे मुझे बहुत पसन्द थे। समोसे ही नहीं, मैं इंटरवल में समोसे के अलावा कभी इमली ख़रीदकर नमक से खाती, कभी कैथा। मूँगफली भी कभी-कभी लेती। दरअसल मैं बहुत चटोरी थी न। हाँ तो पैसा बचाने के लिए मैं स्कूल रिक्शे से नहीं पैदल जाती थी। पर उस दिन बेबे ने टिफ़िन बनाने में देरी कर दी थी और पहली क्लास खत्री बहिन जी की थी जो लेट आने वालों को उलटी हथेली पर पटरी से मारती थीं और बेंच पर खड़ा कर देती थीं। सो टाइम पर पहुँचने के लिए मैंने उस दिन रिक्शा पकड़ लिया था। मार खाने से अच्छा था कि एक दिन समोसा न खाया जाए। रिक्शा ने अभी आधा रास्ता ही पार किया था कि वह साइकिल को मेरे रिक्शे से सटाकर चलने लगा था और एक ख़त मेरी गोद में फेंककर भाग गया था। मेरी हालत ख़राब, कहाँ रखूँ इस ख़त को? मैंने उसे अपने कुर्ते के नीचे रख लिया और परांदे को सीने पर ख़ूब फैला लिया था।

सचमुच वह प्यारा था, बस एक ही बुरी आदत थी, सिगरेट पीता था। मगर जब मैंने अपनी क़सम दिलाई तो उसने सिगरेट से तौबा कर ली थी। वैसे हो सकता है कि मेरी पीठ पीछे पीता रहा हो। वह प्यारा इसलिए ही नहीं था कि मुझे प्यार करता था—बेइंतिहा—या इसलिए नहीं कि मेरे कहने पर सिगरेट छोड़ दी थी, या उसने मुझे एक नेल पॉलिश और एक प्यारी सी रूमाल दी थी। ये सब बातें अपनी जगह ठीक थीं पर वह प्यारा इसलिए था कि उस पर वाहे गुरु की मेहर थी।

समस्त लिपियों से भिन्न कोई लिपि

गौरी का ध्यान बार-बार अलमारी पर टिक जाता था। वह भूरे रंग की थी। गौरी शादी के बाद जब आई, वह मौजूद थी। यानी कि सूर्यकान्त की गृहस्थी में वह गौरी से अधिक वरिष्ठ थी। आकर्षक लगती उस अलमारी को शादी के बाद पहली बार खोलने पर गौरी घबरा गई थी क्योंकि भीतर एक भयानक कबाड़ख़ाना था। भयानक कबाड़ख़ाने में सूर्यकान्त के साफ़ और मैले दोनों प्रकार के कपड़े ठुँसे हुए थे। कपड़ों के साथ एक रज़ाई, एक कम्बल भी घुस गए थे। ऐसा लग रहा था कि सूर्यकान्त के समस्त साजो सामान की पनाहगाह यह अलमारी है। शराब की बोतलें, माचिस, सिगरेट, कुछेक किताबें, पेचकस, चींटियाँ, सेंट, घड़ी, रुपये, काक्रोच जैसे भाँति-भाँति के तत्त्वों की रिहाइश थी अलमारी। अलमारी की आन्तरिक व्यवस्था ने गौरी को इतना विचलित कर दिया था कि नई दुल्हन होते हुए उसने कमर पर दुपट्टा कसा था और झाड़न-पोंछा लेकर अलमारी के कायान्तरण की मुहिम में जूझ गई थी...।

कई वर्षों बाद आज गौरी ने अलमारी खोली तो वह पहले सरीखी न थी। उसमें साफ़ कपड़े थे। मैले कपड़े, कम्बल, रज़ाई, काक्रोच, चींटियाँ आदि नदारद। गलफड़े की मुसीबत के बाद सिगरेट और माचिस भी पलायन कर गए थे। हाँ, शराब की बोतलें बदस्तूर सजी हुई थीं।

कई पुरानी चीज़ें ग़ायब हुई थीं, कई नई चीज़ें दाख़िल हो गई थीं।

गौरी ने आज जैसा तीखा, सूक्ष्म, आक्रामक निरीक्षण पहले कभी नहीं किया था। कमरे के सारे बल्ब, ट्यूब जला दिये थे। तेज़ उजाले में वह दक्ष जासूस की तरह हाथ में टॉर्च लिये अलमारी के हर हिस्से, हर कोने-अँतरे पर प्रकाश फेंक रही थी।

शुरू इस तरह हुआ कि गौरव ने होमवर्क पूरा करके खाना खाया और प्रतिदिन

की तरह टीवी देखते-देखते सो गया। गौरी ने टीवी बन्द कर दिया। और तब घर में सन्नाटा फैल गया। गौरी में पहले अपने अकेले होने का एहसास उभरा फिर उसे सूर्यकान्त की याद घेरने लगी। वह उसके मोबाइल का नम्बर मिलाने लगी मगर रुक गई। उसने सोचा कि अगर सूर्यकान्त के बदले वहाँ कोई दूसरा फ़ोन उठा ले तब? उसने फ़ोन करने का इरादा छोड़ दिया। यह भी ख़याल आया—मैं ही क्यों फ़ोन करूँ, उसे भी फ़िक्र होनी चाहिए। तभी वह डरी कि उधर से सूर्यकान्त फ़ोन मिलाकर अपने पिता को न पकड़ा दे...। उसने अपना मोबाइल बन्द कर दिया। वह एक कुर्सी पर बैठकर कुछ पढ़ने की कोशिश करने लगी। पर पढ़ने में उसका मन नहीं रम रहा था। उसकी आँखें बार-बार किताब से उचाट होकर सामने खड़ी अलमारी पर टिक जातीं। पहले उसने एक बार भावहीन ढंग से—बेमतलब सा—अलमारी को देखा लेकिन कुछ देर बाद अलमारी ने उसे अपनी गिरफ़्त में ले लिया। गौरी के अन्दर भूचाल उठा—अलमारी में कुछ ऐसा भी हो सकता है जिसे सूर्यकान्त ने मुझसे छिपाया हो। लेकिन उसने ठीक इस तरह नहीं सोचा था। हो सकता है कि शायद उसे सूर्यकान्त पर प्यार आ गया हो और वह अलमारी की चीज़ों के मार्फ़त सूर्यकान्त को याद करना चाहती थी। वरना अलमारी में क्या रहस्य हो सकता था! उसमें कभी लॉक तक नहीं लगता था।

वह एक स्टूल पर खड़ी हो गई। सबसे ऊपर की स्लेब में शराब की बोतलें थीं और भेंट में मिले कुछ सामान थे, जैसे डियो, पेन सेट, शेविंग किट, नया ऐश-ट्रे, टाई। पेपरवेट, स्ट्रेपलर वग़ैरह भी वहाँ थे। इस स्लेब के नीचे वाले स्लेब में दाएँ एक लॉकर था। गौरी ने हैंडिल पकड़कर उसे खोला पर वह बन्द रहा। गौरी ने ख़ुद से कहा—"इसके भीतर क्या है? इसे मैं नहीं जान सकती? क्या होगा इसके भीतर?" गौरी ने सोचा—कोई कितना भी अपना क्यों न हो...नज़दीक से नज़दीक—हम उसे पूरा कहाँ जान पाते हैं। उसका कुछ न कुछ ताले के भीतर छुपा रह ही जाता है। उसने साँस भरी—सम्बन्ध सब कुछ बता देने से नहीं चलता है, कुछ न कुछ छिपा लेने से वह बचा रहता है और चलता है।

'क्या होगा इस लॉकर में?' उसे फिर खलबली हुई—'इसकी चाबी कहाँ होगी? क्या उसे अपने साथ ले गया होगा सूर्यकान्त?' उसने सामान इधर-उधर करके चाबी ढूँढ़ी पर वह नहीं मिली। फिर उसने लॉकर के बग़ल वाले स्लेब में रखे सामानों को खिसकाकर देखा, इसके बाद वह सामानों के पीछे हाथ डालकर चाबी ढूँढ़ने लगी। उसकी उँगलियाँ चाबी नहीं किसी दूसरी चीज़ से टकराईं।

वह एक मढ़ी हुई तसवीर थी जिसमें एक अधेड़ दम्पती थे। वह चौंक गई—ये सूर्यकान्त के माँ-पिता हैं! उसमें एक गहरी थकान भर गई। तसवीर रोशनी में साफ़ दिख रही थी लेकिन उसने जाने क्यों उस पर टॉर्च का उजाला घुमाया। वे ही हैं। वह रुआँसी हो गई। पराजय, छले जाने, असहाय हो जाने की भावनाएँ उसमें उमड़ीं लेकिन जल्दी ही वह संयत हो गई। उसने तसवीर के काँच पर उँगलियाँ फिराईं—कोई ख़ास गंदा नहीं था। इसका मतलब सूर्यकान्त इसे अकसर साफ़ करता था। उसने तसवीर के पीछे की प्लाई को छुआ—प्लाई न ज़्यादा नई थी न पुरानी। वह बेचैन हुई—यह सूर्य को मिली कहाँ? कब से है यह सूर्य के पास? इसका मतलब सूर्य घर से सम्बन्ध तोड़ने की सज़ा पिता को नहीं दे रहा था, वह ख़ुद सज़ा भुगत रहा था। वह इतने वर्षों से इन्तज़ार कर रहा था कि मैं कहूँ तुम चले जाओ। मैंने कहा वह चला गया।

'इस लॉकर में क्या होगा?' फिर उसके दिमाग़ में कौंधा। उसकी इच्छा हुई कि वह फ़ोन मिलाकर सूर्य से पूछ ही ले कि इस लॉकर में कौन सा ख़ज़ाना है? कैसा रहस्य है? इसकी चाबी कहाँ है? लेकिन उसने ऐसा नहीं किया। क्योंकि इस तरह का हल्कापन उसके स्वभाव में नहीं था, दूसरे यह आशंका अभी भी अपनी जगह बरकरार थी कि दूसरी तरफ़ फ़ोन पर कहीं सूर्य के पिता न हों। 'मैं फ़ोन नहीं करूँगी।' उसने फ़ैसला किया। लेकिन अचानक कौंधा—'उधर से ही फ़ोन आ गया तो? रामजी वनवास से लौटे हैं अयोध्या। कहीं अयोध्यावासी भावुक होकर फ़ोन मिला बैठे तो? कहीं रामजी ने ही पुरुषोत्तम बनकर अपने पिताजी को फ़ोन पकड़ा दिया तो?' वह लैंड लाइन फ़ोन तक गई, उसका रिसीवर उठाकर रख दिया। मोबाइल तो बन्द था ही। अब फिर से वह अलमारी के सामने थी। लॉकर का बुख़ार कम हो गया था। वैसे भी अलमारी का बाक़ी हिस्सा अभी तलाशी के लिए बचा हुआ था। टॉर्च उसके हाथ में थी, आँखें चौकन्नी थीं और शरीर में ग़ज़ब का फुर्तीलापन। दूसरा कोई देखता तो भ्रम में पड़ जाता कि वह सीबीआई या किसी बड़ी ख़ुफ़िया एजेंसी की पहुँची हुई जासूस है जो किसी के घर में घुसकर किसी रहस्य को सुलझाने के लिए सूत्र या सबूत खोज रही है। अचानक अलमारी के पल्ले पर लगे शीशे में वह अपने को दिखाई दी—'अरे मैं तो पक्की जासूस लग रही हूँ।' उसने सोचा और टॉर्च की रोशनी अलमारी के एक कोने पर फेंकी।

दरअसल उसमें यह अद्भुत पराशक्ति थी कि वह चाह लेने पर ज़िन्दगी का कोई भी किरदार बन सकती थी। जासूस ही नहीं, वह कोई भी काम करते समय

वही दिखने लगती थी। वह घर में बल्ब, ट्यूब लाइट या स्विच ठीक करते समय पेशेवर बिजलीसाज़ लगती थी। कपड़ों पर इस्तरी करती तो धोबन लगती, गौरव को पढ़ाते समय उसके स्कूल की मास्टरनी की छवि उसमें उतर आती। यहाँ तक कि गौरव भूलकर उसे 'मैम' कहने लगता था। उसी तरह जैसे बीमारी की स्थिति में सूर्यकान्त कई बार उसे 'सिस्टर' कह गया था। गौरी जब बन-ठनकर किसी रेस्टोरेंट या सजी-सँवरी दुकान में घुसती तो लोग भ्रम में पड़ जाते कि कोई बहुत बड़ी शख़्सियत आ गई है।

गौरी को स्वयं लगता था कि वह जिस तरह चाहती है उस तरह हो जाती है। अनेक बार उसने जानने का यत्न किया कि उसमें यह सिद्धि कैसे पैदा हो गई? शुरू में उसे लगा कि हो सकता है यह उसका वहम हो, वास्तव में उसके भीतर ऐसी कोई विशेषता न हो। निष्कर्ष के परीक्षण के लिए उसने तय किया कि वह भिखारन का रूप धरे। यह कई साल पुरानी बात है जब वह यूनिवर्सिटी में पढ़ने लगी थी। उसने मन-ही-मन कहा था—"मैं एक भिखारिन हूँ, मैं एक भिखारिन हूँ!!" घर आने पर वह अजीब ढंग से एक तरफ़ झुकी हुई चल रही थी जैसे दूसरी तरफ़ गोद में कोई बच्चा लदा हो। उसका चेहरा क्लान्त और मुरझाया लग रहा था। हालाँकि ऐसा था नहीं पर लग रहा था कि उसने कपड़े फटे और पुराने पहने हैं, होंठों पर पपड़ियाँ और त्वचा पर मैल जमी हुई है। उसने माँ से कहा—"खाना दे दो।" उसकी आवाज़ कम्पनपूर्ण, रिरियाहट भरी और हल्की-सी खिंची हुई थी। माँ खाना परोसते हुए बोली—"गौरी, तुम आज भिखारिन जैसी लग रही हो।" माँ के वचन सुनकर वह ख़ुश हुई, बुदबुदाई—"ठीक है माँ, शाम को शराबिन लगूँगी।" माँ ने सुना नहीं—"क्या कहा?" "कुछ नहीं।" गौरी चुप हो गई। उसने बस भिखारिन की तुक मिलाते हुए शराबिन कह दिया था पर उसे अपने शराबिन रूप की कल्पना करके मज़ा आया। नतीजा—शाम को वह टहल-घूम आई तो गेट पर खड़ी कॉलबेल बजाती ही जा रही थी। गेट खुलने पर लड़खड़ाकर गिरने को हुई और झूमती हुई आगे बढ़ने लगी। उसकी आँखें चढ़ी हुई थीं। वह जिस तरह आचरण कर रही थी उसमें होंठ, जबड़े, जीभ और दिमाग़ के बीच तालमेल नहीं रह गया था। कोई ज़रूरत के पहले हरकत में आ जाता था, कोई निष्क्रिय पड़ा रहता था। माँ उसको घूर रही थी, डरी हुई। वह जाकर माँ की गोद में ढह गई—"तुम माँ नहीं देवी हो...देवी मइया शराब पियोगी।" हालाँकि ऐसा था नहीं लेकिन माँ की नाक ने अल्कोहल की गंध भी महसूस की। वह बेटी को परे ठेलकर उठ गई—"यही

बाक़ी रह गया था।" "माँ इतनी पुरानी स्टाइल का डायलॉग बोलती हो...बोलना ही है तो नई स्टाइल का डायलॉग बोलो।" गौरी ने अभिनय उतारकर कहा। माँ हँसने लगी—"पर तेरा मुँह कैसे महक रहा था?"

"गंध मेरे मूँ में नहीं तुम्हारी नाक में भरी थी।"

इसी तरह वह एक बार प्रेतग्रस्त लड़की हो गई थी जो छड़ी भर ऊँचाई तक उछल रही थी और जिसकी आवाज़ पुरुष की तरह फटी हुई थी। वह पिता से कह रही थी—"तेरी लड़की को छोड़ने के एवज़ में बकरे का गोश्त और दो बोतल दारू लूँगी।"

इन वाक़यों से गौरी ने पाया कि यह वहम नहीं हक़ीक़त है कि मनचाहा चरित्र धारण कर सकने की सिद्धि उसके पास है। यह कैसे हुआ—इस सत्य का सन्धान करने के सिलसिले में सबसे पहले उसको यही लगा कि यह भगवान की देन है। उसने सुन रखा था कि ईश्वर दुनिया के हर जीव को कोई एक ख़ास नेमत प्रदान करता है और साथ ही उसको कोई बुराई दे देता है। किसी जानवर को अथाह ताक़त देता है तो उसे आलसी बना देता है। किसी को तेज़ दिमाग़ देता है तो उसे कायर और दब्बू बना देता है। किसी को अपरम्पार सुन्दरता देता है तो उसकी अक़्ल कम कर देता है। इस तरह वह दुनिया में सन्तुलन बनाता है और दुनिया को तबाही से बचाने का जतन करता है। दुनिया में जितने आदमी हैं सभी को ईश्वर ने कोई-न-कोई अच्छाई का उपहार देकर भेजा है धरती पर। लेकिन हर कोई उस अपनी अच्छाई को देख-पहचान नहीं पाता और दुनिया से विदा हो जाता है। पर कई लोग होते हैं जो ईश्वर के तोहफ़े को जान लेते हैं।

शायद यही थी ईश्वर द्वारा उसको दी गई ख़ास भेंट।

लेकिन उसमें संशय पैदा हुआ कि इसमें कौन सी विलक्षणता है कि मन होने पर वह भिखारिन, शराबिन लगने लगती है। यह यदि बहुत ज़्यादा है तो बस आला दर्जे का अभिनय है जिसमें दुनिया के असंख्य इनसानों को महारत होगी। उसमें यदि हिचक की कमी होती तो मुमकिन है कि आज नामी-गिरामी अभिनेत्रियों में उसका शुमार रहता। पर शुरू से लेकर बाद तक शिक्षक द्वारा कक्षा में 'नाटक में कौन-कौन पार्ट लेना चाहता है' पूछने पर उसने कभी हाथ उठाकर हामी नहीं भरी। परिणाम साफ़ है कि वह मशहूर अदाकारा बनने से वंचित हो गई और रंगमंच, सिनेमा का संसार अभिनय की एक श्रेष्ठ प्रतिभा का स्वागत करने का सौभाग्य नहीं पा सका। उसकी यह दबी हुई प्रतिभा ही क्या बीच-बीच में सिर उठाकर उसे

कभी शराबिन, कभी भिखारिन बना डालती थी। वह भी इसी निष्कर्ष पर पहुँच रही थी कि अचानक एक दिन वह घटना घटित हुई जिससे यह सिद्ध होना शुरू हुआ कि उसमें ऐसी दिव्यशक्ति है जो सम्भवत: संसार में अन्य किसी के पास न होगी।

हुआ यह कि उस दिन यूनिवर्सिटी से वह दोस्तों के साथ सिनेमा चली गई थी। सिनेमा हॉल से निकलकर दोस्त अपने-अपने घर के रास्तों पर मुड़ गए। वह कुछ दूर तक रश्मि सरीन नाम की मित्र के साथ चली फिर उन दोनों के भी रास्ते अलग हो गए। तभी उसे लगा कि दो ख़ूँख़ार क़िस्म के शोहदे उसका पीछा कर रहे हैं। यह यथार्थ था अथवा भ्रम, इसका फ़ैसला वह कर पाती कि दस-बारह लड़के बाइक पर चिल्लाते हुए आए और आसपास की सुन्दर लड़कियों, युवतियों के चारों ओर बाइक से चक्कर काटने लगे। वह काँप गई क्योंकि वह भी ख़ूबसूरत थी। आज उसे अपनी सुन्दरता ही बला लग रही थी। अचानक उसमें तीव्र इच्छा उठी कि उसकी सुन्दरता ख़त्म हो जाए जिससे वह शोहदों का आखेट न बने। ऐसा ही हुआ। उस दिन हजरतगंज इलाक़े में अनेक लड़कियों, स्त्रियों को गुंडों की बदसलूकी सहनी पड़ी थी पर अप्रत्याशित रूप से वह महफ़ूज़ रही। इसकी वजह का ख़ुलासा तब हुआ जब उसे देख माँ रोने लगी—"गौरी, तुम्हारी शक्ल को क्या हो गया...कितनी परी जैसी थी और कैसी बदसूरत लग रही हो।" वह दौड़ती हुई आईने के सामने गई, उसमें अपनी कुरूपता देखकर डर गई। इस डर से वह और डर गई कि कहीं पुराना रूप वापस ही न मिले। उसने नुस्ख़ा आज़माया। उत्कट इच्छा से भर गई कि उसकी सुन्दरता वापस मिल जाए। थोड़ी देर बाद उसने पाया कि उसके अंग-प्रत्यंग से सुन्दरता बरस रही है। वह हँसी बिखेरती हुई जाकर माँ से लिपट गई।

बाद में तो उसने इस हुनर को इतना साध लिया था कि अद्‌भुत-अद्‌भुत करिश्मे करने लगी थी। विवाह के बाद उसकी इस कलाकारी ने सूर्यकान्त को पागल ही कर दिया था। वह उसमें आए-दिन नये-नये दर्शन करता। कभी वह एक अति आधुनिक स्त्री की संगत में होता तो अगले दिन एक अल्हड़ ग्राम बाला उसके गले में बाँहें डाल देती। एक बार आदिवासी स्त्री में रूपान्तरित हो गई तो एक बार क़स्बे की ठेठ बहिन जी बन गई। सूर्यकान्त भ्रमित, किंकर्तव्यविमूढ़, वशीकृत रहता। वह पाता कि आज वह दप-दप गोरी-सुन्दरी की जगह साँवली-सलोनी बन गई है। किसी रोज़ वह पाता कि उसके दिमाग़ में तर्क, ज्ञान और अध्ययन की बहुत बड़ी अटारी है लेकिन किसी रोज़ पाता कि इन सबको परे धकेलकर वह केवल प्यार छलका रही है। उस दिन वह परेशान ही हो गया जब उसे लगने लगा कि गौरी का क़द

कुछ कम हो गया है जबकि कुछ ही देर बाद वह अधिक लम्बी लगने लगी थी।

वह कैसी-कैसी लीला दिखाना जानती थी। अपनी बहुविधि लीलाओं से वह रतिक्रिया के समय सूर्यकान्त को इतना बदहवास, उन्मत्त और चकित कर डालती थी कि वह नीमबेहोश हो जाता था। अक्तूबर के दूसरे सप्ताह के मंगलवार को वह गौरी की खुली आँखों की पुतलियाँ चूमने चला था तो गौरी ने अपनी पलकों को धीरे से इस तरह गिराया कि सूर्यकान्त के होंठ भौंरे की भाँति उसकी पलकों के भीतर बन्द हो गए। बुधवार को सूर्यकान्त ने उसके नितम्ब पर हथेली रखी। गौरी ने जाने क्या किया कि गौरी के नितम्ब की उस जगह पर महाकम्पन जैसा होने लगा था और सूर्यकान्त के शरीर में बिजली की असंख्य धाराएँ दौड़ गईं। और एकाएक नितम्ब को एकदम निस्पन्द करके उसने उसकी दोनों हथेलियों को अपने दोनों उरोजों पर रख लिया था। सूर्यकान्त की साँस रुकने को हो गई थी। उसने पाया कि गौरी के दोनों कुचाग्र शिवलिंग की तरह बड़े हो गए थे और स्तन शंख की तरह अपेक्षाकृत छोटे। उसने शुक्रवार को गौरी की कटि पर अपना चेहरा रखा। पाया कि गौरी की कटि इतनी चिकनी थी कि चेहरा फिसलकर बिस्तर पर आ गिरा जबकि शनिवार को जब उसने ऐसा किया था तो चेहरा कटि में इस तरह अड़स गया था कि वहाँ से मुक्त ही नहीं हो पा रहा था!

यहाँ तक भी ग़नीमत थी पर चमत्कार यह हो गया था कि गौरी ने अपने शरीर को कालातीत कर लिया था। कभी भी वह तीस साल से अधिक उम्र की नहीं लगी। इसमें भी अधिक अचम्भे की बात यह थी कि दिन में वह तीस के आसपास की लगती थी किन्तु सूरज अस्त होते ही वह पच्चीस साल की हो जाती थी। वह कई वर्षों से सूर्यास्त के उपरान्त पच्चीस-छब्बीस की लग रही थी। कहीं ऐसा तो नहीं था कि समय की धूल को अपनी त्वचा से पोंछ देती थी और अपनी आत्मा को उमंगों का स्नान कराकर चमका डालती थी। जो भी हो, सचाई यही थी कि आज भी वह तीस साल से अधिक नहीं लगती थी।

अलमारी के शीशे में ख़ुद को पक्की जासूस की तरह देखकर उसने टॉर्च की

रोशनी अलमारी के जिस कोने पर फेंकी वहाँ रखे हुए थे वे चिर-परिचित मेफ़ेयर रजिस्टर। उन रजिस्टरों को देखते ही उसका हैरान-परेशान चेहरा मुस्कराया। उसने चुटकी से खींच-खींचकर चार रजिस्टर निकाले। अब अलमारी की तलाशी लेने के बजाय ये मेफ़ेयर रजिस्टर पढ़ना उसे बेहतर काम लग रहा था। हो सकता है कि इन रजिस्टरों में ही कोई ऐसा सुराग़ मौजूद हो जिसकी मदद से गौरी सूर्यकान्त के उस आज़ाद और गोपनीय यथार्थ को जान सके जिससे वह अभी तक अनजान हो या जिसे सूर्यकान्त ने उसके बग़ैर बनाया था और उससे छिपाया था। वह रजिस्टरों को लेकर स्टडी में आई और उन्हें मेज़ पर रखकर लैम्प जला दिया। लैम्प की रोशनी का वृत्त उन रजिस्टरों पर गिर रहा था। तभी वह वृत्त लुप्त हो गया। पूरे घर में अँधेरा छा गया था। कुछ क्षण उसे कुछ ख़ास नहीं महसूस हुआ पर धीरे-धीरे अँधेरा उसके भीतर घिरने लगा। उसे डर लगने लगा, कोई घर में घुस न रहा हो। एक से ज़्यादा संख्या में अपराधी घर में घुस सकते हैं...। वह सिहर गई। उसने मोबाइल से उजाला करना चाहा पर वह कहीं पड़ा था और बन्द था। अँधेरे में उसे खोजने के लिए वह उठी पर डरकर बैठ गई, वहाँ कोई अँधेरे में खड़ा हो...उसे पसीना आने लगा। आए-दिन देश भर में लूटपाट, हत्या, चोरी, बलात्कार के हादसे होते थे। गुनहगार स्त्रियों, बच्चों और बूढ़ों के अकेले पड़ जाने का इन्तज़ार करते थे और घात लगाते रहते थे...। इस घर में वह और एक बच्चा अलग-अलग कमरों में अकेले। कॉलोनी में कई वारदातें हो चुकी थीं। एक में पूरे परिवार का क़त्ल हुआ था। दूसरी में स्वतंत्रता आन्दोलन की क्रान्तिकारी अकेले जीवन काटते-काटते मार दी गई थी। तीसरी वारदात में तीन बच्चों की हत्या उसके ताऊ ने करके लाश पिछवाड़े गाड़ दी थी। चौथी में एक बूढ़े का शव दो दिनों तक बन्द घर में सड़ता रहा। इन सब हादसों के अलावा भी वह प्रतिदिन अख़बार और टेलीविज़न पर इसी ढंग की कार्रवाइयों की ख़बरें पढ़ती-देखती और भयग्रस्त हो जाती थी। पिछले किसी दिन उसकी दशा देखकर बहुगुणा घबड़ा गया था। माहौल को हल्का करने की नीयत से उसने कहा था—"भाभी जी मैं अपने अख़बार में ऐसी ख़बरें छापना बन्द कर देने की सोच रहा हूँ। मैं अपने क्राइम रिपोर्टर को आए-दिन कहता था कि और अधिक लाओ ऐसी ख़बरें। मुझे क्या मालूम था कि लोग ऐसी ख़बरें पढ़कर इतना परेशान होते हैं।"

"भाई साहब।" गौरी बोली—"कर सकते हैं तो हादसों का होना बन्द कर दीजिए। तब ख़बरें अपने आप बन्द हो जाएँगी।"

अगले दिन बहुगुणा सुबह-सुबह आ पहुँचा।

"कैसे?" सूर्यकान्त ने बिना बोले सवाल किया।

"नाश्ता करने।" बहुगुणा ने जवाब दिया।

पर वह नाश्ता करने नहीं आया था। उसने अपने बैग को खोला और उसमें से जो चीज़ बाहर निकाली उसे देखकर गौरी-सूर्यकान्त दोनों काँप गए। वह एक रिवॉल्वर था।

बहुगुणा उसे मेज़ पर रखकर हँसा—"मैं इसकी नोक पर आपसे कुछ लेने नहीं बल्कि इसे आप लोगों को देने आया हूँ।"

"क्यों?" सूर्यकान्त ने पूछा।

"इसलिए कि मेरे पास तीन और हैं, ये चौथा है। आप लोग रख लें, हादसों की वजह से होने वाली आपकी घबराहट कम हो जाएगी भाभी जी। भगवान न करे इसकी ज़रूरत पड़े पर मौक़े पर काम देगा।"

"ये खिलौना तुम अपने पास रखो।" सूर्यकान्त ने डूबी हुई आवाज़ में कहा।

"ये खिलौना नहीं रिवॉल्वर है। उम्दा क्वालिटी का। दनादन गोलियाँ निकलती हैं। ...दूर तक निशाना है। फ़िक्र मत करो, डी.एम. को कहकर हफ़्ता भर में तुम्हारा लाइसेंस भी बनवा दूँगा।" बहुगुणा ने सूर्यकान्त से कहा और रिवॉल्वर वहीं छोड़कर उठ खड़ा हुआ—"भाभी जी नाश्ता फिर कभी...।" उसका सेलफ़ोन बजने लगा। वह किसी से बात करता हुआ घर से निकल गया था। सूर्यकान्त उससे जो वाक्य कहना चाहता था वह बहुगुणा के सेलफ़ोन पर बतियाते हुए चले जाने के कारण अनकहा रह गया था। वह कहना चाहता था—"एक अदद नौकरी न दे सके न दिला सके, रिवॉल्वर देने चले आए हो।" हालाँकि यह वाक्य वह तब भी न कह सका जब दो मिनट बाद ही बहुगुणा आया और बैग से निकालकर रिवॉल्वर की पाँच गोलियाँ मेज़ पर रखकर गोली की तरह दनदनाता हुआ वापस हो गया।

उस दिन सूर्यकान्त भी अपने चक्कर में जल्दी ही घर से निकल गया था। पर न जाने क्यों वह घंटे-आधे घंटे पर घर फ़ोन मिलाकर गौरी से बात करने लगता था। फ़ोन करने की वह तरह-तरह की वजहें बता रहा था। जैसे कि किसी का फ़ोन आया था क्या? कोई डाक तो नहीं आई? उसकी कल पहनी गई क़मीज़ की जेब में एक विज़िटिंग कार्ड पड़ा है? गौरी ने लंच कर लिया? स्कूल से लौटकर गौरव पढ़ रहा है कि टीवी देख रहा है? घर पर बिजली आ रही है या नहीं?

वह देर से घर आया था। रात हो चुकी थी गौरव खाना खा रहा था। गौरी ने

अपने दोनों की प्लेटें भी लगा दीं। जब तक वे दोनों खाना ख़त्म करते, गौरव सोने चला गया था। जब तक वे दोनों सोने जाते तब तक वह सो गया था।

दोनों बेडरूम में साथ नहीं गए। पहले सूर्यकान्त गया था। हमेशा का यह सिलसिला था। वैसे दाम्पत्य के शुरुआती दिनों में सूर्यकान्त गौरी को गोद में उठाकर बेडरूम में लाता था। या कभी-कभी गौरी उसे ठेलती हुई बेडरूम में ले आती थी और भाँति-भाँति के रूप धरकर उसे ललचाती थी। लेकिन बाद में यही नियम चल निकला कि गौरी घर के कुछ ज़रूरी काम निपटाकर बाद में बेडरूम में पहुँचती थी। आज वहाँ आने पर उसने देखा सूर्य बग़ैर पलकें झपकाए एकटक देखता हुआ किसी सोच-विचार में खोया है। कई बार उसको गुमसुम देख गौरी को उस पर प्यार उमड़ आता था पर उस समय वह परेशान हुई—"नये काम की बात नहीं बनी तो बन जाएगी। इतनी प्यारी मूरत इतनी रोनी सूरत बनाने की क्या ज़रूरत है?"

"वो बात नहीं है...।" सूर्यकान्त ने ठंडी आवाज़ में कहा।

"फिर?"

"मैं घर में रिवॉल्वर नहीं रख सकता।" सूर्यकान्त ने तकिये के नीचे से रिवॉल्वर निकाला—"मैं इसे अपने घर में नहीं रख सकता।"

"हर्ज क्या है? मुसीबत में काम ही आएगा।"

"मैं दूसरी तरह सोचता हूँ। मुझे यह ख़ुद में मुसीबत लगता है। जब से यह घर में आया तब से मेरा मन शान्त नहीं है। मुझे डर लग रहा है कि इससे किसी दिन मैं तुम्हें न मार दूँ या ख़ुद अपने को न मार लूँ।" उसने झटके से रिवॉल्वर फेंक दिया—"मुझे इसे छूने पर भी दहशत होती है, कहीं ट्रिगर अपने आप न दब जाए...इसे हटा दो यहाँ से...वैसे इस तरह होता नहीं है फिर भी मन घबड़ाता है कि बिस्तर पर पड़े इस हथियार से गोलियाँ न निकल उठें...हालाँकि इसमें गोलियाँ नहीं हैं...वे अलमारी में हैं...प्लीज़ बहुगुणा को इसी समय फ़ोन करो आकर ले जाए इसे...।" गौरी ने उसे अलमारी में रखने के लिए उठाया तो उसके पूरे शरीर में भय की एक झुरझुरी फैल गई। लेकिन वह हिम्मत से काम लेते हुए लेडी पुलिस अफ़सर में रूपान्तरित हो गई। उसने रिवॉल्वर हवा में उछाला, वह लहराता हुआ उसकी हथेली में कैच हो गया। उसने ट्रिगर दबाकर बिना गोली, बिना आवाज़ का हवाई फ़ायर किया। उसकी नली के ताप को फूँक मारकर कम करने का अभिनय किया और हथेली से उसे सहलाती हुई अलमारी में रख आई और सूर्यकान्त का सिर सहलाने लगी थी...।

वह सोचने लगी वह रिवॉल्वर बहुगुणा को वापस न किया गया होता और इस समय रात के अन्धकार में यदि उसकी ज़रूरत पड़ती तो वह ढूँढ़ कैसे पाती? सेलफ़ोन ढूँढ़ नहीं पा रही है, उसे कैसे ढूँढ़ती?

तभी बिजली आ गई। उजाला हो गया और उसके भीतर मँडरा रहा डर कमज़ोर पड़ने लगा। उसने सोचा कि क्यों डर अँधेरे में ताक़तवर हो जाता है, उजाले में कमज़ोर, जबकि मैं कुछ पल पहले जो थी, कुछ पल बाद अब भी वही हूँ।"

टेबल लैम्प की रोशनी का वृत्त ठीक उन्हीं मेफ़ेयर रजिस्टरों पर पुन: पड़ रहा था। वह उन्हें उलटने-पलटने के पहले अलमारी तक गई। वहाँ से उसने शराब की बोतल निकाली। जब पेग तैयार किया तब तक उसके सामने सलाद और पापड़ भी थे। उसने गिलास हवा में लहराकर किसी अदृश्य गिलास से लगाते हुए चीयर्स किया और व्हिस्की का घूँट भरा। पापड़ के टुकड़े की कुरकुर की आवाज़ के बीच एक मेफ़ेयर रजिस्टर गौरी ने उठाया। शराब का अगला घूँट लेने के बाद उसने पहला पृष्ठ खोला—उसके सामने सूर्यकान्त की लिखावट थी। जब पहली बार सूर्यकान्त ने यूनिवर्सिटी में उसको एक लम्बा पत्र दिया था तो उसे उसने घर लौटकर छत पर किताबों के बीच रखकर पढ़ा था। वह उस समय अनोखी सनसनी से भरी हुई थी। उसके सामने देवनागरी में लिखा गया सूर्यकान्त का पत्र था लेकिन उसे लग रहा था कि यह संसार की समस्त लिपियों से भिन्न कोई लिपि है जो केवल उसी के लिए बड़े जतन से तैयार की गई है। जिसकी वर्णमाला, मात्राएँ और अर्थ को सृष्टि में केवल दो प्राणी जानते हैं—वह स्वयं और इस लिपि का रचयिता सूर्य लेकिन आज उसे दूसरा एहसास हो रहा था। आज उसे महसूस हो रहा था कि सूर्यकान्त ने किसी कूटभाषा में सब कुछ लिखा है जिसको भेदकर उसे किसी भी सूरत में रात के इस पहर सही अर्थ जानना है।

गौरी ने ग़ौर किया कि सूर्य ने रजिस्टरों के केवल दाएँ पृष्ठ पर लिखा था। वह लिखता था और नीचे दिनांक डाल देता था। शुरुआती दौर अर्थात यूनिवर्सिटी के दिनों के उसके इंदराज में लिखावट ज़्यादा ख़ूबसूरत थी जबकि बाद के वर्षों में वह हल्की-फुल्की घसीटू होती गई। ख, न, र, ल, म, भ आदि अक्षरों की लिखावट में कटाव और नोक का इस्तेमाल नगण्य हो चुका था। ये लफ़्ज़ सरपेटे में लिखे जाने लगे थे। दूसरी ख़ास बात यह थी कि पहले दौर की प्रविष्टियों में कुछ वाक्य और शब्द इस प्रकार काटे गए थे कि लाख कोशिश करने पर भी कोई उन्हें पढ़ न सके। उनके एक-एक बिन्दु तक को मिटा दिया गया था। जबकि दूसरे दौर की

प्रविष्टियों में ख़ारिज किये गए वाक्यों, शब्दों पर बस बीच से एक पड़ी लकीर खींच दी गई थी जिससे कि उनको सुगमता से पढ़ा जा सकता था। तीसरी चीज़ यह थी कि पुरानी लिखतों में संज्ञा का कम सर्वनाम का अधिक प्रयोग करके चरित्रों की पहचान छिपाई गई थी। कई ऐसे स्थलों पर जहाँ सर्वनाम नहीं था वहाँ चरित्र का पूरा नाम लिखने के बजाय उसके नाम का पहला अक्षर लिख दिया गया था। पर विचित्र बात थी कि इतनी सतर्कताओं के बावजूद वह मेफ़ेयर रजिस्टरों में पुराने समय की अभिव्यक्तियाँ सारी की सारी आत्मसात कर ले रही थी जबकि बाद के शब्दों में उलझ जा रही थी।

पुराने साफ़ और ख़ूबसूरत लिखत को पढ़ने में ज़्यादा वक़्त लग रहा था जबकि जो घसीटू और बेतरतीब लिखत थी उसे वह फटाफट पढ़ ले रही थी। इस प्रकार की लिखत पर उसकी आँखें दौड़ पड़ती थीं लेकिन पहली वाली पर ठहर-ठहर जा रही थीं। आँखें शब्दों तक जाकर उन्हें छूने लग रही थीं। गौरी संज्ञा छिपाने वाले सर्वनामों की एक-एक असलियत जान जा रही थी। इतना ही नहीं, वह एक-एक अक्षर से पूरा नाम जान ले रही थी। उसने पहचान लिया था कि त्र, स्न, ष्ट, स्, क्र, क्व कौन-कौन हैं। इतना जैसे नाकाफ़ी हो—वह बुरी तरह मिटा दी गई पंक्तियों और शब्दों को भी पढ़ ले रही थी। उसने पढ़ लिया था कि एक जगह कटा हुआ शब्द 'वक्ष' है जिसे मिटाकर आगे 'ज़ुल्फ़ों' लिखा गया था। जैसे कि एक जगह भलीभाँति मिटा दिया गया शब्द होंठ है जिसके एवज़ में 'माथा' लिख दिया गया।

उलझन उत्तरार्द्ध के मेफ़ेयर रजिस्टरों में थी जिन्हें गौरी सरपट पढ़ ले रही थी और जिनके काटे गए शब्द और वाक्य आसानी से पढ़े जा सकते थे। लेकिन गौरी को पता था कि सूर्य का भेद यहीं पर छिपा है। सूर्य का अबूझ यहीं पर है। एक-दो प्रविष्टियाँ पढ़ने पर उसे समझ में आ गया कि इन्हें रुक-रुककर पढ़ना होगा। हो सकता है किसी-किसी पंक्ति, पैराग्राफ़ को कई-कई बार पढ़ना पढ़े।

उसने शराब की मात्रा पेट में थोड़ी और डाली...।

वे मेफ़ेयर रजिस्टर रोज़नामचा क़तई नहीं थे। अगर संज्ञा देना अनिवार्य है तो उनको भानुमती का पिटारा कहा जा सकता था। उनमें सूर्यकान्त ने अपना हाल-ए-दिल और हाल-ए-दिमाग़ दर्ज किया था, साथ में बहुत सारी अन्य चीज़ें भी थीं। कहीं किसी अच्छी किताब के उद्धरण थे, कहीं श्लोक, शेर और कविताएँ थीं। किसी पृष्ठ पर ख़र्च के ब्योरे थे, किसी पर उधार लेने वालों की सूची थी, किसी

पर उन लोगों की सूची थी जिनसे स्वयं उसने उधार ले रखा था। कई जगहों पर कुछ नामों की तालिकाएँ थीं लेकिन ऊपर शीर्षक नहीं था न ही कोई टिप्पणी थी। इसलिए ज्ञात नहीं हो रहा था कि इनके नाम क्यों लिखे गए हैं? इसी प्रकार बीच-बीच में फ़ोन नम्बर लिखे गए थे पर उनके क़रीब कोई नाम नहीं था जिससे मालूम हो सके कि ये किसके नम्बर हैं?

गौरी अगर वास्तव में दक्ष जासूस होती तो इन फ़ालतू सी चीज़ों को भी बड़े ध्यान से और कई-कई बार पढ़ती। क्योंकि रहस्य अथवा रहस्य को भेदने का सूत्र कई बार बहुत मामूली या लापरवाह सी दिखती जगह में छिपा रहता है। लेकिन इस वक़्त गौरी में इतना धैर्य नहीं था न इतनी कार्यकुशलता थी, अत: वह रोज़नामचानुमा सामग्री पठन के रास्ते पर ही चल रही थी। यूँ तो रोज़नामचा शिल्प में सैकड़ों पृष्ठ लिखे गए थे किन्तु उसने सारे पढ़े नहीं थे। जितने पढ़े थे उनमें से अनेक उसको अपने किसी काम के नहीं लगे थे पर कुछ थे जो उसे अपने मतलब के दिखे। जैसे कि एक स्थान पर लिखा था—

> मैं सहकर्मी नीलरत्न के साथ सरकारी काम से सुबह दिल्ली आया लेकिन रात की घटना मैं कभी भूल नहीं सकता। क्योंकि मैंने जाना कि ज़िन्दगी क्या है और मौत क्या! शाम को हम दोनों कनाट प्लेस पर देर तक टहलते रहे। फिर एक बार में बैठकर पीने लगे। ज़्यादा नहीं दो-दो पेग हमने पिये और होटल पहुँचने के लिए एक ऑटो में बैठ गए। पर ऑटो में बैठने के पहले मैंने एक काम किया था—गौरी को फ़ोन मिलाया था। उस ओर थोड़ा प्यार-थोड़ी फ़िक्र की मिली-जुली गौरी की आवाज़ थी। जब बाहर होता हूँ—दूर—तो गौरी और गौरव पर ज़्यादा प्यार उमड़ता है। लगता है गौरी मासूम बच्ची सी है जो मेरी ज़्यादतियों से आहत मुझे बिसूर रही है। और गौरव जैसे अपनी उम्र से काफ़ी बड़ा हो चुका है और शिकायत भरी आँखों से देख रहा है...। ख़ैर घर पर सब ठीक-ठाक था और घर ने जान लिया कि मैं भी ठीक-ठाक हूँ। अब मैं नीलरत्न के साथ ऑटो में बैठा होटल की दिशा में था। जीवन ख़ुशगवार लग रहा था। ऑफ़िस का काम अच्छी तरह हुआ था। घर पर सब अच्छा था। मैं कुशल-मंगल से था। आत्मा में दो पेग व्हिस्की का सुरूर था। और क्या चाहिए, मैं सुखी था। और ठीक उसी समय वह मोड़ आया था। हमारा

ऑटो ट्रैफ़िक नियमों का उल्लंघन करते हुए अचानक मुड़ने लगा। मैंने देखा—मिलिट्री की कोई जीप थी—भयानक रफ़्तार में आ रही थी—लगा वह कुचल देगी। वह एकदम पास आ गई। मौत कुछ मीटर और कुछ सेकेंड के फ़ासले पर थी। अजीब बात है उस वक़्त न ईश्वर न परिवार, न कोई प्रार्थना कुछ भी मेरे ज़ेहन में न उभरी। शायद यह सब तब होता है जब मौत थोड़ी मोहलत दिये होती है। जीप की भयानक आकृति और उसकी तेज़ लाइटें एकदम क़रीब आ गई थीं। मैंने न देखा न मुझे याद है कि जीप ने ऑटो को कहाँ टक्कर मारी? ऑटो पूरा पलटकर औंधे मुँह हो गया। मैंने पाया कि मैं किसी अन्धे कुएँ में गिर गया हूँ जहाँ चारों ओर अन्धकार है। मुझमें पहली चेतना यह जगी कि मैं ज़िन्दा हूँ या मर गया हूँ? मैं अँधेरे में टटोलते हुए खड़ा हुआ। अभी भी मुझे यक़ीन नहीं हुआ था कि मैं जीवित हूँ। शायद अपने जीवित होने का सबूत पाने के लिए या शायद अपने बच जाने के बाद नीलरत्न की चिन्ता होने के कारण मैं चिल्लाया—"नीलरत्न...।" हम दोनों औंधे मुँह हो गए, आटो से किसी तरह बाहर निकले। बाहर दुर्घटना देखने वाले इकट्ठा हो गए थे। ड्राइवर साफ़ बच गया था। हम सड़क पर गिर पड़ी अपनी-अपनी चीज़ें उठाने लगे। घड़ी, ऐनक, रुपये, रेजगारी, पेन सभी कुछ गिरे थे। जाने कैसा करिश्मा था कि हम सभी न केवल बच गए थे बल्कि छिटपुट खरोंचों को छोड़कर कोई ख़ास चोट भी नहीं आई थी। हालत इतनी हास्यास्पद थी कि पुलिस हमें लेकर अस्पताल गई जहाँ ड्यूटी पर तैनात लेडी डॉक्टर ने नीलरत्न की एक-दो ख़रोंचों ज़ख़्मों पर मरहम-पट्टी का निर्देश नर्स को दिया पर मेरे पास कोई चोट ही नहीं थी। मैंने शरीर पर यहाँ-वहाँ टटोला पर कहीं भी घाव न था। डॉक्टर ने मुझे हिकारत से देखा। उसे लगा, मैं कोई शोहदा हूँ जो उसका रूप देखने चला आया हूँ, उसने मुझे झिड़क दिया था।

होटल लौटते-लौटते रात की अगली तारीख़ आ गई थी। मेरे प्रति लेडी डॉक्टर के सलूक को याद कर नीलरत्न ठिठोली करता, मैं भी। ठीक उसी क्षण मुझे भूख महसूस हुई। भूख की बात नीलरत्न को बताते ही उसे भी बेपनाह भूख लग गई। पर इतनी रात होटल में खाने का इन्तज़ाम न

था। हमारे थैले में भी कुछ न था। एक भयानक हादसे में क्या इतनी भी ताक़त नहीं होती कि वह इनसान को एक वक़्त की भूख भुला दे। हमने पाया कि नींद में ही यह दम है कि हादसा, भूख दोनों के एहसास को मिटा दे। मैंने उठकर बत्ती बुझा दी और लेट गया। पर मैं नींद की चौखट पर ही था कि नीलरत्न ने उठकर बत्ती जला दी। मेरी आँखें चुँधियाकर खुल गईं—"ये लाइट क्यों जला दी?"

"मुझे अँधेरे में नींद नहीं आती।"

"मुझे उजाले में।" मैं उजाले में ही सोने का प्रयास करने लगा। मैं सफल हुआ, झपकी आने वाली थी। तभी नीलरत्न की आवाज़ पड़ी—"सूर्यकान्त...सूर्यकान्त...।"

"क्या बात है?"

"सोना मत यार मुझे डर लग रहा है...।" वह गिड़गिड़ा पड़ा।

सारी रात वह तमाशा करता रहा। न ख़ुद सोया न सोने दिया! उसने बताया कि वह ही नहीं उसका पूरा परिवार डिप्रेशन का मरीज़ है। उसका छोटा भाई ट्रेन से सफ़र नहीं करता। क्योंकि तब पूरी यात्रा ट्रेन के दुर्घटनाग्रस्त होने की फ़िल्में उसके दिमाग़ में चलने लगती हैं। पिता ने पच्चीस वर्षों से घर के बाहर का बना भोजन नहीं किया। उन्हें लगता है कि किसी ने ज़हर मिला दिया हो। वह रोज़ बीस बीड़ा पान खाते हैं किन्तु दुकान पर नहीं स्वयं अपने हाथ से चूना, कत्था, सुपारी, तमाकू डालकर। बड़े भाई कभी अकेले नहीं सोते, कभी सो भी गए तो पंखा नहीं चलाएँगे। उन्हें हमेशा पंखे के या छत पर रेंग रही छिपकली के गिर जाने का ख़तरा महसूस होता रहता है। अकसर सोते समय घर में शार्ट सर्किट से आग लग जाने के ख़याल से जाग जाते हैं।

पर नीलरत्न को क्या कहूँ। मैं स्वयं जब अकेला रहता हूँ तो लाइट जलाकर सोता हूँ। पर मेरे यहाँ वजह दूसरी है। मुझे आग लगने, छिपकली या छत गिरने का डर नहीं सताता है। दरअसल मैं अपने मित्रों की मृतात्माओं की कल्पना से भयभीत हो उठता हूँ। वैसे मैं भूत प्रेत-चुड़ैल-डायन में

ज़रा भी भरोसा नहीं करता पर रात में अकेला होने, विशेष रूप से परायी जगह पर अकेला होने पर मैं दहशत से भर उठता हूँ कि वे आत्माएँ अभी यहाँ आ जाएँगी। इनमें एक मित्र कवि मानबहादुर सिंह थे जो एक कॉलेज में प्रिंसिपल थे। हज़ारों छात्रों, अध्यापकों, नागरिकों के समूह के सामने एक गुंडा मानबहादुर सिंह को घसीटता हुआ ले आया। उसने लोकनिर्माण विभाग के एक कोलतार वाले ड्रम पर कवि का सिर रखा और गँड़ासे से काट डाला। सब लोग ख़ामोश देखते रहे और वधिक ने कवि को मार डाला। दूसरे थे राजेश शर्मा। राजेश शर्मा ने एक दिन काग़ज़ पर लिखा—'जीवन में मेरी रुचि समाप्त हो गई है'—और चले गए चौदह मंज़िल ऊँची उस इमारत की दसवीं मंज़िल पर जिसके एक फ़्लैट में उन्होंने जीवन के कुछ बरस गुज़ारे थे। उनने उसी मंज़िल से छलाँग लगा दी थी नीचे ख़त्म हो जाने के लिए और ख़त्म हो गए थे...। तीसरे दोस्त नासिर का सिर ट्रक की चपेट में आकर रौंदा गया था। चौथा विनोद राजिमवाले नदी में नहाने गया था और उसी में डूबकर मर गया था। पाँचवाँ मृतात्मा मेरे ताऊ थे जो मुझे बेहद प्यार करते थे। ये सभी लोग मुझे प्यार करते थे और मैं इनको प्यार करता था। मगर परायी जगह पर रात में अकेले होने पर मुझे ख़ौफ़ घेर लेता है इनका। मैं लाइट जलाकर चादर से मुँह ढककर सो जाता हूँ। मैं इसका कारण आज तक नहीं जान पाया हूँ कि मुँह ढककर सोने पर डर काफ़ी कम क्यों हो जाता है? वैसे डर किन-किन रास्तों से और किन-किन रूपों में आदमी के भीतर पैठ बनाता है, कम-से-कम मैं नहीं जानता हूँ। कुछ बातें मेरी समझ से परे हैं, जैसे यही कि आत्मा, पुनर्जन्म को मैं बिलकुल नहीं मानता पर मैं आत्माओं से डरता हूँ। साँप, पागलों, कुत्तों और गिरगिट से मुझको डर लगता है। आख़िर क्यों ये सब मेरी रीढ़ कँपा देते हैं? और तो और मैं नामालूम क्यों एकान्त या सुनसान जगह पर किसी बूढ़े से डरता हूँ। कई बूढ़े हों तब डर नहीं लगेगा लेकिन एकान्त में अकेला बूढ़ा देखकर मुझमें भय रेंग जाता है।

सूर्यकान्त सो मत जाना, नीलरत्न की आवाज़ रात-भर आती रही। रात के पहर एक सुरक्षित कमरे में दोस्त की उपस्थिति में वह किस बात

से डर रहा था? भय, भूख और नीलरत्न की चीख़-चिल्लाहट ने सारी रात परेशान किया।

मेफ़ेयर रजिस्टरों में इतने लम्बे इंदराज़ कम थे। पर लम्बाई के कारण नहीं इसकी अन्तर्वस्तु पढ़कर गौरी परेशान हो गई। घबराकर वह कमरे में टहलने लगी मगर इस तरह और अधिक घबराकर बैठ गई। उसे लगा—'मैं समझती थी कि सूर्यकान्त को भीतर-बाहर से मैं पूरी तरह जानती हूँ लेकिन उसके अन्दर यह अनोखी उथल-पुथल थी, दहशत समाई हुई थी, चीज़ें उस पर इस तरह असर करती हैं, इन सबसे मैं पूरी अनजान थी।' उसने सोचा—'यह तो एक अंश है, सूर्यकान्त के एक पूरे सम्पूर्ण का मुझे आभास नहीं होगा।' वह घोर निराशा से भर उठी। तब और ज़्यादा जब उसमें कौंधा—'इसी तरह सूर्य भी मेरे अन्दर के ज़्यादातर से अपरिचित होगा।'

प्यार के प्रारम्भिक दिनों में दोनों ने परस्पर मिल-जुलकर प्रेमपत्रों के लिए एक कूटलिपि बनाई थी जिसके अनुसार एक से अधिक अक्षरों वाले किसी शब्द का पहला अक्षर वह अक्षर न होकर उसके बाद का अक्षर हो। जैसे 'खोना' लिखना है तो 'गोना' लिखो। अन्तिम अक्षर 'ज्ञ' के बारे में तय था कि उसके बाद कोई अक्षर नहीं होता है इसलिए 'ज्ञान' को ज्ञान और ज्ञात को ज्ञात ही लिखा जाएगा। इस कूटलिपि का आविष्कार इसलिए किया गया था कि प्रेमपत्र किसी के हाथ लग जाने पर वह अर्थ न समझ सके। इसी तर्ज़ पर सूर्य ने रजिस्टर में लिखा था—

"घौरी थेरे लूप आनेक। खभी तू हीता वगती है खभी तू लाधा की थरह यस्त वगती है। खिसी धिन धुर्गा धिखती है खिसी धिन फार्वती। खभी तू पर्तकी हो झाती है खभी थपस्विनी। तू ही इदिवासी है तू ही यहासाम्राज्ञी। ओ झादूगरनी मैं थेरे झादू से हैकड़ों हालों से भिंधा हूँ क्षजारों शर्षों थक भिंधा लहूँगा।"

(गौरी तेरे रूप अनेक हैं। कभी तू सीता की तरह भारतीय नारी लगती है कभी राधा जैसी मस्त। तू आज दुर्गा की तरह दिखती है तो अगले दिन पार्वती की तरह। तेरे क्या कहने, कभी तू नर्तकी जैसी चंचल हो उठती है कभी तपस्विनी जैसी शान्त और उदात्त। तू आदिवासी की तरह प्राकृतिक

भी है और महासम्राज्ञी की तरह वैभवमयी। ओ जादूगरनी तेरे मायाजाल में मैं सैकड़ों वर्षों से बिंधा हूँ और हज़ारों वर्षों तक बिंधा रहूँगा।)

पढ़कर गौरी को अच्छा लगा। उसने एक के बाद एक-दो छोटे घूँट—लगातार लिये और पढ़ने लगी। रजिस्टरों में अनगिनत बातें, यादें, प्रसंग, ब्योरे, सार्थक, अनर्गल, आशीष, अभिशाप आदि भरे हुए थे। गौरव को अनेक स्थलों पर दुआएँ दी गई थीं। उसे 'दुनिया का सबसे अनमोल रतन' तो बताया ही गया था, उसे 'गौरीसुतम', 'विघ्नकारकम', 'वस्तुविनाशकम', 'रुदन प्रवीण', 'टेलीविज़नप्रभक्षक:' जैसे मज़ाक़िया सम्बोधनों से भी पुकारा गया था। रजिस्टर बताते हैं कि गौरी को लेकर वह बहुत भावुक हो जाता था। जब गौरव छोटा था तब एक जगह उसने लिखा था कि 'यह कुछ साल बड़ा न हो तो अच्छा रहे।' पर नवीनतम रजिस्टर में इच्छा प्रकट की गई—'यह जल्दी से बड़ा होकर यूनिवर्सिटी कॉलेज जाने लगता तो कितना अच्छा होता। नवीनतम रजिस्टर में कई स्थलों पर पर्यटन विभाग के अध्यक्ष सम्पूर्णानन्द के सम्बन्ध में अपने विचार एवं भावनाएँ उड़ेली गई थीं—'ऐसा मूर्ख जो अपने को विद्वान समझता है', 'राष्ट्रीय शर्म', 'दुष्टता का हिमालय' जैसे विशेषणों से सम्पूर्णानन्द नवाज़े गए थे। सूर्य ने अपनी नौकरी को लेकर काफ़ी चिन्ता प्रकट की थी। नवीनतम रजिस्टर में नौकरी, बेरोज़गारी के संघर्ष ने और सम्पूर्णानन्द ने अधिक स्थान घेरा था। इस प्रकरण में अनोखी बात यह थी कि नौकरी को लेकर उसका तनाव जिस गति से बढ़ता गया था उसी गति से गौरव और गौरी के प्रति प्यार भी उद्दाम होता गया था। इस प्यार में अनुराग से अधिक सरोकार का अंश था। वह सोचकर काँप जाता था कि आर्थिक उपार्जन की कोई व्यवस्था न हो सकी तो गौरी, गौरव को कितने दुख सहने पड़ेंगे। यह ख़याल उभरते ही दोनों के प्रति उसका प्यार छलकने लगता था।

गौरी यह सब पढ़कर भीग गई...तभी वह उलझन में पड़ गई—एक स्थल पर 'शब्द जिन्हें कहे-सुने बहुत दिन हुए' शीर्षक देकर नीचे ढेर सारे शब्द दिये गए थे जो इस प्रकार थे—इनारा, हेंगा, रहट, बरधा, मेहरारू, मनई, ओसारा, बँसखटिया, फटफटिया, जोन्हरी, ओरदावन, बटुली, थरिया, बेदुर, औंघाई, उज्जर, तरकारी, मनसेधू, करिया, सीपड़, ललछहूं, छीमी, कोरा, सिकहर, सैंतना, अनकना, बतकुच्चन, बिरिहिनी, निमकाय देना, भिन्सार, भिनौखे, मेड़, लहुरा, लूगा, खरमिटाव, बिहान, मटरमाला, किरिया, छान्ह, मचिया, जाँगर, गोड़, बेराना, भुइंया, बतास, हेरना,

हेराना, पातर, खदेरना, चैला, बेराना, खोटना, पाथना, कथरी, तरई, अजोर होना, थुर देना, भलमनई, गोरू, हुर देना, नटई, नक्कटी, नोन, अँचरा, बंडी, दहिजरा, गदेली, नेवाड़, बखरी, बोड़सी, मील, नीमर, कठकरेज, घेर्राना, दईऊ, चोकरना, अन्हियार, हिकना, मलाई बरफ, ख़ुशियाली, कोड़िल्ला, सोहारी, पिसान आदि। इनमें से किसी एक शब्द से भी गौरी वाक़िफ़ न थी लेकिन वह यह जान गई कि ये वे शब्द हैं जिन्हें सूर्य ने अपने गाँव, क़स्बे और माँ-पिता के घर में बोला-सुना था और वहाँ से विच्छेद के बाद ये शब्द उसके व्यवहार से धीरे-धीरे विदा हो गए थे। यह कोई ख़ास बात न थी। ऐसा बहुतेरों के साथ होता है। पर रजिस्टर में उनकी इस प्रकार आमद देखकर वह तनावग्रस्त हो गई थी। क्योंकि उसमें यह कौंधा कि ये शब्द जो दफ़्न हो गए थे अभी सूर्य में ज़िन्दा हैं तो वे रिश्ते भी हर हाल में ज़िन्दा होंगे जिन्हें ख़त्म हुआ मानकर वह सुकून से थी। वह जीवन, वह समाज भी सूर्य में बसा हुआ होगा! बल्कि इतने वर्षों के विछोह के कारण वे सारे के सारे ज़्यादा दिलकश और रंग-बिरंगे हो गए होंगे।...और जब इन सबसे सूर्य मिला होगा? गौरी के माथे पर पसीना आ गया। अगले क्षण उसमें एक प्रबल भावना उठी कि सूर्य के पहुँचने पर उसके पिता—वह आदमी उस रात जैसा ही व्यवहार करे...सूर्य को धक्के मारकर निकाल दिया हो...घर में घुसने न दिया हो...। वह चाह रही थी कि इतने वर्षों बाद सूर्य का अपनों से पुनर्मिलन, घृणा, अपमान, क्रोध के सैलाब के बीच हो!

सबको माफ़ कर देना चाहिए सिवा ख़ुद के

सूर्यकान्त कई बरस बाद सुबह इतनी जल्दी उठ गया था। क्या नींद को इतने दिनों बाद भी याद था कि सुल्तानपुर में वह इसी वक़्त उठता था। बाबू अलस्सुबह पूरे घर को जगा देते थे। इसके पहले वह ख़ुद उठते और नहा-धोकर तैयार हो जाते थे। लोगों की नींद भगाकर वह पूजा पर बैठते। जाड़ा-गर्मी-बरसात, मंगल, बुद्ध, इतवार, 1972, 1980 हर समय में उनका यह नियम बदस्तूर जारी रहता था। चाचा, सूर्यकान्त, शिब्बू, नूपुर आँखें मींजते हुए आँखें खोलते और पढ़ाई करने बैठ जाते थे। जाड़े में तो बिलकुल बिस्तर छोड़ने का मन न करता मगर बाबू रज़ाई उठाकर फेंक देते और डराते—"उठो...वरना तुम लोगों के ऊपर पानी गिराना शुरू करूँगा।" वैसे कुछ बड़ा हो जाने के बाद सबकी आँखें अपने आप खुल जाने लगी थीं। सुबह विचित्र दृश्य होता था—पूजागृह में बाबू सुन्दरकांड या हनुमान चालीसा का सस्वर पाठ कर रहे होते और इधर बच्चे अपने-अपने अध्यायों का शोर मचाकर पारायण करते। इतनी आवाज़ें एक-दूसरे को काटने-पीटने, मारने-मरने लगतीं कि घमासान मच जाता था।

जाड़े के मौसम में धूप का एक टुकड़ा जैसे ही ज़मीन पर गिरता था, वहाँ बैठकर पढ़ने के लिए सब चिल्लाने लगते। गर्मियों में छत पर पढ़ते-पढ़ते जब धूप निकल आती तो वे अपनी किताबें-कॉपियाँ लिये-लिये नीचे चले आते थे। सूर्यकान्त को आज भी भूला नहीं है—जब सुबह होती थी, दुनिया चिड़ियों की चहचहाहट से भर जाती थी।

सूर्यकान्त ने सुबह के आसमान को देखा—सूरज का लाल गोला था वहाँ। लेकिन चिड़ियों के चहचहाने का कलरव न था। न आसमान में एक साथ कई क़तारों में चिड़ियों की उड़ान। ख़याल आया—सब चिड़ियाँ कहाँ गुम हो गईं? उसने लखनऊ के अपने घर का तसव्वुर किया और सोचा—अब छत पर गौरैया

दाना चुगने नहीं आतीं। मुँडेरों पर कौवे आवाज़ नहीं देते। कोयलें वृक्षों की डालों पर कूकतीं नहीं और कबूतर रोशनदानों में फड़फड़ाकर गुटरगूँ नहीं करते या गुटरगूँ करके फड़फड़ाने नहीं लगते। कहाँ गए ये पक्षी? अब तो जाल लेकर निकल पड़ने वाले बहेलिये भी नहीं दिखते और बच्चों के हाथों में गुलेलें भी नहीं रहतीं, फिर क्या हुआ होगा?" उसका दिमाग़ सुबह की ताज़ा हवा के झकोरों में तेज़ चलने लगा था—अब बिजली के नंगे तारों से लटके हुए मृत कौवे भी नहीं दिखते हैं। क्या कौवे इतने कम हो गए कि मरने के लिए भी नहीं बचे। गौरैया, बुलबुल, कबूतर, मैना, तोता, कोयलें सामूहिक संहार के लिए कहीं इकट्ठा की जा रही हैं या वे सामूहिक ख़ुदकुशी के लिए किसी निर्जन स्थान में जमा हो रही हैं। कहीं ऐसा तो नहीं कि गर्मी में झुलसकर, जाड़े में ठिठुरकर या बारिश में भीगकर परिन्दों ने जान गँवा दी हो। क्योंकि बेघर परिन्दों के घोंसलों के लिए ब्रह्मांड में जगहें ख़त्म होती जा रही हैं। जब वृक्ष, उनकी शाख़ें, उनके पत्ते नहीं होंगे तो चिड़ियाँ चहकेंगी कहाँ, फुदकेंगी कहाँ और रहेंगी कहाँ? आख़िर इन चिड़ियाँ चुनमुन ने कहाँ ठिकाना बनाया होगा? क्या इन्होंने अपने प्रति आदमजाद की बेमुरौवती बेरहमी से आजिज़ होकर आत्मनिर्वासन चुन लिया है? या डरकर, घबराकर बहुत से पक्षी लोग बचने के लिए किसी गुप्त ठीहे पर चले गए हैं? या वे यहीं कहीं हमारे आसपास ही हों और हम उनको न देखते हों और इस अनादर का बदला लेने के लिए वे हमारे क़रीब रहने के बावजूद हमें दिखने से इनकार कर दिये हों। हम केवल कबूतरों को मुम्बई में गेट वे ऑव इंडिया, दिल्ली में ऐतिहासिक इमारतों के आसपास देखते हैं। यहाँ वे सैकड़ों की तादाद में थोड़ी ऊँचाई से धरती पर आते हैं और पंख फड़फड़ाकर फिर वैसी ऊँचाई पर चले जाते हैं। वे राष्ट्रीय महत्त्व की जगहों पर इसलिए होते हैं कि हम उन्हें वहाँ रहने देते हैं क्योंकि उनका वहाँ इस तरह रहना नयनाभिराम लगता है। यदि वे एक सुन्दर दृश्य की रचना न करते, उन महान स्मारकों की शोभा न बढ़ाते तो शायद इन महान पर्यटन स्थलों की रखवाली में उन्हें गोली मार दी जाती। कबूतरों को गोली मारी जाती और अगली सुबह उन्हें बुहार दिया जाता।

सोचते-सोचते अचानक एक नई बात कौंध जाने से सूर्यकान्त चौंक पड़ा—लेकिन यह भी हो सकता है—पर्यटन निदेशालय में जो पेड़ लगे हैं उन पर आते हों पक्षी। हो सकता है कि लखनऊ में मेरे घर के पिछवाड़े जो पेड़ है उस पर चिड़ियाँ बैठकर चूँ चूँ करती हों। हो सकता है, लखनऊ ज़िले में लाखों चिड़ियाँ हों लेकिन

मैंने कभी उन पर ध्यान न दिया हो। हम बस चलते-बैठते हुए आदमी और वस्तुएँ और वाहन और इमारतें ही देखा करते हैं।

उसने ख़ुद को उम्मीद दिलाई—शायद शाम को दिखें चिड़ियाँ मगर वह निराश हुआ—जब सुबह बदल गई तो शाम पहले जैसी कहाँ! चिड़ियाँ सुबह घर से निकलेंगी नहीं तो फिर शाम को घर लौटेंगी कैसे! या जब सुबह घर से निकले हुए परिन्दों को देखने की हमें फ़ुरसत नहीं फिर शाम को घर लौटती उनकी क़तारों पर निगाह डालने का इत्मीनान कहाँ से आएगा। तभी उसने देखा—आसमान में परिन्दों का एक समूह चला आ रहा था। उन्हें जाते हुए वह देखता रहा। वे ओझल भी नहीं हुए थे कि दूसरा झुंड, और यह तीसरा झुंड...वह सिहर गया। उसे लगा, बचपन की वह बात सच थी क्या! बचपन में दादी ने एक बार कहा था कि चिड़ियाँ और पेड़-पल्लव आदमी की भाषा नहीं लेकिन आदमी के मन की भाषा जानते हैं। तुम मन-ही-मन उनसे कुछ कहो वे जान जाएँगे। इस बात की पड़ताल वह पूरे बचपन करता रहा था। वह मन में पुकारता—गौरैया आ जा। सचमुच गौरैया आकर फुदकने लगती। जब वह कहता—गौरैया उड़ जा। गौरैया उड़कर चली जाती। कोई कौवा काँव-काँव करने लगता। वह कहता—कौवा चुप हो जा। वह चुप हो जाता। किसी पेड़ की पत्तियाँ ख़ामोश हैं, उसका मन अनुरोध करता—हवा चले। थोड़े से और थोड़ी देर सही—पत्ते ज़रूर हिलने लगते। एक बार वह जामुन के वृक्ष के नीचे लेटा था। उसने चिड़िया की तरह मुँह खोला और प्रार्थना की—एक जामुन उसके मुँह में गिरे। जामुन उसके मुँह में टपका। आज भी क्या उसके मन की पुकार पर अपने-अपने घोंसलों से चिड़ियाँ निकल पड़ीं?

परिन्दों के चले जाने के बाद भी वह कुछ देर उन्हें जाते हुए देखता रहा। इसके बाद जब उसने पलकें झपकाईं तो उसकी आँखों में कुछ चुभा। दरअसल उसकी पलकों में नहीं, उसकी आँखों में नहीं, आँखों के बीच फँसी नींद को कुछ चुभा। रात बहुत देर बाद सोना हुआ था। इसकी एक वजह यह थी कि रात उसे गौरी और गौरव की बहुत याद आ रही थी। वह हालचाल लेने के लिए फ़ोन मिलाता था। गौरी का मोबाइल बन्द मिलता और लैंड लाइन बिजी मिलता। जैसे उसका रिसीवर उठाकर अलग रख दिया गया हो। घर से बात करने के लिए वह काफ़ी देर तक असफल कोशिशें करता रहा। दूसरी वजह यह थी कि यहाँ के लोगों से बातें करते हुए कब अगली तारीख़ के भी कुछ घंटे बीत गए थे, पता ही नहीं चला।

कल दरवाज़ा कामना ने खोला था। एकबारगी वह भ्रमित हो गया था कि कहीं दूसरे के यहाँ आ गया क्या? दरवाज़े के इस पार और उस पार के सम्भावित दृश्य के मद्देनज़र उसने काफ़ी तैयारी कर रखी थी। उसने सोचा था यदि द्वार पर सबसे पहले बाबू से मुलाक़ात हुई तो क्या होगा? एक अन्देशा यह था कि उस दिन की तरह बाबू भड़ाक से दरवाज़ा बन्द कर लें—तब वह लौट आएगा जीवन भर वहाँ न जाने के लिए। हालाँकि पिछली बार भी उसने इस घर में कभी न लौटने की प्रतिज्ञा की थी पर लौट रहा था। लेकिन अबकी बाबू ने वैसा किया फिर वह सचमुच कभी न लौटेगा। पर अगर बाबू ने दरवाज़ा खोलकर उसे बुलाया या गले लगा लिया, इस सम्भावना से वह सर्वाधिक डरा हुआ था। उसे लग रहा था कि इस पर वह भावुक होकर कहीं बाबू से माफ़ी न माँगने लगे। इस स्थिति को वह गौरी और गौरी के प्रति अपने प्रेम का घोर अपमान मानता था। यहाँ आने के विचार की शुरुआत में ही प्राणप्राण कर लिया था कि अपने प्रेम, अपने विवाह और अपने दाम्पत्य के बारे में वह हर क्षण सिर उठाकर बात करेगा। उसने इस पर भी विचार किया था कि बाबू दरवाज़ा खोलकर ख़ामोशी से पीठ दिखाते हुए घर में चले गए? तब? ऐसी दशा में वह भी उनके पीछे-पीछे दाख़िल हो जाएगा? अथवा पुकारकर कहेगा—बाबू मैं हूँ सूर्यकान्त?

अगर दरवाज़े के उस पार माँ हुई? ऐसी परिस्थिति में वह हल्का सा मुस्करा देगा, बाक़ी सब माँ ख़ुद सँभाल लेगी। एक तीसरी सम्भावना थी कि वह घर पहुँचे और किवाड़ खुले मिलें। जैसे पहले के दिनों में होता था—वरुणा एक्सप्रेस के आने के वक़्त किवाड़ खुले रखे जाते थे। उसका मन काँप गया—क्या मेरे घर छोड़ने के बाद भी रोज़ वरुणा के समय पर किवाड़ खुले रखे जाते होंगे। भीतर घर की फ़र्शें उसके क़दमों की प्रतीक्षा करती होंगी...?

वैसा कुछ न हुआ।

वरुणा एक्सप्रेस क़रीब उसी समय सुल्तानपुर पहुँची थी जिस समय उस कोहरे वाली रात पहुँची थी। उस रात भीषण ठंड थी और कोहरा शहर के बल्बों, ट्यूबों के प्रकाश की राह में अभेद्य बनकर पसर चुका था। पर आज ठंड नहीं गरमी थी। एकादशी का चाँद था और चाँद भर जितना ही उजाला था। सूर्यकान्त स्टेशन से

बाहर निकला। चारों तरफ़ अन्धकार था। स्टेशन के सामने सवारियाँ ले जाने के लिए रिक्शे खड़े थे जिनकी ओर लोग अपने-अपने सेलफ़ोन को जलाकर बढ़ रहे थे। स्टेशन के बाहर अनगिनत मोबाइल फ़ोन जुगनुओं की तरह टिमटिमा रहे थे। वह जाकर एक रिक्शे में बैठा। रिक्शा चलने लगा और शहर भी जैसे खुलने लगा। सैलून, मेडिकल स्टोर, कपड़े आदि की दुकानों में इमरजेंसी लाइट या जेनरेटर का इन्तज़ाम था। आगे जब सब्ज़ी मंडी आई तो वहाँ सड़क की दोनों पटरियों पर बैठकर लोग सब्ज़ियाँ बेच रहे थे। दुकानों पर सब्ज़ियों के ढेर के बीच मोमबत्तियाँ जल रही थीं। रात के अन्धकार में वे सैकड़ों मोमबत्तियाँ उत्सव का आभास दे रही थीं। भवनों में दीपावली मनाई जाती है, नदियाँ भी दीपमालाओं से सजती हैं, यहाँ ऐसा आभास हो रहा था कि धरती दीपमुखी हो गई थी।

थोड़ा आगे बढ़ने पर रिक्शे की चाल काफ़ी धीमी हो गई क्योंकि अब अनेक गाय, बैल, भैंस, साँड़ सड़क पर पसरे हुए थे। नामालूम वे बैठे थे कि लेटे थे। मवेशी आदमियों की तरह बैठते हैं न लेटते हैं; उनका बैठना-लेटना एक ही तरह से होता है। वे लेटे हुए बैठे रहते हैं और बैठे हुए सो जाते हैं।

"इतने जानवर यहाँ क्यों हैं?" सूर्यकान्त ने रिक्शेवाले से पूछा।

"नये आए हो? यहाँ जगह-जगह इनका दर्शन होता है।" रिक्शावान ने बताया कि गाँवों में छोटी जाति वाले खेतिहर भी ट्रैक्टर से खेत की जुताई कराते हैं इसलिए बैल बेकार की चीज़ हो गए हैं। यही हाल गाय-भैंसों का है। देशी वाली सेर भर से ज़्यादा दूध नहीं देती तो उनको बैठाकर कोई क्यों खिलाएगा? क्योंकि अब उनके बच्चों की भी कोई क़ीमत नहीं रह गई। उन्हें क़साई को देने में कई बार ममता तो कई बार धरम राह रोकता है। इसलिए उनको गाँव से खदेड़ दिया जाता है। भागकर वे दूसरे गाँव जाते हैं, वहाँ से भी खदेड़ दिये जाते हैं। आख़िरकार शहर में भटकने, पिटने, मार खाने, ज़लील होने के लिए चले आते हैं।

रिक्शा एक बैल से टकराया लेकिन सँभल गया।

"बिजली अभी तक आई नहीं?" सूर्यकान्त अँधेरे से ऊबने लगा था।

"अभी कहाँ से आ जाएगी, वो रात एक बजे आएगी।"

"क्यों?"

"दोपहर तीन बजे से रात एक बजे तक कटौती होती है यहाँ।"

"पूरे दस घंटे की कटौती!" सूर्यकान्त हैरान हुआ।

"ये बस कहने को है, बीच-बीच में भी गोल हो जाती है ससुरी।"

"बस...बस...यहीं रोक दो।"

रिक्शावाला पैसे लेकर चला गया। अब सूर्यकान्त था और उसके सामने घर था। दोनों के बीच की सारी रिक्त जगह में अँधेरा भरा था। उसने मोबाइल फ़ोन की लाइट से कॉलबेल ढूँढ़ा किन्तु सँभल भी गया—बिजली तो है नहीं। उसने किवाड़ पर लगी कुंडी खटकाई। वह न जाने कितने साल बाद कोई कुंडी छू रहा था, उसे किवाड़ पर बजा रहा था।

उस पार कामना थी जिसे वह पहचानता न था जो उसको नहीं पहचानती थी। उसको लेकर कामना की आँखों में प्रश्न था। प्रश्न सूर्यकान्त की आँखों में भी था लेकिन सवाल पूछने की जगह पर कामना थी, लालटेन लेकर। लालटेन जो बिजली कटौती को बयान कर रही थी।

"मैं सूर्यकान्त हूँ, लखनऊ से आ रहा हूँ।" यह सुनते ही लालटेन बड़े ज़ोर से हिली जिससे आसपास उसकी रोशनी में बवंडर आ गया। पर जल्दी ही कामना सँभली। उसने बैठकर सूर्यकान्त के पाँव छुए, उसे लेकर भीतर आई।

किसी आगन्तुक की आहट पाकर अवध नारायण एक अधभरे कटोरे में मुलायम हो रहा डेंचर निकालकर मुँह में लगाने लगे। माँ ऐनक पहनने लगी। दादी जो थीं यथावत निर्विकार रहीं। उनके हाथ में बेना था जो चुर्र चूँ...चुर्र चूँ की आवाज़ करते हुए चल रहा था और उन्हें थोड़ी-बहुत हवा दे रहा था।

उसे नज़दीक देखकर माँ, बाबू के अन्दर डर प्रकट हुआ, फिर आश्चर्य, फिर वात्सल्य...। लेकिन दोनों सारे मनोवेगों में चुप थे।

"इ कौन आदमी है?" दादी ने बेना डुलाते हुए पूछा।

"मैं सूर्यकान्त हूँ दादी।"

"कौन?"

"सूर्यकान्त।" इस बार वह तेज़ बोला।

"कोन सुरकान? तुम्हारे बाप का नाम क्या है?"

कोई कुछ नहीं बोला। एक ख़ामोशी फुर्ती से परेड करने लगी। पर यह बहुत कम समय के लिए था। जैसे कोई दृश्य फ्रीज होकर गतिशील हो गया हो।

सबसे पहले माँ बढ़ी। वह एकदम पास आकर बेना से सूर्यकान्त के चेहरे पर हवा करने लगी। इसके बाद दादी बोलीं—"अरे, मेरी कुबरी तो दो।" कामना ने उन्हें छड़ी पकड़ाई। वह झुकी-झुकी उठीं और छड़ी के सहारे चलती हुई सूर्यकान्त के ठीक सामने आ गईं। सूर्यकान्त उनका पैर छूने के लिए झुका। पर उसे बीच

में ही रोककर वह उसका चेहरा छूने लगीं। रूखी, ढीली त्वचा सूर्यकान्त के चेहरे पर लुढ़की।

"अरे, 'सूरकान' मेरे लाल, मेरा बचुवा।"

सूर्यकान्त ने जवाब में कुछ कहा नहीं। इस वक़्त हर कोई ख़ामोश था। केवल हाथपंखों की चुर्र चूँ...चुर्र चूँ की ध्वनि थी और लम्बी-लम्बी साँसों की। सूर्यकान्त लालटेन में आँखें गड़ाए था। बीच-बीच में बाबू और माँ को देख लेता था। या वह माँ-बाबू पर आँखें गड़ाए था और बीच-बीच में लालटेन को देखने लगता था। उसकी समझ में नहीं आ रहा था कि क्या करे? वह जानता था कि बाबू से संवाद हुए बिना इस घर में उसके सहज प्रवास या पुनर्वास की शुरुआत नहीं हो सकती। कोई भाव था जो उसे बाबू से जोड़ना चाहता था पर वह पुराना अपमानबोध था और दीर्घजीवी घृणा थी जो उसे विरक्त कर दे रही थी। उसने तय कर लिया, वह पहल नहीं करेगा, इससे बेहतर वापस लौटना होगा। बाबू अन्तर्यामी हों जैसे, उसके मन की लड़ाई जान ली हो जैसे, बोले—"बहू कैसी है?" सबसे पहला वाक्य बहू के बारे में बोलकर अपने पुराने गुनाह के लिए माफ़ी माँग रहे थे क्या?

"वह ठीक है, ख़ुश है।"

"और गौरव अब बड़ा हो गया होगा?"

"जी।"

बाबू अपने पुराने किये पर शर्मिन्दा हैं, क्षमायाचक हैं—यह सम्प्रेषित करने में वह कोई कसर नहीं छोड़ना चाहते थे—"बहू और गौरव को भी ले आते।"

बाबू का ये अपनापन उसे लिजलिजा लगने लगा और उसमें उनके प्रति नफ़रत तथा ग़ुस्से का लावा चटकने लगा। लेकिन वह ख़ुद पर क़ाबू पाए रहा।

इस बीच कामना चली गई थी और अब चाय-पानी और खाने की कोई चीज़ लेकर लौट रही थी। उसने ट्रे मेज़ पर रखा और स्विच ऑन किये। कमरे में उजाला फैल गया और पंखा चलने लगा।

"इनवर्टर चल रहा है।" कामना ने रोशनी की वजह बताई।

"पहले क्यों नहीं चल रहा था?"

"तीन-चार घंटे का ही बैकप रहता है, सोते समय के लिए बचाकर रखना होता है।"

"शिब्बू कहाँ है?"

"कहीं गए हैं, फ़ोन किया है, आते ही होंगे। आप कुछ खाएँ न।"

उसने सोचा प्लेट उठाकर दादी से कुछ ले लेने को कहे, फिर माँ से, कामना से लेकिन उसने ऐसा नहीं किया क्योंकि तब बाबू के साथ भी वैसा करना होगा। वह बिस्कुट का एक टुकड़ा निकालकर खाने लगा। जब वह पानी पी रहा था, अवध नारायण ने कहा—"थोड़ी देर में नहा-धो लो, बड़ी गर्मी पड़ रही है, ऊपर छत पर हवा चल रही है, वहीं बैठते हैं।"

सूर्यकान्त ने अबकी बार उजाले में पिता को देखने के लिए उधर आँखें मोड़ीं। अवध नारायण अब वही अवध नारायण नहीं थे। कमर हल्की सी झुक गई थी और चेहरा निस्तेज हो गया था। उम्र ने उन पर कुछ अधिक असर डाला था। उनका वज़न गिर गया था शायद। वह एक पुरानी बनियान तथा लुंगी पहने थे। बनियान की बाँह झूल रही थी और लुंगी के बाहर दिख रहे उनके टखनों में जगह-जगह काले चकत्ते थे। खाज-दाद जैसा कोई त्वचा रोग था शायद। उनका चेहरा लटका हुआ रहता था, केवल बोलते समय वह चेहरा उठाते थे। उनका डेंचर ठीक नहीं बना था, बोलते समय वह हिल जाता था बीच-बीच में, तब वह उसे जीभ से ठेल-ठालकर ठीक करते।

कामना ने बिस्कुट की प्लेट उनकी तरफ़ बढ़ाई। सूर्यकान्त ने देखा, उनके हाथ बहुत मन्द गति से प्लेट तक पहुँचे थे और अब बिस्कुट तोड़ने के लिए उन्हें दोनों हथेलियों की ताक़त इस्तेमाल करनी पड़ रही थी। दरअसल उनके दोनों हाथ काँप रहे थे और बिस्कुट तोड़ नहीं पा रहे थे। माँ ने आगे आकर उनकी मदद की। अब वह बिस्कुट के टुकड़ों को पानी में डुबो-डुबो कर खाने लगे।

सूर्यकान्त उन्हें लगातार देख रहा था और वह समझ नहीं पा रहा था कि उनको इस दयनीय दशा में देखकर वह ख़ुश हो रहा है या दुखी। वह जीता हुआ अनुभव कर रहा था अथवा शिकस्त खाया हुआ इसकी एकदम सटीक व्याख्या करना उसके लिए सरल नहीं था। सोचा—'इस घर से मेरे निष्कासन के वक़्त वह वर्चस्व, वह चीख़, मेरी बाँहों पर उस कलाई की सख़्त बेरहम पकड़, वह रुआब, वह शारीरिक बल, वरिष्ठता का वह दम्भ—उन सभी की अब लाचारी, रुग्णता, निर्बलता में यह परिणति—मेरा इन्तक़ाम, मेरी गौरी के अपमान का बदला पूरा हुआ। वह ख़ुश और विजेता होने की अनुभूति में उतर ही रहा था कि उसे लगा—इनकी यह स्थिति मेरे इन्तक़ाम की वजह से नहीं है, यह मेरे प्रतिशोध नहीं क़ुदरत के नियम से है। वह हताशा से भर उठा और उसमें भावनात्मक हिंसा की प्रबल भावना उभरी। उसका मन हुआ कि सामने बैठे इस शख़्स से वह कोई ऐसी बदसलूकी करे जिसकी कोई

मिसाल न मिले। उसे महसूस होने लगा कि वह इतने वक़्त के बाद इस घर में आया है तो सिर्फ़ इस आदमी से अपने, गौरी की बेइज़्ज़ती का हिसाब चुकाने। वह यहाँ किसी होटल में भी ठहर सकता था लेकिन वह यहाँ आया तो माँ, चाचा, शिब्बू के प्रेम के कारण नहीं, इस इनसान के प्रति वितृष्णा उसे यहाँ खींच लाई है। और अब वह समय आ गया है जब वह अपना मक़सद पूरा करे। मगर उसके दिमाग़ में कुछ चमका और उसका समस्त रोष चकनाचूर हो गया, उसने सोचा—अगर उसी वक़्त या उसके साल-दो-साल भीतर नहले पर दहला जड़ता तो मैं विजेता होता। लेकिन वह अवध नारायण अपनी उम्र, ताक़त, सत्ता और तन्दुरुस्ती के साथ ही विदा हो गया। यह जो यहाँ है, अवध नारायण की मृत्यु की छाया है। उसने अनुभव किया कि वह हमेशा-हमेशा के लिए अपने पिता से हार गया है। पहले पिता की ताक़त से वह पराजित हुआ था और अब उसे उनकी निर्बलता ने हरा दिया।

"मम्मी सब्ज़ी क्या बनाएँ?" कामना माँ से पूछ रही थी।

माँ कुछ नहीं बोली, चुपचाप कामना के साथ ख़ुद रसोई के लिए चली गई।

अब कमरे में वह था, बाबू थे, दादी थीं जो पंखा चलने के बाद भी अपना बेना चुर्र-चूँ...चुर्र-चूँ घुमा रही थीं।

उसने दादी से पूछा—"दादी आप कितने साल की हो गईं?"

"सौ साल की।"

"नहीं दादी, आप सौ की नहीं होंगी। कम की होंगी।"

"तो सत्तर की होऊँगी या अस्सी की!"

"अरे, नहीं, ज़्यादा की होंगी।"

दादी ने बेने से उसे पीटने का अभिनय किया—"हमको परेसान कर रहे हो।" वह अवध नारायण से मुख़ातिब हुईं—"कहाँ जा रहे हो?" अवध नारायण कमरे से धीरे-धीरे जा रहे थे। वह चलते हुए ही बोले—"पेसाब करने।" उनके चले जाने के बाद दादी सूर्यकान्त से बोलीं—

"न जाने इसको कौन-कौन बीमारी है।"

"अरे!"

"हे बचुवा एक बात मेरी मानोगे?"

"दादी आप कहो न।"

"पहले कहो कि मानोगे।"

"हाँ मानूँगा।"

"तो सुनो, इ तुमरे बाबू बहुत बीमार रहते हैं। कई रोग हैं इसको। तू एक बार लखनऊ ले जाकर बड़े अस्पताल में दवाई करा दे। वहाँ बड़े-बड़े डॉक्टर हैं।"

उसने बात टाली—"बड़े नहीं, अच्छे डॉक्टर होने चाहिए दादी।" उसने विषयान्तर किया—"नहा लूँ तब आगे बात करते हैं।" अटैची से कपड़े निकालकर वह कमरे से निकल गया।

वह बाथरूम में घुसने वाला था कि किचिन की तरफ़ से रुलाई फूटी। किचिन से माँ रोई थी, बाबू रोये थे। उन दोनों की रुलाई सुनकर कामना रोने लगी थी। कामना को रोता देखकर उसकी बिटिया रोली रोने लगी थी।

यह एक निर्बाध और निरावरण रुदन था। इस रुदन में न कोई हिचक थी न शर्म।

वह रसोई की दिशा में गया, वहाँ माँ और बाबू एक-दूसरे के कंधे पर सिर टिकाये रो रहे थे।

यह एक भावुक बना देने वाला नज़ारा था लेकिन भावुक होने के बजाय उसे ऊब महसूस हुई। उसका मन हुआ कि वह उनसे चुप होने के लिए कहे लेकिन उसे यह करना अटपटा-सा लगा और वह बाथरूम में लौट आया। वहाँ सिर पर पानी डालते ही सिहर गया क्योंकि उसका मोबाइल फ़ोन बाहर बिस्तर पर पड़ा था। वह डर गया—इस बीच गौरी फ़ोन करे तो कहीं बाबू न उठा लें। इस आशंका से निजात का एक ही रास्ता था—वह ताबड़तोड़ नहाकर निकल आया था। उसने कपड़े पहने, कंघी की और फिर गौरी से बात करने के लिए उसका नम्बर मिलाया। वह यहाँ के हालचाल बताना चाहता था और वहाँ के समाचार जानना चाहता था लेकिन गौरी का मोबाइल फ़ोन अभी भी बन्द था और लैंड लाइन से बिजी टोन पूर्ववत आ रही थी। लगता है गौरी बहुत नाराज़ है, उसने अन्दाज़ा लगाया।

अवध नारायण कमरे में आ गए थे और अब वह चुप, शान्त थे।

"नूपुर भी आने वाली है। जैसे सुना चल पड़ी घर से।" अवध नारायण ने बेटी के आने की ख़बर दी।

"तेंदुलकर जी और बच्चे?" सूर्यकान्त ने बहन के पति और बच्चों के बारे में पूछा। सब यहीं सुल्तानपुर में रहते थे।

"नहीं, नूपुर अकेले आ रही है, शिब्बू रास्ते में था, वह लेकर आ रहा है।"

माँ की रुलाई फिर उठी थी। ज़्यादा रोने से कहीं उसकी तबीयत न बिगड़ जाए। सूर्यकान्त ने तय किया, बाबू से कहे कि उनको चुप कराएँ। वह इनकी बात मान लेगी। प्यार या इज़्ज़त के कारण शायद कम, डर या दस्तूर के कारण

ज़्यादा। बाबू कह देंगे, चुप! वह चुप हो जाएगी। यह एक हिंसात्मक समाधान था पर सूर्यकान्त को एहसास था कि माँ को सहज स्थिति में लाने का दूसरा रास्ता नहीं कारगर होगा।

"अम्मा लगातार रो रही हैं, आप उनसे रोना बन्द करने के लिए कहें।"

अवध नारायण ने बेटे को देखा उसके बाद बोले—"कौन वो मेरा कहा मान लेती है। उलटे जब देखो कोसती रहती है।"

सूर्यकान्त को हैरत हुई—"कोसती हैं और आपको?"

"हाँ मुझे। अब वह पहले जैसी नहीं रही। जब भी पास बैठती है अनाप-शनाप बोलती है।" उन्होंने दयनीय होकर शिकायत की।

"क्या कहती है?" सूर्यकान्त को उनकी निरीहता पर ख़ुशी हुई।

"कहती है—'तुमने मेरी ज़िन्दगी बरबाद कर दी। कोई सहारा नहीं वरना तुम्हारे जैसे ज़ालिम के साथ एक पल न रहती।' मुझे नरक में जाने का, मेरे शरीर में कीड़े पड़ने का शाप देती है। मुझको इनसान नहीं हैवान बताती है।"

"यक़ीन नहीं होता अम्मा ऐसा कहती होंगी।"

"यहाँ आए हो यक़ीन हो जाएगा।"

"आपको ग़ुस्सा नहीं आता उन पर? पहले आप बहुत ग़ुस्सा करते थे।" सूर्यकान्त ख़ूँख़ार होने लगा।

"हाँ, पहले बहुत ग़ुस्सा आता था। तुम्हारी माँ पर बहुत क्रोध किया...तुम पर किया...और...।" उनकी साँसें फूलने लगीं—अधिक बोलने के कारण या कुछ कहना चाहते हुए न कह सकने के कारण।

"और?" उनकी साँसों के प्रति वह बेपरवाह दिखा।

"और...बहू पर भी ग़ुस्सा किया था...। वह मेरा आख़िरी क्रोध था।"

"उसके बाद?" उसने उनकी घेराबन्दी शुरू की।

"उसके बाद मैंने माफ़ करना सीखा।" उन्होंने बताया—"गुरु ने मंतर सिखा दिया था कि माफ़ करना सीख लो तो ग़ुस्सा नहीं आएगा। सबको माफ़ कर देना चाहिए सिवा ख़ुद के। गुरुजी ने बताया ख़ुद को कभी क्षमा नहीं करना चाहिए, अपने को कठोर से कठोर सज़ा दो।"

"मुझे और गौरी को माफ़ किया?" उसने पिता से आँखें मिलाकर पूछा।

"तुम दोनों ने ग़लती की थी?"

"आपकी समझ से की थी!"

"अपनी उस समझ के लिए मैंने अपने को क्षमा नहीं किया, कठोर दंड दिया।"

"किस तरह का दंड?" वह उन्हें बख़्शना नहीं चाहता था।

वह चुप रहे। उनके पास जवाब नहीं था या वह सटीक जवाब तलाश रहे थे या जवाब दें कि न दें इस अनिश्चय में थे।

तभी उन पर सूर्यकान्त ने एक अन्य प्रहार किया—"अपने को सज़ा देने से बेहतर होता है प्रायश्चित्त कर लेना। दूसरी बात, हमेशा माफ़ करने में ही बड़प्पन नहीं होता है, कभी-कभी माफ़ी माँगना ज़्यादा बड़ी बात होती है।"

"ठीक कह रहे हो। पर माफ़ी माँगना काफ़ी मुश्किल काम है।" वह कुछ देर ठहरकर बोले—"वैसे ज़रूरी नहीं कि हमेशा हाथ जोड़कर, गिड़गिड़ाकर माफ़ी भीख की तरह माँगी जाए। उसके दूसरे ढंग भी होते हैं।"

"पर क्या तब सामने वाला तैयार हो जाएगा?"

"हाँ, अगर वह समझदार हो और रहमदिल भी।"

"और वो दूसरे ढंग कौन से हैं ज़रा मैं भी जानूँ?"

"जैसे जब तुम आए और घर में दाख़िल हुए और मैंने तुम्हारी, बहू की, पोते की ख़ैरियत पूछी और कहा कि 'बहू और गौरव को भी लाए होते' तो मैं एक तरह से माफ़ी ही माँग रहा था।"

"हूँ, एक तरह से।" उसने व्यंग्य किया—"और इतने साल बाद।" अब उसने व्यंग्य तजकर सीधी चोट की—"इतने साल बाद आप माफ़ी माँगकर महान बनने की कोशिश कर रहे हैं। जिस दिन हमें घर से निकाला था उसके दो-चार रोज़ के भीतर लखनऊ आकर कहते—'चलो वापस।' तब हम समझते कि आपको पछतावा हो रहा है। लेकिन इतने अन्तराल के बाद...वह भी तब जब आपने मुझे बुलाया नहीं और न मुझे कोई मनुहार करके लाया है बल्कि मैं अपने आप आया हूँ।"

उनकी साँस दुबारा फूलने लगी थी...। वह उनके कुछ कहने का इन्तज़ार करता रहा। किन्तु अधिक देर नहीं। उधर माँ पुन: रोने लगी थी, वह उन्हीं के पास चला गया।

माँ रसोई में खाना बना रही थी और रो रही थी। उसने अपने आँचल से चेहरे को साफ़ किया और देखा कि बेटा खड़ा है।

"अम्मा मैं कुछ मदद कर दूँ।"

"नहीं रहने दो।"

"क्यों?"

"इतने साल मदद का ख़याल नहीं आया।" माँ की आवाज़ भर्रा गई जिसे छिपाने के लिए वह कलछुल उठाकर सब्ज़ी चलाने लगी।

सूर्यकान्त ने माहौल को सामान्य बनाने के इरादे से मज़ाक़ करने की कोशिश की—"माँ खाने में इतने आँसू मिलाएगी तो वह ख़ारा हो...।" उसने अपनी बात पूरी की किन्तु वाक्य पूरा नहीं कर सका। बीच में ही उसकी आवाज़ फँस गई और एक भिंची हुई वेदना निकली जिसे शायद शिब्बू ने नहीं सुना था। शिब्बू उत्साहपूर्वक ज़ोर-ज़ोर से बोल रहा था—"भैया हम आपको सोने नहीं देंगे। रात-भर जागकर आपसे बातें करेंगे..."

रतजगा

वह एक यादगार रतजगा था। सूर्यकान्त, शिब्बू, कामना, नूपुर और रोली छत पर इकट्ठा हो गए थे। वे सभी ख़ुश और उत्साह से भरे हुए थे।

खाने के बाद सूर्यकान्त माँ से बात करना चाहता था लेकिन माँ ने कहा—"तुम्हारे बाबू को दवाई देनी है।" और बाबू के पास चली गई। अन्तत: वह छत पर आ गया था। छत का एक हिस्सा खुला हुआ था जबकि दूसरे में रिहायश थी। छत पर बने हिस्से में कभी चाचा अपने परिवार के साथ रहते थे, अब यह शिब्बू के लिए था। बाबू द्वारा घर से निकाले जाने पर उसने चाचा के जिस कमरे में रात जागकर बिताई थी वह यहाँ खुली छत से दिख रहा था। वह भी एक रतजगा था और आज भी एक रतजगा होने वाला था।

रतजगों की सूर्यकान्त के दिलोदिमाग़ पर अमिट छापें थीं।

गौरी के साथ किये गए दाम्पत्य के शुरुआती रतजगों को छोड़ दिया जाए तो सूर्यकान्त के जीवन में आज के पहले भी एक ऐसा रतजगा हुआ था जो यादगार है। ख़ास तौर पर जब भी वह किसी दुख, सन्ताप, मानसिक उद्वेलन के दौर से गुज़रा, संसार के मेले में अकेला और असहाय हुआ, वह रतजगा जाने क्यों उसे ज़रूर याद आया।

चाचा की शादी के समय की बात है।

यूँ अक्तूबर 84 के बाद चाचा शादी नहीं करना चाहते थे। वह अपनी शादी के कुछ साल पहले आजन्म अविवाहित रहने की घोषणा कर चुके थे। यह 'चाचा प्रतिज्ञा' इसलिए हुई थी कि उनकी प्यारी बलवंत कौर उनको और उनके शहर को हमेशा-हमेशा के लिए छोड़कर अपने मौसा के यहाँ भटिंडा चली गई थी। तब भतीजे ने देखा था कि जब देखो तब चाचा सिगरेट फूँकते हैं और लम्बी-लम्बी साँसें लेते हैं। उसने चाचा की इस दशा से द्रवित होकर एक दिन कहा—"क्यों कलेजा

जलाते हो? बेवफ़ा चली गई तो चली गई।" इस पर चाचा ने भतीजे को बहुत तेज़ तरेरकर पूछा था—"बेवफ़ा का मतलब जानते हो?"

"बिलकुल जानता हूँ।" भतीजा सगर्व बोला।

"क्या?" चाचा का ग़ुस्सा थम नहीं रहा था।

"एक शहर को छोड़कर दूसरे शहर चले जाने वाले को बेवफ़ा कहते हैं।"

चाचा ने भतीजे को अब क्रोध नहीं दया से देखा।

वह अक्तूबर का आख़िरी था। बलवंत कौर सहेलियों के साथ कॉलेज से जल्दी निकल पड़ी थी। उन्हें माया बहिन जी से छुट्टी आसानी से मिल गई थी क्योंकि माया बहिन जी भी छुट्टी लेकर घर जा रही थीं। इन सभी का छुट्टी का कारण क्रिकेट मैच था। सभी को मैच की कमेंट्री सुननी थी और वे जल्द से जल्द घर पहुँच जाना चाहती थीं।

बलवंत कौर ने आज कंजूसी नहीं की और रिक्शा पकड़कर घर आ गई थी। रास्ते में एक सहेली ने मूँगफली बेचने वाले से एक पाव चीनियाबादाम ख़रीदकर उसे दिया था। सहेली मूँगफली फोड़-फोड़कर खाती रही। वह इतना तेज़ खा रही थी कि जल्द ही रिक्शे का पाँवदान छिलकों से भर गया था। लेकिन बलवंत कौर ने अपने हिस्से की मूँगफली इस इरादे से रख ली थी कि घर पर क्रिकेट की कमेंट्री सुनते समय खाएगी।

घर आकर उसने पहला काम यह किया कि ट्रांजिस्टर खोल दिया। पर मैच रुका हुआ था न जाने क्यूँ? कमेंट्रेटर कोई कारण भी नहीं बता रहा था। बलवंत ने सोचा, तब तक खाना खा लेती है। माँ कहीं गई थी, बेबे ने खाना गरम करके दिया जिसे जल्दी-जल्दी खाकर वह कमरे में आकर लेट गई और अपने सिरहाने पर ट्रांजिस्टर रख लिया। मैच अभी भी नहीं हो रहा था। उसने ऊबकर गाने वाला स्टेशन लगाया, गाना भी नहीं आ रहा था। वह खीज गई और ट्रांजिस्टर को इधर-उधर ठोकने लगी, शायद कोई ख़राबी हो जो ठोकने-ठाकने से ठीक हो जाए मगर हालत वैसी ही रही। हारकर वह स्टेशन बदलने लगी। वह काफ़ी देर स्टेशन बदलती रही

कि तभी समाचार आया कि प्रधानमंत्री इंदिरा गांधी को गोली मार दी गई। बलवंत की आँखें डबडबा आईं, उसने ट्रांजिस्टर लुढ़काकर तकिया में मुँह छिपा लिया। उसे इंदिरा जी अच्छी लगती थीं। उनकी चाल, उनका पहनावा, उनका आत्मविश्वास और उनकी आँखें, आवाज़, हँसी, सब बलवंत कौर को पसन्द थी। वह इस दुनिया में नहीं रहीं, इस पर वह यक़ीन नहीं करना चाहती थी। लेकिन क्या करती, तब तक माँ बदहवास-सी घर में घुसी और सारे दरवाज़े-खिड़कियाँ बन्द करने लगी। बेबे ने पूछा—"ये क्या कर रही हो?"

"इंदिरा गांधी का क़त्ल हो गया।"

"कैसे?"

"उनके सिक्योरिटी गार्डों ने उन पर गोली चलाई?"

"पर तू ये खिड़की-दरवाज़े क्यों बन्द कर रही है? इतना घबराई क्यों है?"

"इसलिए कि क़ातिल सरदार थे।"

"सरदार थे तो तू क्यों परेशान है?"

माँ सास को अनसुना करते हुए खिड़कियों पर परदे खींचने लगी।

अँधेरा होते-होते सरदारों पर हमला शुरू हो गया था। ख़बर और अफ़वाहें फैलने लगी थीं। घबराकर बलवंत कौर के बापू जी और बड़े भाई अपनी फिलिप्स रेडियो, टेपरिकॉर्डर की दुकान का शटर गिराकर ताला मारने लगे। उनके ख़ौफ़ और बदहवासी का सबूत यह था कि थोड़ी देर के लिए उन्होंने सोचा था कि घर जाने की तुलना में मुनासिब होगा कि दुकान के अन्दर ही रहकर दुकान बन्द कर ली जाए। लेकिन कितने दिन का बवाल हो और दुकान की तुलना में घर ज़्यादा महफ़ूज़ होता ही है, अत: दुकान के अन्दर पनाह लेने का मंसूबा रद्द करके वे बाहर आ गए थे और सुरक्षित गलियों के रास्ते लगभग दौड़ लगाने लगे थे। वे पिता-पुत्र आधी दूरी पार कर चुके तो उन्हें बग़ल से गुज़रते मन्नन बाबू दिखे। जब मन्नन बाबू ने अपना स्कूटर रोका तो बेटे ने उनसे कहा—"भैया जी आपका टेपरिकॉर्डर कल मिलेगा, आज के लिए माफ़ कर दो।"

"अरे, सरदार जी मैं वही लेने दुकान गया था पर आपकी दुकान तो लूटी जा रही है।" मन्नन बाबू ने आगे क्या कहा पता नहीं क्योंकि पिता-पुत्र इस बार उलटी दिशा में सचमुच की दौड़ लगा दिये थे।

रास्ते में पड़ने वाली सिखों की सारी दुकानों से मालिक नदारद थे। उनके सामान पुलिस, खद्दरधारी और लफंगे लूट रहे थे और दुकान में आग लगा दे रहे थे। ये

लोग क्रोध से चिल्ला रहे थे और प्रसन्नता से नाच रहे थे। अधिकतर के हाथों में लूट के सामान थे। कोई साड़ियों का बंडल लिये भाग रहा था कोई पैंट का थान। कुछ लोग बड़े-बड़े डिब्बे कार्टून गोद में लिये थे, कुछ सिर पर रखे चले जा रहे थे।

बलवंत कौर के बापू जी और बड़े भाई अब तक अपनी दुकान तक पहुँच गए थे। वहाँ उन्होंने देखा कि उनकी दुकान आधी से अधिक ख़ाली हो गई है। बाक़ी आधी भी ख़ाली की जा रही थी। एक जत्था दुकान में घुसा पड़ा था। बाहर चार पुलिस के सिपाही अपने-अपने हाथों में एक-एक टेपरिकॉर्डर हाथ में लटकाये हँस रहे थे। एक दरोगा अपनी मोटरसाइकिल पर बैठा पान चबा रहा था। उसकी मोटरसाइकिल की पेट्रोल टंकी जो दरोगा के पेट की तरह फूली थी पर एक ख़ूब बड़ा दफ्ती का डिब्बा रखा था जिसमें पता नहीं क्या था।

यह सब बलवंत कौर के बापू जी और बड़े भाई बरदाश्त नहीं कर सके, बापू जी रोने लगे, बड़े भाई चीख़ पड़े। वे लगातार रो रहे थे, चीख़ रहे थे इसे देखकर भीड़ हँसने लगी। इस पर एक खद्दरधारी ने कहा—"हँसिये मत! ये दोनों सरदार हैं और हमारी नेता की हत्या सरदारों ने की है। मौत का बदला मौत है। इन दोनों का काम तमाम करो।" बलवंत कौर के बापू की रुलाई बन्द हो गई और बड़े भाई की चीख़। दोनों का चेहरा रक्तहीन हो चला। दोनों के बीच कुछ संकेत हुए और दोनों जान बचाने के लिए भागे लेकिन मोटरसाइकिल पर बैठे दरोगा ने उछलकर दोनों को दबोच लिया और भीड़ के हवाले कर दिया। भीड़ ने कहा—"सालों की पगड़ी खोलो।"

दोनों के केश खुलकर पीठ और कंधे पर गिरे!

भीड़ ने कहा—"इनके कपड़े उतारो।"

वे दोनों केवल जाँघिए में रह गए।

भीड़ से किसी ने कहा—"ये लो किरोसिन।"

उन पर मिट्टी का तेल छिड़का गया। एक सिपाही ने अपनी बीड़ी जलाई और माचिस से दूसरी तीली जलाकर बलवंत कौर के बड़े भाई पर फेंकी। तीसरी बापू पर।

नामालूम कौन सी उम्मीद बची थी कि बलवंत कौर के बापू और बड़े भाई आग बने घर की दिशा में भागने लगे। जैसे आग के दो पेड़ दौड़े जो थोड़ी ही दूरी पर अरराकर गिर गए।

इसके बाद बलवंत कौर, उसकी माँ और उसकी बेबे इस शहर में क्यों रहतीं? हालाँकि इन्हें छोड़कर बाक़ी किसी सिख ने शहर नहीं छोड़ा था। माहौल शान्त

होते ही वे पुन: अपनी दुकानों और घरों के बिछड़े, खोये असबाब जुटाने लगे थे। असबाब तक ठीक है पर बिछड़ गए अपने पुन: कैसे जुटाए जा सकते थे?

बलवंत कौर के भटिंडा चले जाने से पहले चाचा ने उससे मिलने का अथक जतन किया था पर कामयाब नहीं हुए। वह उनसे बिना मिले, बग़ैर कुछ कहे, बिना उन्हें सुने, देखे और बिना उनको दिखाए भटिंडा चली गई। पर हैरतअंगेज़ बात यह हुई कि वह जैसे शहर से निकलकर भटिंडा नहीं, चाचा के दिल—उनकी आँखों—उनके दिमाग़ में रहने लगी थी। उसकी छवि हमेशा चाचा को मथती रहती थी। बलवंत कौर जब अक्तूबर 84 के पहले एक रोज़ उनसे आख़िरी बार मिली थी, कानों में पहली बार बड़े-बड़े बाले पहने हुए थी। बोलते समय वह चेहरा बहुत घुमाती-फिराती थी, ऐसा करने पर उसके बाले ज़ोर-ज़ोर से डोलने लगते। वह आँखें नचाती तो भी बाले हिलते। वह हँसती थी, तब बाले थरथराते थे। कुछ पलों के लिए उसके उदास हो जाने पर बाले हठात् ठिठक गए थे। बाले पहने बलवंत कौर की यह मोहिनी छवि हर क्षण चाचा को घेरे रहती थी। उनके अवसाद और हताशा का अन्दाज़ा इससे लगाया जा सकता है कि एक अच्छी नौकरी के लिए इंटरव्यू का बुलावा आने पर उन्होंने उसमें जाने से इनकार कर दिया था। उनके वियोगी होने का एक साक्ष्य यह था कि वह जब देखो तब सिगरेट का धुआँ छोड़ते थे। भतीजा उनकी इस बरबादी को बरदाश्त न कर सका और एक दिन उनके सामने बैठकर बोला—"बुलबुल के बिछुड़ने से क्यों सैयाद पिघलता है।" चाचा इस शायरी का मतलब नहीं समझ सके। बुलबुल बलवंत कौर है, यहाँ तक ठीक है लेकिन यह ख़ुद सैयाद यानी शिकारी कैसे हो गए? उन्होंने सिगरेट का कश खींचकर धुआँ छोड़ते हुए पूछा—"सैयाद मतलब?"

"सच्चा प्रेम करने वाला।"

और वक़्त होता तो चाचा अवश्य भतीजे का कान उमेठते लेकिन इस वक़्त उनके होंठों से यह निकला—"बलवंत।" उनकी आँखें सिकुड़ गईं—"मैं बलवंत को कभी भुला नहीं सकता।"

"मत भुलाओ न। पर बलवंत को याद करने के लिए क्या ज़रूरी है कि हरदम सिगरेट का सुट्टा मारो, रोने-धोने वाली बातें करो, मनहूस सूरत बनाए रखो। अरे क़ायदे से रहो। ये ज़िन्दगी है, एक दिन बलवंत का अपना घर बसेगा और तुम अपना घर बसाओगे, फिर यह हाय-हाय करना और छाती पीटना क्यों? चलो उठो चाचा और ख़ुश होकर मुझको चाट खिलाओ।"

चाचा नाराज़ नहीं हुए—"मैं चाट ज़रूर खिलाऊँगा।" वह अधिक भावावेग में आ गए। सिगरेट का एक गहरा कश फिर खींचा और बची सिगरेट को पैरों से मसलते हुए कहा—"लेकिन एक बात सुन लो, मैं शादी कभी नहीं करूँगा। मैं प्रतिज्ञा करता हूँ कि बलवंत के अलावा मैं किसी से शादी नहीं करूँगा।"

"तब हो चुकी तुम्हारी शादी।" भतीजा भुनभुनाकर बोला था।

लेकिन आख़िरकार चाचा-भतीजे के लिए चाची ले आए। प्रारम्भ में चाचा को अपने प्रतिज्ञा पालन में दिक़्क़त न हुई। क्योंकि उस समय तक उनके पास नौकरी न थी और बेरोज़गार से बेटी न ब्याहने का रिवाज उन दिनों भी था। हाँ, नौकरी पा जाने के बाद ज़रूर चाचा की शादी के लिए प्रस्तावों की क़तार लग गई। कन्या पक्ष के लोग कन्या की फ़ोटो तथा जन्मकुंडली लेकर आने लगे। इतवार को तो 'वरदेखुआ' लोगों की संख्या काफ़ी अधिक हो जाती। इसीलिए शनिवार को दफ़्तर से लौटते समय अवध नारायण दलमोठ, पेठा और बिस्कुट लेकर आते।

अपनी शपथ पर टिके रहने का चाचा का तरीक़ा यह था कि वह लड़की की फ़ोटो देखकर नापसन्द कर देते थे। भैया अवध नारायण से सीधे मना कर देने या उन्हें अपने वियोग की सचाई बताने की उनमें हिम्मत न थी इसलिए उन्होंने लड़कियों की फ़ोटो में कोई-न-कोई ख़ामी निकालकर प्रस्ताव को रद्द कर देने का रास्ता चुन लिया था। उनके द्वारा प्रस्तावों के निरस्तीकरण की अन्धाधुंध कार्रवाई पर अवध नारायण झुँझला जाते—"फिर कब होगी तुम्हारी शादी?"

"मुझे अभी कोई जल्दी नहीं है।" चाचा के इस कथन का भतीजा सूर्यकान्त भावानुवाद इस प्रकार करता—"मेरी मोहतरमा बलवंत कौर और तुम्हारे सिवा मैं किसी और से शादी कैसे कर सकता हूँ!" हालाँकि भतीजे को 'मोहतरमा' शब्द पर कुछ सन्देह हुआ और समाधान के लिए चाचा से ही पूछा—"चाचा मोहतरमा का अर्थ मुहब्बत होता है क्या?"

"नहीं तो।"

"ओह!" भतीजे ने अपने होंठ काट लिये।

लेकिन एक दिन एक फ़ोटो पर चाचा की नज़र पड़ी तो गड़ गई। यह फ़ोटो था कि कोई जादू हो रहा था या किसी ने मायाजाल रच दिया था या चाचा के दिमाग़ पर मूठ चला दिया गया था जिससे उनकी मति किसी फ़रेब के शिकंजे में आ गई थी...। अब परिस्थिति यह थी कि वह फ़ोटो हूबहू बलवंत कौर की फ़ोटो लग रही थी। चाचा फ़ोटो में ऐसा डूब चुके थे कि उन्हें लगने लगा कि वह फ़ोटो नहीं

साक्षात बलवंत कौर को देख रहे हैं। वह बलवंत कौर को एक कोने में ले जाकर बुदबुदाए—"मेरी मुहब्बत बलवंत कौर क्या तुम लौट आई हो?"

बलवंत कौर बिलकुल नहीं लौटी थी। अलबत्ता इतना ज़रूर था कि बलवंत कौर और माधुरी की शक्लें हूबहू एक जैसी थीं। लेकिन नियति को जैसे इतने साम्य से तृप्ति न हुई हो, जब चाचा ने पहली बार माधुरी को देखा तो माधुरी बलवंत कौर की तरह ही कानों में बड़े-बड़े बाले पहने हुए थी। वरपक्ष की फ़रमाइश पर जब माधुरी ने भजन गाए तो गाते समय वे बाले हिल रहे थे। यही नहीं विवाह के समय जयमाल पहनाते वक़्त माधुरी ने बाले नहीं झुमके पहन रखे थे किन्तु चाचा को उसके कानों में बाले ही दिखे। चाचा ज़रा लम्बे थे, माधुरी ज़रा ज़्यादा लम्बी नहीं थी। इसलिए उसने ज़रा जम्प लेकर चाचा की गरदन में जयमाल डाला। तब उसके झुमके ज़ोर-ज़ोर से हिलने लगे मगर चाचा को लगा था कि बलवंत कौर के दो सुन्दर-सुन्दर कानों में दो सुन्दर-सुन्दर बाले झूम रहे हैं।

चाचा और माधुरी के विवाह से ही वाबस्ता है वह रतजगा।

चाचा की बरात जौनपुर गई थी जहाँ माधुरी अपने माता-पिता भाई-बहन के साथ रहती थी और एम.ए. करने की दिशा में उन्मुख थी। जब उसके द्वार पर बराती नाचते-गाते आतिशबाज़ी छुड़ाते पहुँचे तो सभी को इत्र लगा प्लास्टिक का गुलाब दिया गया था और द्वारचार के समय प्रत्येक बराती को एक छपा हुआ गीत भेंट किया गया था जिसे जौनपुर के स्थानीय कवि मुकुल कुमार 'बेगाना' ने लिखा था और जिसका पहला बन्द इस प्रकार था—

श्रीमान आपका स्वागत है यह पवित्र मिलन की बेला है।
दो हृदय मिल रहे आज यह मधुर मिलन का मेला है।
बाजी शहनाई सजे हैं बन्दनवार माधुरी जयमाल लिये है खड़ी हुई।
मान्यवर यह कन्या स्नेह, प्यार, आशीष साथ है बड़ी हुई॥
उत्सव का है पर्व आज चहलपहल और चहुँओर ठेलमठेला है।
श्रीमान आपका स्वागत है यह पवित्र मिलन की बेला है॥

अगले दिन भात की रस्म पर बरातियों को पाँच-पाँच रुपये मिले थे और विदाई के समय स्टील की कटोरी के साथ हर एक को पूड़ी-तरकारी का पैकेट दिया गया था जिसमें एक-एक पीस मीठा भी था। पर चाचा को कुछ नहीं मिला था। इसे ऐसे कहा जाए कि चाचा ने कुछ नहीं लिया था। चाचा ने आपातकाल की अवधि

में कॉलेज में भरे गए हलफ़नामे में कहा था कि वह न दहेज़ देंगे न लेंगे। बाद के दिनों में बाक़ी छात्रों ने जो किया हो परन्तु चाचा ने अपने वचन को चरितार्थ कर दिया था। उन्होंने वाक़ई दहेज़ नहीं लिया था और दहेज़ देने का उनके पास अभी फ़िलहाल कोई अवसर नहीं था। चाचा ने न केवल दहेज़ लेने से इनकार किया था बल्कि ससुराल का गुलाब का नक़ली फूल, कटोरी और मिठाई सहित पूड़ी-सब्ज़ी ग्रहण करने से भी मना कर दिया था। इस प्रकार वह भतीजा तथा अन्य नौजवानों के हीरो बन गए थे। भतीजे ने चाचा में उस दौर के सुप्रसिद्ध अभिनेता नसीरुद्दीन शाह की छवि देखी जो अन्याय, कुप्रथाओं और ग़ैर बराबरी के विरुद्ध संघर्ष करता था। भतीजे ने चाचा से कहा था—"चाचा, तुम तो पूरे नसीरुद्दीन शाह लग रहे हो।" यह सुनकर चाचा मुस्कराए थे पर तत्काल होंठ सिकोड़कर कहीं खो गए थे। उन्होंने एक लम्बी साँस ली। दरअसल शाह से मिलान की बात पर चाचा को बलवंत कौर याद आ गई जिससे माधुरी का मिलान बड़ा सटीक था।

माधुरी ने चाचा में कुप्रथाओं से लड़ने वाला नायक नहीं देखा था। हाथों की मेहँदी अभी सूखी भी नहीं थी कि चाची ने चाचा से कहा—"आप भी बड़े घामड़ हैं। अरे ये दहेज़ क्यों नहीं लिया। पूड़ी, सब्ज़ी, कटोरी, मिठाई, नक़ली गुलाब का फूल नहीं लिया कोई बात नहीं मगर दहेज़! उसे कोई ठुकराता है! आपके घर में न रंगीन टीवी है न फ्रिज है, न आपके पास स्कूटर है। ये सब हमारे घर में आ जाते तो पाप नहीं लग जाता। आपने नक़द नहीं लिया, चलो मानती हूँ कि वह दहेज़ था मगर सामान...वे तो बेचारे गिफ़्ट होते हैं। उन्हें ठुकराकर आपने अच्छा नहीं किया...हाँ नहीं तो...।"

लेकिन चाचा के घरवालों के मन में कोई मलाल नहीं था। भतीजे को छोड़ दें क्योंकि वह चाचा की तरह ही झक्की और अफ़लातून था, पर बाक़ी सदस्य भी चाचा के कारनामे से ख़ुश थे। वे दोनों स्थितियों में ख़ुश रहने वाले लोग थे। चाचा ख़ूब दहेज़ लेकर आते तो ये लोग गर्व से बताते कि इतना अधिक मिला है। अब वे ठाठ से बता रहे थे कि चाचा ने सिद्धान्तों के आगे लालच को लात मार दी। केवल भतीजे की माँ अथवा चाचा की भाभी की ख़्वाहिश थी कि अन्य कुछ नहीं बस एक रंगीन टीवी चाचा को लेना चाहिए था। इस चाहत का राज़ यह था कि क्रिसमस की छुट्टियों में नूपुर के साथ वह अपने मझले भइया के यहाँ गई थी। वैसे तब क्रिसमस की छुट्टियाँ नहीं, बड़े दिन की छुट्टियाँ कहा जाता था। इससे क्या फ़र्क़ पड़ता है असली बात यह है कि उनके मझले भइया के यहाँ श्वेत-श्याम

नहीं रंगीन टीवी था जो एक स्टैंड पर टिका इतरा रहा था। जबकि चाचा-भतीजे के घर में श्वेत-श्याम टीवी उस मेज़ पर रखा रहता था जो चाचा की पढ़ाई पूरी हो जाने के बाद ख़ाली हो गई थी। उनके यहाँ नहीं, उनके पूरे मुहल्ले में जिसके पास था, श्याम-श्वेत ही था, जिसमें पीले, लाल, नीले, हरे, बैगनी सब श्याम दिखते थे। सारे रंग श्याम रंग में सराबोर थे।

बाद के वर्षों में जब रेल के डीजल इंजनों ने कोयले वाले काले इंजनों को, रंग-बिरंगे फ़ोनों ने काले चोंगे वाले फ़ोन सेटों को लुप्त प्रजाति बना दिया तब श्याम-श्वेत टीवी भी अपनी-अपनी क़ब्रों में चले गए। लेकिन उस समय तो ये टीवी भी घर का रुतबा बढ़ाते थे। और किसी-किसी के ही पास होते थे। इसे इससे भी जाना जा सकता है कि चाचा-भतीजे के घर टीवी आने पर उनके घर से मोहल्ले की महिलाएँ, बच्चे ज़्यादा ही लसने लगे थे। जब टीवी स्क्रीन के ऊपर लगा लकड़ी का शटर हटाकर टीवी चालू किया जाता तो पास-पड़ोस भी 'प्रोग्राम' देखने चला आता था। कमरा 'हाउसफुल' हो जाने की दशा में बच्चे दरवाज़ों-खिड़कियों से झाँककर टीवी देखते थे। नूपुर रोज़ टीवी की सफ़ाई करती थी। अवध नारायण ने बाज़ार से छोटा सा गुलदस्ता लाकर टीवी के ऊपर बाईं ओर रख दिया। नूपुर ने मोतियों से 'स्वागतम' बनाकर दाईं ओर सजाया था जबकि चाचा ने दोनों के बीच में भगत सिंह की एक फ़ोटो स्थापित कर दी थी। गुलों, भगत सिंह और स्वागतम के नीचे से प्रकट होते थे 'हम लोग', 'ये जो है ज़िन्दगी', नुक्कड़ जैसे धारावाहिक। बुधवार और शुक्रवार को जब फ़िल्मी गीतों से सना कार्यक्रम 'चित्रहार' और रविवार को हिन्दी फ़ीचर फ़िल्म आती तो घर के सदस्य मुहल्ले वालों के साथ उसे देखने लगते थे। विज्ञापन आने लगने पर माँ और नूपुर रसोई में जाकर आटा गूँध लेतीं या कोई दूसरा काम कर डालतीं। रामायण धारावाहिक प्रसारण के वक़्त सारे मनुष्य मूक हो जाते थे, सभी का व्यक्तित्व सिमटकर उनकी आँखों में क़ैद हो जाता था।

केवल दादी का अलग राग था। वह गाँव में रहती थीं जहाँ टीवी छोड़िए बिजली का भी प्रवेश नहीं हुआ था। वहाँ अभी भी गाथाओं, गप्पों, निन्दा, लोकगीतों के ज़रिये ख़ाली समय बिताया जाता था। बहुत हुआ, ट्रांजिस्टर सुन लिया जाता था जिसके भजन, समाचार, गाने और कृषि सम्बन्धी कार्यक्रम ज़्यादा पसन्द किये जाते थे। दादी जब सुल्तानपुर शहर आतीं, उक्त पृष्ठभूमि लादकर आतीं। इस बार जब वह आईं, घर में विशेष उत्साह देखा जिसकी वजह वह बूझ नहीं पा रही थीं।

शाम को दादी की पतोह और पोती ने मिलकर दादी के लिए गुलगुले बनाए, कढ़ी बनाई, चावल पकाने के लिए भिगो दिये गए। सब्ज़ी तैयार हो गई और आटा भी गूँध लिया गया। ये सब होते-हवाते नज़दीक आ गया दूरदर्शन का प्राइम टाइम। अब आसपास से दर्शक भी दाख़िल होने लगे। दादी अचम्भे से सब देख रही थीं। वह वजह पता करने के लिए परिवार के सदस्यों से सवाल करतीं लेकिन कोई उनको कुछ बतलाता नहीं था। वे आपस में एक-दूसरे को देखकर मुस्कराने लगते थे। समूचे घर ने सधी-बदी कर ली थी दादी को छकाने की, ख़ुश करने की, भौचक्का कर देने की।

दादी तब आज की तरह नब्बे पार की नहीं थीं और आज की तरह शरीर को झुकाकर नहीं चलती थीं। वैसे उन पर क़ुदरत की कृपा थी, उन्हें ऐनक नहीं लगी थी। उनकी लगभग सात दशक पुरानी आँखें बग़ैर चश्मे के सूई में धागा डाल लेती थीं। यह ज़रूर है कि ऐसा करने में उनका तरीक़ा उलटा होता था। वह धागा को स्थिर रखती थीं और उसी में सूई का छेद घुसा देती थीं। इस प्रकार वह सूई में धागा नहीं, धागा में सूई डालती थीं। जो भी हो यह साबित हो जाता था कि उनकी आँखों में ज़रूरत भर की पर्याप्त रोशनी महफ़ूज़ थी। उनके दाँतों में भी बल बचा था। वह मूँगफली के दाने हल्का दरेरकर ही सही, चबा डालती थीं और छोटे टुकड़े करके अमरूद, सेब खा जाती थीं। उनके नाक-कान के क्या कहने, वे ग़ज़ब की चैतन्यता से सम्पन्न थे। चाचा सिगरेट पीने के चार घंटे बाद घर लौटे हों तब भी वह उनको धिक्कारने लगती थीं—"लुक्कारा पीकर आए हो!" वह बिगड़ती थीं कि जिगर जलाने से क्या फ़ायदा है? चाचा की वकालत में भतीजा एक बार उनसे बोला—"दादी, तुम भी कभी-कभी हुक्का पीती हो।" इस पर वह पास पड़ा प्याज़ खींचकर भतीजे को मारी थीं—"पाजी कहीं का। मुझसे बराबरी करेगा, सुन ले फिर, मैं तुम लोगों की तरह मिलावटी नहीं खाए हूँ।" भतीजा वार बचाकर चाचा के पास भागा और उनसे आहिस्ता-आहिस्ता कहने लगा—"दादी शराब भी पी लें तो उनका जिगर नहीं जलेगा और हम एक ठो सिगरेट पी लें तो कलेजे में अग्निदहन होने लगेगा।" चाचा ख़ुश हुए थे कि भतीजा अब शब्दों का चयन और प्रयोग ठीक-ठाक करने लगा है। जबकि भतीजे द्वारा धीमे स्वर में बोलने के बावजूद दादी ने सुन लिया था और अबकी आलू फेंककर मारा था। वाक़ई दादी के कान टनाटन थे। अम्मा की हर बात वह सुन लेती थीं चाहे वह कितनी भी छिपाकर क्यों न कही गई हो।

संक्षेप में यह कि जब सारा घर दादी को टीवी दिखाने के जोश में कुलाँचें भर रहा था उस समय वह भली-चंगी थीं और खाने-पीने देखने-सुनने के मामले में लुत्फ़ उठा सकने लायक़ थीं।

कमरे में टेलीविज़न था। उसके सामने कुछ दूर पर रखी कुर्सी पर बैठी हुई दादी चकित हुईं लेकिन वह गाँव में बाइस्कोप में भी नौ मन की धोबन, कृष्ण का चीरहरण और फ़ारस की हसीना को देख चुकी थीं इसलिए उनका आश्चर्य बहुत विराट और दीर्घजीवी नहीं हो सका। वह इत्मीनान से देखने लगीं किन्तु थोड़ी ही देर में वह ऊबने लगीं और उठकर जाने लगीं। सभी ने उन्हें रोका पर वह ठहरीं नहीं। जब दूरदर्शन का प्राइम टाइम का सबसे लोकप्रिय धारावाहिक उन्हें नहीं बाँध सका तब अन्य में उनका मन क्या लगता। वह निकलकर आँगन में लेट गईं।

इस प्रसंग में चाचा ने एक दिन उनसे पूछा—"अम्मा, तुम टीवी क्यों नहीं देखतीं?"

वह बोलीं—"क्यों देखूँ इस मुँहझौंसे को। आदमी अभी यहाँ है, अगले पल वहाँ है। अभी कोई बोल रहा है अगले मिनट में कोई और दिख रहा है। और ये बीच-बीच में न जाने कौन बौरा कर मंजन, क्रीम, पाउडर, बिस्कुट की फिलिम चलाने लगता है।"

समस्या यह थी कि दादी आख्यान की दूसरी संरचना की अभ्यस्त थीं जिसमें कहानी एक के बाद एक—इसके बाद यह—करके आगे बढ़ती है। इसी ढंग के अनगिनत क़िस्से, गाथाएँ उनको याद भी थीं जिन्हें वह अपने छोटे भाई-बहनों से लेकर सूर्यकान्त-नूपुर तक—तीन पीढ़ियों के बीच—सुनाती आ रही थीं। पर टीवी की कहानी में एक दृश्य डेढ़-दो मिनट में बदल जाता था। इतनी जल्दबाज़ी के परिवर्तन के चलते दादी के पल्ले कुछ नहीं पड़ता था और वह प्राय: टीवी के सामने से उठ जाती थीं।

किन्तु चाचा-भतीजे की दूसरी व्याख्या थी। उनका मानना था कि दादी स्वयं अपने ज़माने की मशहूर क़िस्सागो थीं इसलिए उन्हें नये युग का यह कथावाचक फूटी आँख नहीं सुहाता था। अब कहानियाँ सुनाने के लिए बच्चे उनको घेरकर नहीं बैठते थे, ज़िद नहीं करते थे, उनका सिर दबाकर पैर चाँपकर ख़ुशामद नहीं करते थे कहानी सुनाने के लिए। टीवी ने दादी की माँग को, उनकी लोकप्रियता को जीर्ण कर दिया था। इसलिए वह उससे ईर्ष्या करती थीं। वह टीवी देखना छोड़कर आँगन में बिछी चारपाई पर इस प्रत्याशा में लेट जाती थीं कि बच्चे उनको घेर लेंगे और

उनसे कहानी सुनाने की माँग करेंगे। मगर वह लेटे-लेटे सो जाती थीं फिर भी बच्चे उनके पास नहीं आते थे। बच्चे, बड़े सब टीवी से चिपके रहते थे। नतीजतन किसी समय की मशहूर और निष्णात क़िस्सागो आसमान के नीचे आँगन में अकेली लेटी हुई कभी-कभी बड़बड़ातीं—"आग लगे इस करमजले डिब्बे को।" वह यदा-कदा एकान्त में टीवी को गाली भी देती थीं—"भत्तेरी...।"

इसलिए दादी में अम्मा की तरह ख़्वाहिश न थी कि चाचा शादी में रंगीन टीवी पाते। शायद उनमें चाचा की शादी को लेकर सबसे प्रबल भावना यह थी कि चाची की गोद जल्दी से जल्दी हरी हो जाए और जो सन्तान हो वह जल्दी से जल्दी इतनी बड़ी हो जाए कि दादी से क़िस्से सुनाने के लिए हठ करे। तब दादी उसे एक से बढ़कर एक ऐसी नायाब कहानियाँ सुनाएँ जिसे टीवी सौ जनम में न सुना सके।

चाचा की शादी ख़ानदान में अरसे बाद किसी लड़के की शादी थी अत: भीड़-भड़क्का काफ़ी था। रिश्तेदार विवाह से कुछ रोज़ पहले से आने लगे थे। इतने सारे लोगों की समाई अवध नारायण निर्मित इस घर में हो नहीं सकती थी अत: मुहल्ले के कई बाशिन्दों ने अपने-अपने आवास के एक-एक कमरे इस अवसर के लिए दे दिये थे। तीन बाशिन्दों ने दो-दो कमरे सुपुर्द करने की हिम्मत दिखाई थी। इन कमरों में रिश्तेदार आकर अपना बैग, बक्सा या अटैची रखते और नल के पास जाकर हाथ मुँह धोने लगते थे। इस बीच मिठाई, ख़स्ता, नमकीन से सजी काग़ज़ की प्लेट और जग में ठंडा पानी आ जाता था।

तब तक अवध नारायण के घर की छत पर केवल एक कमरा बना था जो नवदम्पती के लिए अभी जल्दी ही तैयार कराया गया था। बाक़ी बड़ी सी छत थी जो ख़ूब खुली थी। इन दिनों छत पर शाम होने पर पानी छिड़क दिया जाता था फिर उसे बुहारा जाता था फिर ढेर सारे गद्दे-चादरें बिछाकर उन पर तकिये रख दिये जाते थे। अभी चादरें ठीक से बिछ भी नहीं पाती थीं कि बच्चे वहाँ आकर लोटने लगते थे।

चाचा-भतीजे को ये छत बड़ी प्यारी थी। पहले भी वे दोनों गर्मियों में सूरज डूबने पर यहाँ आकर गुफ़्तगू करते थे और चाचा सिगरेट का सुट्टा मारते थे। रात होने पर नीचे खा-पी-पढ़कर वे फिर छत पर सोने चले आते थे और देर तक जागते थे। वे तारों भरे आसमान के नीचे तब तक सोते रहते थे जब तक तारे आसमान में रहते थे। उसके बाद निद्रा में रहने की ज़ुर्रत करने पर अवध नारायण उन पर पानी गिराने का कार्यक्रम शुरू कर देते थे। जाड़ों में सुबह भी छत शानदार हुआ करती थी। सूरज उगते ही वे वहाँ पहुँचकर उस हिस्से में बैठकर पढ़ने लगते थे जहाँ धूप गिर चुकी होती थी। चाचा जब प्राइमरी स्कूल में पढ़ते थे तो स्कूल में तकली से सूत कातने की शिक्षा दी जाती थी। तब चाचा इतवार या किसी दूसरी छुट्टी में जाड़े की धूप में तकली लेकर पहुँच जाते और सूत काता करते थे। दाएँ हाथ की उँगलियाँ तकली नचातीं और रुई लिये बायाँ हाथ ऊपर उठता चला जाता था। और उन दिनों भतीजा निरुद्देश्य छत पर दौड़ता रहता था अथवा कोई गेंद लुढ़काकर उसे पकड़ता रहता था।

जब चाचा जवान हो गए थे और भतीजा किशोर होने वाला था, दोनों इस छत पर आकर अगल-बग़ल वाली छतों की लड़कियों को देखा करते थे। यह उस समय की बात है जब चाचा का दिल बलवंत कौर से नहीं लगा था। तब चाचा जहाँ कहीं हसीन लड़की देखते उसके फेर में पड़ जाते थे। प्यार के पथ पर उनका दिमाग़ कुलाँचें भरने लगता था और कल्पना ही कल्पना में वह उस लड़की के लिए अपनी जान दे देते थे। इस प्रकार वह जाने कितनी बार गुंडों से लड़ते हुए शहीद हो चुके थे और जाने कितनी बार प्रेमिका के सर्पदंश की शिकार बनने पर उसका ज़हर ख़ुद चूसकर मरे थे। अपने ख़याली प्यार में वह जीवित थे तो कोई-न-कोई बलिदान करने के लिए। जैसे कि वह कभी कैंसर की मरीज़ को अपना बना लेते थे, कभी पति द्वारा त्यागी गई को हृदय से लगा लेते थे। वह कई प्रेमिकाओं को अन्धी बना चुके थे और अपनी आँखें दान कर उनकी आँखों की रोशनी वापस ला देते थे। चूँकि जीते-जी नेत्रदान सम्भव नहीं था अत: चाचा को किसी न किसी तरह मरना पड़ता था। चाचा के तईं कुछ खोकर ही प्यार पाया जा सकता था। वैसे वास्तविक जीवन में बलवंत कौर के पूर्व किसी भी लड़की से उनका सम्बन्ध प्रारम्भिक वार्ता से आगे नहीं बढ़ा था। वह भी अधिकतम दस वाक्यों की वार्ता जैसे एक जन्मोत्सव कार्यक्रम में उन्हें एक पसन्द आई और अवसर निकालकर उन्होंने उससे संवाद करने का हौसला दिखाया—

"तुम्हारा नाम क्या है?"

"नाम में क्या रखा है।" वह मुस्कराई।

"कहाँ रहती हो?"

"दीवारों वाले घर में।"

"किस स्कूल में पढ़ती हो?"

"जहाँ आपका एडमीशन नहीं होगा।"

"किस क्लास में हो?"

"जिसके पहले की क्लास आप कभी पास नहीं कर सके।"

ख़ैर बाद में तो चाचा दूसरे चाचा हो गए थे। बलवंत कौर से प्यार की पींगें बढ़ने के बाद वह उसी में रम गए थे और उत्सव भोजों में भी वह प्राय: निष्क्रिय रहते थे और कामना करते रहते थे कि काश बलवंत कौर यहीं दिख जाए। कौन ठीक आयोजकों का उसके घरवालों से भी नाता हो और वह सपरिवार यहाँ आई हो।

भतीजे की अपनी ही गंगा बह रही थी। वह किसी रिश्तेदारी या मांगलिक कार्यक्रमों में जाता तो किसी सुन्दर सी दीदी या भाभी को आदर्श मान लेता था और सदैव उनके इर्द-गिर्द डोलता रहता था। जब वह पानी पीता, एक गिलास पानी दीदी या भाभी के लिए लेकर पहुँच जाता था। दीदी/भाभी का कोई काम करने के लिए वह प्राणपण से तैयार रहता था या यूँ समझा जाए कि दीदी/भाभी के काम आने के बहाने ढूँढ़ा करता था। उनका रूमाल गिर जाने पर वह स्प्रिंग की तरह लचककर उसे उठाता और उन्हें दे देता था। दीदी या भाभी को ज़ुकाम होता, वह उनके माथे पर विक्स या बाम लगाने लगता। उनको जामुन भाता वह जामुन लाता, उनको कच्ची इमली अच्छी लगती वह प्राय: कच्ची इमली का ठोंगा लिये अवतरित होता। वह दीदी के हर काम में हाथ बँटाना चाहता। दीदी कपड़े पछारती होतीं तो धुलने का काम वह करने लगता। कई बार कपड़ों पर साबुन की बट्टी भी वही घिसता रहता था। दीदी अलगनी से सूख चुके कपड़े जब तक तीन उतारतीं वह तेरह उतारकर समस्त सोलह तह करने लगता। वह अपनी हवाई चप्पल रगड़-रगड़ चमकाता लेकिन दीदी की और अधिक चमकाता। महत्त्वपूर्ण बात यह थी कि वह कोई प्रतिदान नहीं चाहता था। उसकी ज़्यादा से ज़्यादा इतनी ख़्वाहिश थी कि दीदी अथवा भाभी यह स्वीकार करें कि संसार में उनको सर्वाधिक मानने वाला वही है। इसे वह बारम्बार अपने तरीक़ों से जताता था। उदाहरणार्थ वह रूठकर न खाने की घोषणा कर देता था और किसी के भी अनुरोध पर अन्न जल ग्रहण करने हेतु तैयार नहीं होता था।

मगर दीदी/भाभी की गुज़ारिश पर वह भोजन करने उठ खड़ा हो जाता था।

चाचा और भतीजा दोनों की भावनाओं की अभिव्यक्ति का चपल रूप समारोहों में खाना परोसते समय देखने को मिलता था। जैसाकि ज्ञात है उस दौर में आज की तरह बफे पद्धति नहीं होती थी न वर्दी पहने वेटर खाना परोसते-खिलाते थे। तब पत्तलें या स्टील की थालियाँ-कटोरियाँ मेज़ पर लग जाती थीं और युवा तथा किशोर लड़के दौड़-दौड़ कर परोसा करते थे। किसी लड़के के एक हाथ में दाल की बाल्टी होती दूसरे में कलछुल, किसी के एक में कलछुल दूसरे में शोरबे वाली सब्ज़ी। कोई पोलाव या चावल का थाल लिये रहता तो कोई लड़का पापड़ से सजी ट्रे लेकर इस मेज़ से उस मेज़ डोलता रहता। जब स्त्रियाँ, लड़कियाँ भोजन खाने बैठतीं उस समय इन नौजवानों का उत्साह, प्रसन्नता और फुर्तीलापन देखते ही बनता था। भतीजा इधर-उधर चक्कर लगाकर दीदी या भाभी की मेज़ के पास मँडराने लगता था। दीदी की थाली में या पत्तल पर जिस पदार्थ की कमी होती वह वही लेकर हाज़िर हो जाता था। इसलिए इस मिनट उसके पास चटनी रहती, अगले मिनट दही बड़ा, अगले मिनट पापड़, अगले मिनट सलाद, अगले मिनट वह कचौड़ियों का बोझा उठाए मिलता। ऐसे ही एक समारोह में चौगड़ा वह चाचा से छीनकर लाया था और चौगड़ा चाचा को लौटाने गया तो देखा कि चाचा पूड़ियों की परात लेकर जिस मेज़ के सामने लेफ़्ट-राइट कर रहे हैं उसके उस पार रखी एक कुर्सी पर एक सुन्दर लड़की बैठी है। उसकी थाली में पूड़ियाँ थीं किन्तु उसके मना करते-करते चाचा ने चार पूड़ियाँ डाल दीं और कहा—"अरे, खाइए...खाइए।"

किन्तु चाचा ख़ुद अपनी शादी में ये सब भला कैसे कर सकते थे और भतीजा भी अब दीदी-भाभी के लिए बेगारी करने और उनको देवी मानने के लिए प्रस्तुत न था। वह चाचा की शादी के दिनों में शाम को गद्दा-चादर बिछाते ही छत पर आ जाता था। जैसाकि बताया जा चुका है कि वह छत उसे बहुत प्यारी थी। तो जब चाचा के विवाह के शुभ अवसर पर सब लोग इकट्ठा हुए थे और विवाह के दो-चार दिन पहले की चहल-पहल पूरे शबाब पर थी, एक रात भतीजा छत पर आकर गद्दों के बीच लेट गया। इस वक़्त वह अकेला था लेकिन यह मात्र कुछ समय का एकान्त था, जल्द ही रात का खाना खा-पीकर अनेकानेक युवा, किशोर और बालवृंद छत की ओर दौड़े। जैसे कोई आक्रमण हो गया हो, थोड़ी ही देर में छत ढेर सारे लड़कों-लड़कियों से भर गई। दूर-दूर तक लेटे पड़े गद्दे-चादर ओढ़े थे और उन पर लेटे हुए, बैठे हुए थे लड़के-लड़कियाँ। लड़कियाँ चन्द दीदी-भाभी

टाइप वरिष्ठों की निगरानी में एक तरफ़ थीं, लड़के दूसरी ओर। इस विभाजन में अनेक विभाजन थे। अपने-अपने समूह बनने लगे थे। कुछेक मिनट बाद—एक समूह आज बने भोजन पर तप्सरा कर रहा था, दूसरा अन्य लोगों का मज़ाक़ उड़ा रहा था। तीसरा समूह भूत-प्रेत-चुड़ैल, जिन्नातों के अस्तित्व पर बहस कर रहा था, चौथा अपने अध्यापकों की निन्दा में व्यस्त था और सातवें समूह में सच्चा प्यार क्या है पर परिचर्चा शुरू हो गई थी। सभी नवयुवा अपने-अपने समूह में निमग्न, अलमस्त और दूसरों से विरत थे। इन समस्त लोगों को एक साथ केवल उस बड़ी छत पर लगा वह सौ वाट का बल्ब अपनी मटमैली रोशनी में देख रहा था। उस बल्ब को नीचे से तार लाकर ऊपर एक दीवार की कील में लपेटकर एक होल्डर में लटका दिया गया था। त्यक्त, निष्काषित, उपेक्षित वह बल्ब किसी प्रकार प्रकाशमय हो रहा था कि बुझ गया। बुझने के अगले क्षण अन्धकार हुआ। अन्धकार के प्रतिरोध या स्वागत में बच्चों का हो-हुल्लड़ हुआ। जल्द ही वे अन्धकार को नियति मानकर ख़ामोश हो गए। अब विभिन्न विभाजन और समूह अँधेरे में अन्तर्धान हो गए थे तथा छत के सारे निवासी अँधेरे के भीतर एकमएक हो गए थे।

लगभग सौ पल बीते होंगे महसूस होना शुरू हुआ—अन्धकार अनुपस्थित है। छत के ज़र्रे-ज़र्रे पर दूधिया मद्धिम उजाला था। पता चला वह पूर्णमासी के चाँद की रात थी। चन्द्रमा जैसे आकर उस छत पर ठहर गया था। बहुत क़रीब था वह स्वच्छ, गोल, सलोना चाँद। इतना पास कि जैसे सीढ़ी लगाकर उस तक पहुँचा जा सकता था। इतना कि एक फुटबाल, वालीबाल की तरह उसे अँजुरी में लिया जा सकता था।

वह ऐसी रोशन रात थी जिसमें सब कुछ बहुत अलौकिक, बहुत पार्थिव दोनों लग रहा था। दीवारें, अलगनी, किवाड़, बुझा हुआ बल्ब आदि जड़ से अधिक चेतन लग रहे थे। बच्चे, युवा, बड़े जैसे भी थे उससे ज़्यादा सुन्दर और सारवान दिख रहे थे। बीच-बीच में वे देवताओं की दूधिया पत्थर की मूर्तियों सरीखा लगने लगते थे। वे ऐसी मूर्तियाँ हो गए थे जिन्हें छू दो इनसान हो जाएँ। ऐसे इनसान जिन्हें छू दो मूरत बन जाएँ। और वह जो चन्द्रमा था ख़ुद कभी बच्चे का मुखड़ा कभी किशोर का चेहरा कभी स्त्री का स्तन लग रहा था।

नीचे से सीढ़ियाँ चढ़ते हुए कोई आया जिसके हाथ में पेट्रोमैक्स था। शोर उठा—"गैस आ गई...गैस आ गई।" जो आया था गैस को ज़मीन पर रखकर उसमें हवा भरने लगा जिससे उसका प्रकाश कुछ तेज़ हो गया था। वह आदमी गैस छत

पर रखकर जाने लगा तो लोग हँसते हुए चिल्लाए—"गैस वापस ले जाओ...वापस ले जाओ।" वह आदमी जैसे आया था वैसे ही लौट गया।

थोड़ी देर पहले पेट्रोमैक्स के चलते चन्द्रमा के प्रकाश में जो मिलावट हो गई थी वह दूर हो गई। अब पुन: चाँद अपनी रोशनी से पूरे इत्मीनान के साथ हर पदार्थ को—चेतन-अचेतन को—जगमग कर रहा था। अप्रतिम शीतलता, सुकून चतुर्दिक छाया हुआ था। ऐसा एहसास हो रहा था कि जैसे इस अनोखी चाँदनी रात में समस्त गतियाँ स्थिर हो गई हैं, बस आसमान से पृथ्वी तक केवल झींगुर बोल रहे हैं। ऐसा जब था या ऐसा जब अनुभव हो रहा था ठीक उसी वक़्त छत पर उपस्थित समूह से बेहद दिलकश, सुरीली और आहिस्ता गाने की आवाज़ उठी जो धीरे-धीरे फैलती गई। यह भतीजे की बड़ी मामी के मझले बेटे अजय का स्वर था...

चटपट हर विभाजन, समूहों के भेद समाप्त हो गए। सभी अपने-अपने लघु भूगोल को तजकर गायन स्थल के निकट गोल घेरे में समाने लगे। बग़ैर किसी परिकल्पना और निर्देशन के। वे इस ढंग से बैठे हुए थे कि ऊपर स्थित चन्द्रमा को लगा होगा—दुनिया में अभी-अभी जन्मे किसी देश-प्रदेश का नक़्शा बना हुआ है।

अजय का गाना ख़त्म हो जाने पर तालियाँ बजाकर एक और गाने की फ़रमाइश की गई। अजय ने दूसरा गाना गाया। इस उद्घाटन के बाद शुरू हुआ फ़िल्मी गीतों पर आधारित अंत्याक्षरी का कार्यक्रम। उपस्थित समुदाय दो दलों में बँट गया। प्रारम्भ दल-1 ने इस तरह किया—*समय बिताने के लिए करना है कुछ काम। शुरू करो अंत्याक्षरी लेकर प्रभु का नाम।* प्रतिद्वंद्वी दल को अब 'म' अक्षर से शुरू होने वाले किसी गीत की पहली एक-दो पंक्तियाँ सुनानी थीं। दल-2 : *मेरा नाम है चमेली, मैं हूँ मालन अलबेली। चली आई मैं अकेली बीकानेर से।* दल-1 को 'स' से सुनाना हुआ। दल-1 : *सामने ये कौन आया दिल में हुई हलचल। देख के बस एक ही झलक हो गए हम पागल।* दल-2 : *लीना ओ लीना दिल तूने छीना।* दल-1 : *न जाओ सैंया छुड़ा के बइयाँ, क़सम तुम्हारी मैं रो पड़ूँगी।* दल-2 *गीत गाता हूँ मैं गुनगुनाता हूँ मैं मैंने हँसने का वादा किया था कभी इसलिए अब सदा मुस्कराता हूँ मैं।* दल-1 : *मेरे सपनों की रानी कब आएगी तू, आई रुत मस्तानी कब आएगी तू, बीती जाए ज़िन्दगानी कब आएगी तू, चली आ तू चली आ।* दल-2 : *आ मेरी रानी लेजा छल्ला निशानी।* दल-1 : *नज़र लागी राजा तोरे बँगले पे, नज़र लागी राजा तोरे बँगले पे। जो मैं होती राजा बन की कोयलिया, कुहुक रहती राजा तोरे बँगले पे!* दल-2 : *परदे में रहने दो परदा न उठाओ परदा जो उठ गया तो भेद*

खुद जाएगा। यह प्रतियोगिता बहुत देर चली जिसमें 'यारी है ईमान मेरा यार मेरी ज़िन्दगी', 'झुमका गिरा रे बरेली के बाज़ार में झुमका गिरा रे', 'रूप तेरा मस्ताना प्यार मेरा दीवाना', 'इन्हीं लोगों ने इन्हीं लोगों ने ले लीन्हा दुपट्टा मेरा', 'नाच मेरी जान फटाफट', 'सुन्दरी ओए होए सुन्दरी', 'ज़िन्दगी इक सफ़र है सुहाना यहाँ कल क्या हो किसने जाना', 'हाथों की चन्द लकीरों का', 'मेरा जीवन कोरा काग़ज़ कोरा ही रह गया' जैसे अनेक गीतों के मुखड़े सामने आए। पाँच सौ सत्रह मुखड़े सुनाए जा चुके थे पर बाज़ी बराबर की चल रही थी। कोई जीता था न हारा था। फिर भी खेल रुक गया अथवा ख़त्म कर दिया गया तो उसकी वजह यह थी कि बुझा हुआ बल्ब अचानक जल गया था जिससे चाँदनी को ग्रहण लग गया। इस नई चुनौती का मुक़ाबला करने के लिए राजेश और मनोज बल्ब के पास आ गए। मनोज राजेश के कंधों पर खड़ा हो गया। मनोज ने जेब से रूमाल निकालकर उससे बल्ब को ढका और बल्ब को होल्डर से बाहर निकालकर पास बने ताखे पर रख दिया। अँधेरा होते ही तालियाँ बजीं और चाँद की ज्योति प्रकट हो गई। इसी बीच चाचा आ गए थे। वह कलाई घड़ी देखकर बोले—"एक बज रहे हैं और निशाचरो तुम जाग रहे हो?"

"हम गाना-बजाना कर रहे हैं पर आप क्यों इतनी रात तक जाग रहे हैं चाचा जी?" चुन्नी आँखें नचा-नचाकर बोली। इस पर बबिता ने पूरे लय में चाचा का स्वागत किया—

बन्ना बन्नी से पूछे मिलोगी कहाँ
उसी मंडप के नीचे आधी रात को।
बन्ना हरवा भी लाया बेंदी भी लाया
बन्ना बन्नी से पूछे पहनोगी कहाँ
उसी मंडप के नीचे आधी रात को॥

चाचा शरमाकर जाने लगे। उनके पीछे-पीछे छत की सामूहिक हँसी उछलती हुई चलने लगी। चाचा कुछ क़दम बढ़े होंगे कि भतीजे ने लगभग छलाँग लगाते हुए उन्हें पकड़ा—"चलो तुम भी रतजगे में शामिल हो जाओ।"

मंजू ने तराना छेड़ा—

बेकरार करके हमें यूँ न जाइए।
आपको हमारी क़सम लौट आइए॥

भतीजा चाचा के ठीक सामने खड़ा होकर फ़ैज़ अहमद फ़ैज़ की लाइनें बोलने लगा—

गुलों में रंग भरे बादये नौबहार चले।
चले भी आओ कि गुलशन का कारोबार चले॥

चाचा लौट आए। श्रोताओं की भारी माँग उनको कुछ सुनाने के लिए मजबूर करने लगी। चाचा ने गला साफ़ करके बाक़ायदा मुशायरे वाले शायरों की अदा से मीर की एक ग़ज़ल का मिसरा पेश करना चाहा कि श्रोता मना करने लगे—"फ़िल्मी सुनाना होगा...फ़िल्मी सुनाना होगा।" चाचा को फ़िल्मी सुनाने में कोई समस्या न थी। यूँ एक ज़माना था जब वह इस प्रकार के गीत-संगीत से बेगाने हो चले थे और ग़ज़लों, लोकगीतों, साहित्यिक कविताओं को बेहतर और महत्त्वपूर्ण मानने लगे थे। फ़िल्मी संगीत को वह इतना गिरा हुआ तथा नाचीज़ समझने का दिखावा करते थे कि गाने-बजाने वाले सिनेमा की ओर रुख़ ही नहीं करते थे। बस कभी-कभार जो कला फ़िल्में आतीं उनको ज़रूर उत्साहपूर्वक देख लेते थे किन्तु दुर्भाग्य यह था कि सुल्तानपुर शहर में ऐसी पिक्चरें अपवाद स्वरूप ही लगती थीं। हाँ, भतीजे के इसरार पर यदा-कदा वह 'गीत-संगीत से भरपूर', 'भयंकर मारधाड़' वाली या 'शानदार फ़ैमिली ड्रामा' वाली कहानी देखने या भतीजे को दिखाने पिक्चर हॉल चले जाते थे। लेकिन वहाँ भी जब गाना आरम्भ होता, वह हॉल के बाहर निकलकर पेशाब करने या सिगरेट दहकाने लगते थे। उनकी इस हरकत पर भतीजा चिढ़कर मन- ही-मन कहता—"दिखावा कर रहे हैं। बड़ा नौटंकीबाज़ है चाचा।" किन्तु सोलह फ़िल्मी गानों के रेडियो कार्यक्रम बिनाका गीतमाला के वह नियमित श्रोता रहे थे।

पर दिलचस्प था, बलवंत कौर के भटिंडा चले जाने के बाद जब चाचा का दिल बुरी तरह टूट गया और वह गहरे अवसाद में डूब गए थे, हँसना क्या मुस्कराना तक भूल गए थे तब चाचा को तत्कालीन दुख से कामचलाऊ उबारने में फ़िल्मों ने ही मदद की थी। स्पष्ट है कि चाचा को उस दौर में खाना-पीना, किसी से बात करना, हँसना कुछ भी अच्छा नहीं लगता था। वह एकान्त और अँधेरे में उदास- व्यग्र पड़े रहते थे। तभी एक दिन जाने किसी बेचैनी में या तुफ़ैल में या अनायास ही उन्होंने ट्रांजिस्टर का कान उमेठ दिया था। फलस्वरूप किसी पिक्चर का गाना प्रसारित होने लगा था और चाचा के हाथों में अपने वियोग, दुख, असफलता से जूझने हेतु

दिव्यास्त्र आ गया था जो इस प्रकार था—जब फ़िल्मी गाना बजने लगता तो वह आँखें मूँदकर कल्पना करते कि इस गाने के दृश्यों में नायक-नायिका कैसी हरकतें करते होंगे। जैसे कि गाना बजता—*कजरा मुहब्बत वाला अँखियों में ऐसा डाला कजरे ने ले ली मेरी जान।* वह अपनी अन्तर्दृष्टि से देखते—'मेरी जान' कहते ही अभिनेत्री अपने वक्षों की ओर इशारा कर रही है और तत्काल बाद उन वक्षों को दो बार ऊपर-नीचे करती है। इस तरह के मंज़र इतने वाहियात और हास्यास्पद होते कि चाचा को मुस्कराहट आ जाती।

चाचा दृश्यों की ऐसी कल्पना इसलिए कर लेते थे क्योंकि प्राय: जिन फ़िल्मों के गाने आते थे वे उनकी देखी हुई नहीं होती थीं। मान लीजिए कि फ़िल्म देखी हो तो भी ऐसी पिक्चर में वह 'गाने वाले दृश्यों' से अपरिचित होते थे क्योंकि वह उस समय पेशाब करने या सिगरेट सुलगाने निकल जाते थे।

गानों की दृश्य कल्पना वाली उपरोक्त अनूठी लीला वह अपने विरह के प्रारम्भिक चरण में नहीं करते थे। तब उनमें विरह से मुक्ति की इच्छा भी नहीं थी। यह सही है कि तब वह बलवंत कौर से विछोह से उत्पन्न दुख, उसके प्यार, उसकी विदाई से बिंधकर तड़प उठते थे, उन्हें जीवन निस्सार तथा भार महसूस होने लगता था लेकिन वह इसी भावनात्मक यातना में रहना भी चाह रहे थे। इस पीड़ा में उन्हें एक अवर्णनीय तृप्ति की अनुभूति होती थी। उन्हें असहायता के साथ-साथ एक विलक्षण आनन्द भी प्राप्त होता था। इसीलिए उन्होंने वैसे ही जीवन का वरण कर लिया था। पर बहुत दिन नहीं बीता, पीड़ा और तृप्ति, असहायता और आनन्द के बीच आँखमिचौनी का खेल चुक गया। क्योंकि अब केवल दुख और ऊब बची थी। विरह पहले सरीखा सम्मोहक नहीं रह गया था जबकि उसकी दाहकता और सांघातिकता यथावत बरकरार थी। इसलिए चाचा में इससे उबरने—निजात पाने की कशमकश थी। और इन्हीं क्षणों में उन्हें वह दिव्यास्त्र हासिल हुआ था जिसमें फ़िल्मी गानों को सुनकर उसके चित्रपट के दृश्यों की कल्पना की जाती थी। इस कल्पना में इतनी शक्ति थी कि चाचा मुस्कराने लगते थे...हँस पड़ते थे। एक बार तो ठठाकर इस तरह हँस पड़े कि तब भतीजा डरा था कि चाचा बलवंत कौर की जुदाई के चक्कर में सनक गए हैं क्या?

चाचा ने अपना यह अचूक नुस्ख़ा भतीजे के अलावा किसी को नहीं बताया था। हालाँकि भतीजे ने इसे आज़माया तो काफ़ी गड़बड़ असर हुआ। वह अत्यंत कामुक दृश्यों की कल्पना तक पहुँच गया था। नायिकाओं की काया के गुह्य इलाक़े

उसके कल्पना संसार में निश्चय ही केन्द्रीयता प्राप्त कर लेते थे।

लेकिन चाचा ने कोई कोताही नहीं की थी और गाहे-बगाहे इस रामबाण का लाभ उठाया करते थे। इस प्रक्रिया में हुआ कि उनको कुछ गाने याद भी हो गए थे। अत: जब चाँदनी रात में युवाओं ने उनको घेरकर फ़िल्मी गीत सुनाने का इसरार किया तो चाचा ने एक गाना गाया—*मैंने तेरे लिए ही सात रंग के सपने चुने* जिसे सुनकर भतीजा उलझन में फँस गया था कि यह गाना चाची को सम्बोधित है अथवा बलवंत कौर को। मगर गाना गा चुकने के बाद जब चाचा गहरे उदास हो गए तो भतीजे को विश्वास हो गया कि चाचा ने गाना भले चाची को सम्बोधित किया हो लेकिन गाते वक़्त उनके तसव्वुर में बलवंत कौर ही थी। इसलिए भतीजे की गाना सुनाने की बारी आने पर उसने चाचा को समर्पित यह गाना गाया—*जब दिल ही टूट गया अब जीकर क्या करेंगे।*

उस रतजगे में सभी ने कोई-न-कोई गीत गाया था, तराना छेड़ा था। शिब्बू ने *खई के पान बनारस वाला खुल जाए बन्द अकल का ताला* और नूपुर ने *तोरा मन दरपन कहलाए,* नीलिमा दीदी ने *अफ़साना लिख रही हूँ दिले बेक़रार का* अपनी आवाज़ में सुनाया था। उस रात गायन के अलावा भी बहुत कुछ हुआ था। बबिता ने चाँदनी के उजाले में ताश के ज़ादू के कई खेल किये थे। वह बेतहाशा बोलती जा रही थी और नये-नये आश्चर्य रचती जा रही थी। दिनकर ने 'पाकीज़ा' और 'मुग़लेआज़म' फ़िल्मों के कुछ किरदारों के डायलॉग हूबहू उसी स्टाइल में बोले थे तो हँसा, शोभा और अजय ने मिल-जुलकर एक तत्काल रचित प्रहसन प्रस्तुत किया था। *मोहे पनघट पर नन्दलाल छेड़ गयो रे* के बोल पर मन्दाकिनी ने दुपट्टा कमर पर बाँधकर एक अविस्मरणीय नृत्य किया था। उसके नृत्य का महत्त्व इस अर्थ में कई गुना बढ़ गया था कि यह उसका अठारह साल की उम्र में पहला नृत्य था। उसने न कभी कोई प्रशिक्षण लिया था न नाची थी। वह इस उम्र तक बस अपनी इच्छाओं में नृत्य करती रही थी। परिवार का कड़क रवैया, शर्म, कायरता, नाकामयाबी का भय—कोई-न-कोई तत्त्व उसकी प्रतिभा के मूर्त होने की राह में रोड़ा बन जाता था। किन्तु उस रोज़ पूर्णाकार चन्द्रमा के वशीकरण में वह बेख़ुद हो उठी थी और नाचने लगी थी। उसके जीवन की अनेक कुचली हुई नृत्य प्रस्तुतियों की सम्पूर्ण सामर्थ्य इस एक नृत्य में समा गई थी। यह कोई चमत्कार था कि दबे-कुचले का विस्फोट, कि कला की उछाल कि जिसने कभी नहीं नाचा था उसके अंग-प्रत्यंग से दक्ष नृत्यांगनाओं सरीखी गतियाँ फूट रही थीं।

उस चाँदनी बिछी रात में जैसे हँसी-ख़ुशी की बारिश हो रही थी। लग रहा था कि इस बारिश में भीगकर चन्द्रमा अपनी चाल भूल गया है और वह छत के ऊपर देर तक टिक गया है। इसीलिए जब अवध नारायण लोटे में पानी भर सूर्यकान्त को जगाने के लिए आए तो सूर्यकान्त ही नहीं, कोई भी नहीं सोया था और चाँद भी उनींदा भले था किन्तु जग रहा था।

लेकिन उस रतजगे से आज के रतजगे में फ़र्क़ था। एक भिन्नता यह थी कि उस बार चाँदनी रात थी, अबकी बार अँधियारा पाख था।

झुर्रियों और शिराओं के बीच किसी औरत की डिज़ाइन

बाबू-अम्मा अपने कमरे में चले गए थे। दादी छत के खुले में मच्छरदानी से चारों ओर घिरी चारपाई पर लेटी हुई अपना बेना चला रही थीं। शिब्बू, कामना, नूपुर और कामना की बेटी रोली के लिए यह समय टीवी देखने का था। सूर्यकान्त ने कहा—"आप लोग देखो।" शिब्बू बोला—"भइया फ़िक्र मत करो, हम सबेरे रिपीट टेलिकास्ट देख लेंगे।"

छत पर कामना ने हल्की-फुल्की बाग़बानी कर रखी थी। गमलों में पौधे लगे थे, पौधों में फूल उगे थे। एक दीवार पर लतरें फैल रही थीं। एक टेबल पंखा चार कुर्सियों और उनके बीच रखी छोटी मेज़ के चारों ओर घूम रहा था। उसकी हवा कुर्सियों पर बैठे सूर्यकान्त, नूपुर, शिब्बू और कामना बारी-बारी से महसूस कर रहे थे। बिटिया रोली शिब्बू की गोद में बैठे-बैठे सो गई थी। शिब्बू उसे मच्छरदानी के भीतर दादी के पास लिटाकर पुन: अपनी जगह पर वापस आ गया।

अब रतजगा शुरू हो रहा था...।

सूर्यकान्त ने कहा—"शिब्बू, मेरा काले रंग वाला बैग ले आ।"

बहुत जल्द बीच की छोटी मेज़ पर काले रंग का बैग था।

"इसमें क्या है?" सूर्यकान्त ने चुहल करने का प्रयास किया। जवाब में शिब्बू और नूपुर चुप रहकर कामना को देखने लगे। कामना मुस्कराई—"भाई साहब मैं बता सकती हूँ भीतर क्या है।"

"बताओ।"

"अगर सच-सच बता दिया तो?"

"सौ रुपये की शर्त लगी।" सूर्यकान्त का तनाव, पसोपेश ढीला हो रहा था। वह सहज हो रहा था।

"भाई साहब आप शर्त हार जाएँगे। मैं बता दूँगी।"

"भइया गए आपके सौ।" नूपुर बोली—"कामना सब बता देगी। अन्दर की चीज़ जान लेने की विद्या आती है इसको।"

"फिर देखें ज़रा इनकी विद्या।" सूर्यकान्त ने चुनौती दी।

"इसमें सामान हैं जो आप लखनऊ से हम लोगों के लिए लाए हैं।" कामना हँसी।

"वाह! तुमने जीत लिये सौ रुपये।" कामना को सौ रुपये देकर सूर्यकान्त ने बैग खोला। उसमें से पालिथिन के कई थैले निकले।

"भइया कामना ये भी बता देगी कि किस थैले में क्या है?" नूपुर ने रहस्योद्घाटन किया।

"अब तुम ज़्यादा हाँक रही हो।" सूर्यकान्त पूरा सहज हो गया था।

"तब कुछ और रुपयों की शर्त लगा लो।"

"जितने थैले उतने पचास। मंजूर?"

"मंजूर।" कामना मुस्कराई।

"इस थैले में क्या?" सूर्यकान्त ने एक थैला उठाया।

कामना की आँखें कहीं खोईं फिर चेहरे पर कम्पन हुआ—"मम्मी जी के लिए साड़ी।"

मम्मी के लिए साड़ी ही थी।

"इसमें क्या है?" सूर्यकान्त ने जानना चाहा।

"इसमें भी मम्मी के लिए साड़ी।"

सही निकला था।

"इसमें?"

"भाई साहब मम्मी के लिए चार साड़ियाँ लाए हैं।" कामना ने चौथा थैला स्वयं उठाकर रख दिया।

"और इसमें?" यह छोटा पैकेट था।

"पापाजी के लिए घड़ी।"

"ये।"

"बहुत ख़ूबसूरत मेरी मुँहदिखाई के लिए टाप्स लाए हैं।"

शिब्बू ने सूर्यकान्त का हाथ पकड़कर रोका—"भइया अब बस करिए यह खेल। आप इसके बारे में जानते नहीं हैं।"

शुरू-शुरू में जब शिब्बू भी कामना को ठीक तरह से नहीं जानता था चकरा उठता था। वह प्रेमविवाह के माफ़र्त उसके जीवन में नहीं आई थी लेकिन विवाह

तय होने के उपरान्त वह उसके प्रेम में पड़ गया था। मँगनी समारोह में एक-दूसरे को अँगूठी पहनाने के पूर्व ही उसने उससे परस्पर मोबाइल नम्बरों का देना-लेना कर डाला था। अगले दिन से जब वह कामना का नम्बर मिलाता उसके स्क्रीन पर 'साथिया' चमचम करने लगता था। पन्द्रह दिनों बाद वे मिलने-जुलने पर आ गए थे और एक संध्या शिब्बू उसके लिए एक शाल पैक कराकर उसे छिपाए हुए मिलने पहुँचा था। कुछ देर वे टहलते रहे फिर अचानक कामना हँसी थी—"मेरी शाल मुझे देते क्यों नहीं हो मुझे स्काई ब्लू पसन्द है।" वह चौंक गया था। यह उसके चकित होने की इब्तिदा थी जो कालान्तर में अधिक हैरतअंगेज़ होती गई थी। शादी के बाद की पहली रात सुहागसेज पर उसने कामना से पूछा—"क्या तुम मन की बातें भी जान जाती हो?" कामना का जवाब था—"नहीं, मैं तन की बातें जानती हूँ।" कुछ रात बीत चुकने के बाद शिब्बू ने उससे कहा—"अब तन की बातें हों।"

"तन पर कपड़ों का पहरा है।" कामना हँसी किन्तु उसकी आवाज़ किसी आगत आवेग के अन्देशे से लरज रही थी। शिब्बू उसके कथन से ज़्यादा उसकी लरज से उत्तेजित हो गया था। और तब तो वह उत्तप्त ही हो उठा था जब कामना के अँगूठे और तर्जनी ने उसकी क़मीज़ की सबसे ऊपरी बटन से खेला था। उसने बावलेपन में कामना के हाथों को रोका—"पहले मैं।" उसने कामना के वस्त्रों को सहलाया, कामना ने पेट के बल लेटकर आँखें मूँद लीं। अब वह अनूठा खेल प्रारम्भ हुआ। शिब्बू उसके जिस अंग को निर्वस्त्र करता वह शिब्बू के उसी अंग के बारे में टिप्पणी कर रही थी जबकि उसकी आँखें मुँदी थीं और शिब्बू कपड़ा पहने था। कामना की पीठ खुली तो वह बोली—"शिब्बू तुम्हारी पीठ इतनी चिकनी और कड़ी।" उस रात जब कामना के नितम्ब नग्न हुए वह कहने लगी—"शिब्बू तुम्हारी दाईं हिप पर यह किसी ज़ख़्म का निशान है?" शिब्बू ने तर्क किया—"तुम्हारी बातें सच कैसे मानूँ? मैं अपनी पीठ और हिप देख नहीं सकता।" इस पर वह पलटकर लेट गई और उसकी छाती भी नंगी हो गई—"पगले ज़ख़्म का निशान तुम्हारे सीने पर भी है।"

कामना में यह हुनर कैसे था इसके बारे में निश्चयपूर्वक कुछ ज्ञात नहीं था। कामना की माँ बताती कि यह भगवान की मर्ज़ी थी जबकि पिता का कहना था कि उनके बाबा के पास भी ऐसी शक्ति थी। वह इनसान का भूत, वर्तमान, भविष्य सब जान लेते थे। चौथी पीढ़ी में वही हुनर कामना में आ गया था। जबकि कामना का कहना था—बारहवीं में थी चश्मा लग गया था। कॉलेज में सभी चशमिश-चशमिश कहकर चिढ़ाते। इससे बचने के लिए लेन्स लगाना बेहतर समझा। लेकिन नेत्रसर्जन

बड़ा अनाड़ी निकला उसने लेन्स यूँ लगाया कि मुझे ढकी-छुपी चीज़ें भी दिखने लगीं।" कामना यह बतलाने के बाद हँस पड़ी थी इस कारण उसकी बात सच थी या असत्य तब पक्के तौर पर नहीं कहा जा सकता था। वह झूठ बोली थी यह उस वक़्त मालूम हुआ जब एक रोज़ शिब्बू के मन में आया कि यह कपड़ों के भीतर देख लेती है तो यह सारे मर्दों को कपड़ों के पार देख लेती होगी। इस संशय के उभरने के अगले दिन वह और कामना बाज़ार गए तो वह पसीना-पसीना हो गया। उसकी नसें इस ख़याल से काँपने और तड़तड़ाने लगीं कि बाज़ार में सभी लोग कामना को नंग-धड़ंग दिख रहे होंगे। वह बीच में ही लौट आया और अस्त-व्यस्त होकर बिस्तर पर गिर पड़ा। उसने कामना से बोलना छोड़ दिया, खाना-पीना त्याग दिया। नींद आ नहीं रही थी, सोना भी छोड़ दिया। बीच-बीच में आँख लगने पर वह नंगे पुरुषों के विचित्र-विचित्र सपने देखकर जग जाता था। उसकी इस दुर्दशा से दुखी होकर कामना ने उसे अपने सामने बैठाया और उससे वजह पूछी। शिब्बू से पूरी बात जानने के बाद वह ज़ोर-ज़ोर से हँसने लगी—"पगले साथिया सचमुच इस तरह नहीं होता कि मुझे हूबहू दिखने लगता है। मैं तुक्का मारती हूँ, अन्दाज़ा। बस मेरा तुक्का मेरा अन्दाज़ा सही बैठ जाता है। वैसे सैकड़ों बार ग़लत भी हुआ है।"

"पर वह लेन्स?" पूछा शिब्बू ने।

"अपनी ख़ूबसूरत आँखों की क़सम इनमें लेन्स नहीं लगा है। लेन्स क्या इनमें चश्मा भी नहीं लगता।" उसे फिर हँसी आई—"तुम्हें हँसना-हँसाना बिलकुल नहीं आता मेरे साथिया।"

शिब्बू को कामना की सफ़ाई पर थोड़ा अविश्वास और थोड़ा विश्वास हुआ था। कुछ वक़्त के अन्तराल के बाद उसने पूरा यक़ीन कर लिया था कि कामना आर-पार नहीं देख पाती है सिर्फ़ अन्दाज़ा लगाती है और वह अन्दाज़ा प्राय: सही साबित होता है। इस प्रकार धीरे-धीरे वह आश्वस्त हो गया था कि कामना को नंग-धड़ंग मर्द नहीं दिखाई देते हैं। फिर भी कोई डर की खरोंच उसमें थी जिसके चलते वह कोशिश करता था कि कामना अपनी विद्या ज़्यादा न दिखाए। अत: सूर्यकान्त से कामना की बाज़ी लम्बी खिंचने पर उसने दख़ल देते हुए खेल बीच में ही रोक दिया। उसने कामना से कहा—"शर्त जीतने की ख़ुशी में सबको एक-एक कप चाय पिलाओ।" कामना चाय बनाने चल दी।

उस रतजगे और इस रतजगे में एक फ़र्क़ यह भी था कि इस बार बीच-बीच में चाय का दौर चल रहा था। बतकही के दायरे में सूर्यकान्त, गौरी का अज्ञात

इतिहास, गौरव, नूपुर की शादी और उसके परिवार का वर्तमान, बाबू, अम्मा, शिब्बू, कामना, रोली, दादी, चाचा-चाची परिवार का यथार्थ—तमाम सारी चीज़ें प्रवेश कर रही थीं और परस्पर अन्तर्क्रिया कर रही थीं।

सूर्यकान्त का जब निर्वासन हुआ था उस दौर में इस परिवार की समस्या, संघर्ष और स्वप्न के केन्द्र में थे रोज़गार और विवाह। अवध नारायण की ज़िन्दगी महज़ दो इच्छाओं पर टिक गई थी। पहली इच्छा थी सूर्यकान्त को एक ठीक-ठाक नौकरी मिल जाए। दूसरी ख़्वाहिश नूपुर की शादी कर देने की थी। वह कार्यदिवसों में परिचितों से नूपुर के लिए सुयोग्य वर का पता करते थे और अवकाश दिवसों में नूपुर हेतु वर को देखने निकल जाते थे। इन यात्राओं में एक चमड़े का छोटा सा बैग अवध नारायण के साथ रहता था जिसमें नूपुर की फ़ोटो, बायोडेटा और जन्मपत्री की प्रतियाँ उपलब्ध होती थीं। शादी तय न होने पर फ़ोटो वापस माँगकर वह उसी बैग में रख लेते। कहना न चाहिए अनगिनत बार फ़ोटो माँगने का काम करना पड़ा था। एक दफ़ा वरीक्षा हो चुकी पर लड़के वालों ने शादी रद्द कर दी। नतीजतन उस रस्म पर चढ़ाया हुआ चाँदी का गोला, चाँदी की तश्तरी और एक सौ इक्यावन रुपये वापस माँगने पड़े थे।

वैसे नूपुर में कोई कमी न थी बल्कि वह गोरे रंग, तीखे नाक-नक्श वाली सुन्दर कही जा सकने वाली थी। रोने और हँसने पर उसकी सुगढ़ नाक लाल हो जाती थी। तब गोरे रंग पर लाल हो रही नाक के कारण वह विशिष्ट लगने लगती थी। उसके विवाह के मामले में ख़ास बात यह भी थी कि अवध नारायण दहेज़ में कोई कंजूसी नहीं बरत रहे थे। वह वर के पिता से मुलाक़ात करके कहते—"बिटिया के नाम पर मैंने एक लाख रुपये ख़र्च करने का संकल्प लिया है, आप अपनी 'डिमांड' बताइए।"

लड़के के पिता वाक़ई अपनी डिमांड बताते। कोई कहता—"मेरी माँग नहीं है, बस लड़की सुन्दर हो और बरात की ख़ातिरदारी बढ़िया हो।" पर बाद में वह एक काग़ज़ पकड़ाता—"मुझको कुछ नहीं चाहिए भाई साहब! हाँ, लड़के-लड़की के

सामान की ये लिस्ट है।" उस पुर्ज़े में स्कूटर, टीवी (रंगीन), फ्रिज, वाशिंग मशीन, सोफ़ासेट, डबल बेड, डिनर सेट जैसे सामानों के साथ लड़की के लिए दो सेट गहनों की फ़रमाइश होती। सबसे आख़िरी में लिखा रहता—"कैश...। बारात की ख़ातिरदारी, नाच-बाजा-तमाशा सब जोड़ने के बाद सकल ख़र्च एक लाख से ऊपर पहुँच जाता था और अवध नारायण फ़ोटो वापस लेकर दूसरा दरवाज़ा खटखटाते थे। इस परिश्रमपूर्ण प्रक्रिया से गुज़रकर अवध नारायण इतने प्रवीण हो गए थे कि वह लिफ़ाफ़ा देखकर मज़मून भाँप लेने में सक्षम हो चुके थे। वर पक्ष का 'मूड' भाँप लेने में अब उनको वक़्त नहीं लगता था। वर के द्वार पहुँचने पर यदि चाय मिलती या न मिलती तो वह विवाह की सम्भावनाओं का अनुमान लगा लेते थे। दो-चार बार की मुलाक़ातों के बाद चाय के साथ पकौड़ियाँ-समोसा मिलता तो वह गहरी उम्मीद से भर जाते थे लेकिन फिर भी उनके दिल में धुकधुकी चलती रहती थी और अन्ततः वही होता था जिसका उन्हें ख़तरा लगता था—शादी तय नहीं हो पाती थी।

अवध नारायण मन मारकर कमतर नौकरी और कमतर आर्थिक पृष्ठभूमि के लड़के से भी नूपुर की शादी कर देने का मन बनाने लगे थे। पर उसी बीच 'कथा साहित्य में सुखद नाटकीय प्रसंग' की भाँति देवदत्त 'तेंदुलकर' प्रकट हुआ था।

अवध नारायण इलाहाबाद से लड़का देखकर लौटे थे। हमेशा की तरह अबकी भी नूपुर की माँ उनका चेहरा देखकर समझ गईं कि बात नहीं बनी। फिर भी जानकारी कर लेना उनको मुनासिब लगा। पूर्वपीठिका के रूप में वह एक पानी भरा गिलास और उस गिलास पर दो बिस्कुटों से सम्पन्न प्लेट रखकर पति के पास आईं—

"पानी पी लो।" वार्ता शुरू हुई।

"क्या पीऊँ क्या खाऊँ।" अवध नारायण ने कहा और दोनों बिस्कुट खाकर सारा पानी पी लिया। दरवाज़े की ओट में कान लगाकर सुन रही नूपुर चौकन्नी हो गई।

"क्या कहा उन लोगों ने?" माँ ने जानना चाहा।

"भिखमंगे हैं साले, वही भुक्खड़ों वाली बात।"

"क्या इनकार कर दिया?"

"हाँ, हरामी हैं साले।"

दीवार की ओट में सुनते-सुनते नूपुर को रोना आ गया जिससे उसकी नाक लाल होने लगी। वह कमरे में आकर बिफर पड़ी—"मुझको नहीं करनी है शादी-फादी।" वह इतना तेज़ चीख़ी और रोई थी कि घबड़ाकर ऊपर की मंज़िल से

चाचा-चाची नीचे आ गए थे और उसकी पीठ पर थपकी दे-देकर चुप कराने लगे थे—"चुप हो जा...चुप हो जा....।" वह चुप हो गई लेकिन उसके भीतर की घुटन, यातना और नाराज़गी ख़त्म नहीं हो रही थी। इन चीज़ों को किसी से साझा करने का उसका मन हो रहा था। आख़िरकार वह अपनी एक सहेली से संवाद करने पीसीओ गई जहाँ फ़ोन की दर कम होने के इन्तज़ार में लोगों की भीड़ लगी थी। क्योंकि फ़ोन की दर आठ बजे से कम होती थी जिसमें अभी दस मिनट बचे थे। नूपुर अपनी बारी आने के इन्तज़ार में खड़ी हो गई। वह भीड़ से थोड़ा हटकर एक बिजली के खम्भे के नीचे खड़ी थी जिसमें बिजली नहीं जल रही थी। वहीं चलकर देवदत्त 'तेंदुलकर' आया था।

"मेरे पिताजी कितने बेकार आदमी हैं। आपके पापा को उन्होंने इलाहाबाद का लड़का बताया। वह बेवक़ूफ़ मेरे फूफा का लड़का है और एकदम बकवास है।"

"लड़का बकवास है और उसका पिता बदमाश।" इस बार नूपुर की नाक बिना रोये, क्रोध से लाल हो गई। हालाँकि यह रंग परिवर्तन खम्भे के अँधेरे के नीचे साफ़ नहीं दिख रहा था।

"सही कहा तुमने मेरे फूफा बदमाश हैं पर मेरे पिताजी भी कम नहीं। देखो न दहेज़ के कारण मेरी शादी नहीं हो पा रही है।"

इस बार नाक हँसी से लाल हुई—"दहेज़ के कारण लड़के की शादी नहीं हो पा रही है पहली बार सुन रही हूँ।"

"हाँ, सच है यह। मेरे पिताजी बड़ी मोटी रक़म माँग रहे हैं।"

"देने वाले भी मिलते होंगे।"

"पर मैं खेल बिगाड़ देता हूँ। मैं पिताजी की पसन्द से शादी नहीं करूँगा।"

"कोई लड़की है तुम्हारे मन में।"

"है न! मैं आठ वर्षों से उससे मूक प्रेम कर रहा हूँ।"

"कहते क्यों नहीं उससे।"

"डरता हूँ क्योंकि उसकी नाक पर ग़ुस्सा है और ग़ुस्सा उसकी नाक को लाल कर देता है।"

"हँसने से भी उसकी नाक लाल होती है और रोने से भी। तुम्हें पता है?"

"कैसे पता चले, मेरे सामने वह न कभी रोई न हँसी, सिर्फ़ ग़ुस्सा हुई।"

नूपुर हँस पड़ी थी। देवदत्त तेंदुलकर अँधेरे में उल्लू की तरह उसकी नाक देखने लगा था।

देवदत्त तेंदुलकर मराठी नहीं यूपी का भइया था। 'तेंदुलकर' उसकी जाति नहीं तख़ल्लुस था। तेंदुलकर इस प्रकार हुआ—वह विख्यात क्रिकेट खिलाड़ी सचिन तेंदुलकर का दीवाना था। स्कूल के दिनों में टीवी पर क्रिकेट मैच देखने के लिए पढ़ाई का नागा करने में अव्वल था। उसके घरवालों का कहना है कि यदि उसने रात-रात भर जगकर मैच देखने के बजाय मन लगाकर पढ़ा होता तो आयुर्वेद की जगह एलोपैथ का नामी डॉक्टर निश्चय ही बन सका होता। बहरहाल नियति को उसे आयुर्वेद का डॉक्टर बनाना मंज़ूर था अत: वह भेषज का पाठ्यक्रम पढ़ने गुरुकुल काँगड़ी चला गया था। वहाँ से उसने सचिन तेंदुलकर को कई पत्र भेजे थे जिनमें से एक पत्र में उसने लिखा था—"मेरे आयुर्वेद पढ़ने का सबसे बड़ा कारण यह है कि मैं ऐसी औषधि खोजकर आपको भेंट करना चाहता हूँ जिससे—(1) आपकी मांसपेशियों में कभी खिंचाव न हो, (2) आपकी उम्र का बढ़ना और बढ़ती उम्र से उत्पन्न शिथिलता आदि विकारों का पनपना हर सूरत में रुक जाए।" उसके पत्रों के अन्त में इस प्रकार के शब्द होते थे—'आपका सबसे बड़ा प्रशंसक' अथवा 'आपका उपासक' देवदत्त।

वह दिन देवदत्त के लिए ऐतिहासिक था जब हॉस्टल में डाकिया उसे एक लिफ़ाफ़ा दे गया जिसमें सचिन तेंदुलकर का एक पत्र उनके हस्ताक्षर के साथ था। वह पत्र दो पंक्तियों का था जिसमें सचिन ने उसके समस्त पत्रों का समवेत उत्तर देते हुए लिखा था—आप लोगों की शुभकामनाओं को मैं बहुत आदर देता हूँ। इन दिनों आप आयुर्वेद पढ़ रहे हैं इसमें मन लगाएँ। आपका भविष्य उज्ज्वल हो। —सचिन। यह पत्र पढ़कर देवदत्त इतना प्रसन्न हो गया था कि हॉस्टल के बरामदे में सरपट दौड़ लगाने लगा था। इसकी भनक पाकर अन्य विद्यार्थी अपने-अपने कमरे के दरवाज़े खोलकर बाहर आ गए और उससे उसकी झक्क की वजह पूछने लगे थे। उसने कुछ जवाब नहीं दिया, सिर्फ़ ऐंठकर वह पत्र उन दोस्तों को पढ़ाने लगा। बस वही दिन था सबने मिलकर उसे देवदत्त नहीं तेंदुलकर कहकर पुकारना शुरू कर दिया था, जिसका बाद में शिक्षकों तथा अन्य परिचितों ने भी भलीभाँति अनुकरण किया था।

देवदत्त सचिन तेंदुलकर का अनन्य प्रशंसक पहले ही था, सचिन का पत्र और तेंदुलकर की उपाधि पा जाने के बाद उस पर जैसे नशा छा गया था। यदि किसी मैच में सचिन खेल में कम रन बनाकर आउट हो जाता उस दिन देवदत्त खाना नहीं खाता था। एक बार जब सचिन 0 रन पर आउट हुआ तो देवदत्त ने दो दिनों

तक अन्न नहीं ग्रहण किया। यह महात्मा गांधी की उपवास प्रविधि का नया प्रयोग था। सचिन तेंदुलकर जब भी नब्बे से ऊपर और सौ के नीचे बग़ैर शतक बनाए आउट होता देवदत्त बिलख पड़ता था और रात्रि-भोजन में एक रोटी कम खाता था। अतीत गवाह है कि सचिन के प्रत्येक शतक पर देवदत्त की ख़ुराक बढ़ जाती थी।

पढ़ाई पूरी करने के बाद उसने आयुर्वेद का सरकारी डॉक्टर बनने के लिए दौड़धूप की थी और नाकामयाब होके सुल्तानपुर में ही क्लीनिक खोलकर बैठ गया था। उसने क्लीनिक पर जो नामपट्टिका लगाई थी उस पर भी देवदत्त तेंदुलकर लिखा हुआ था। देवदत्त तेंदुलकर बी.ए.एम.एस.। प्रचार-प्रसार के लिए उसने जो कुछेक पर्चे छपवाये थे उसमें लिखा—'पुराने एवं असाध्य रोगों के एकमात्र चिकित्सक—डॉ. देवदत्त तेंदुलकर (आयुर्वेद विशेषज्ञ)'। इस प्रकार वह डॉक्टर बन गया था किन्तु उसमें अंग्रेज़ी डॉक्टर न बनने की कसक बाक़ी थी। उसका हृदय तब अधिक कड़वा हो जाता था जब कोई रोगी उसको डॉक्टर साहब नहीं वैद जी या वैद्य महाराज कहकर पुकारता था। एक बुज़ुर्गवार ने कमाल ही कर डाला था। वह आकर बोले—"ये शफ़ाख़ाना नया खुला है?" क्लीनिक के पर्याय रूप में शफ़ाख़ाना, दवाख़ाना लफ़्ज़ उसे नहीं भाते थे। यह दीगर बात है कि रोगी प्राय: उसकी पसन्द-नापसन्द का ख़याल नहीं रखते थे। एक रोगी इतना गुस्ताख़ था कि उसने तेंदुलकर को 'कविराज वैद्य' कहकर सम्बोधित किया था। यदि पेशे का ईमान न होता तो तेंदुलकर निश्चय उसको संखिया देकर मौत की नींद सुला देता।

इसी संघर्ष, आत्मसंघर्ष के दौर में नूपुर से उसकी शादी हुई। उसका मानना था कि यही एक सन्दर्भ था जिसमें ईश्वर ने उसको उसकी अपेक्षाओं से अधिक सफल किया। उसने कभी नहीं सोचा था कि नूपुर उसके जीवन में आएगी। क्योंकि नूपुर को पसन्द करने और उसको प्यार करने के बावजूद वह एक हीनताग्रंथि का शिकार था। उसके सिर के पीछे एक गूमड़ निकला रहता था जिसकी वजह से वह कभी भरोसा नहीं कर पाता था कि कोई सुन्दर लड़की उसको पसन्द करेगी। उसकी यह आशंका विश्वास में बदल गई जब कई लड़की वाले उसको देखकर जाने के बाद पुन: वापस नहीं आए थे। सच यह भी है कि उसने पीसीओ के पास के खम्भे के नीचे झूठ बोला था कि उसकी शादी न होने का कारण पिता द्वारा तय रिश्तों का उसके द्वारा इनकार था। वस्तुत: उसकी शादी हो ही नहीं पा रही थी। अत: नूपुर से मामला बन जाने पर उसने ईश्वर के प्रति अपनी तल्ख़ी को समाप्त

कर लिया और नूपुर पर दिलोजान से बेपनाह न्योछावर हो गया था। शादी के बाद उसे जैसे नूपुर के शरीर का व्यसन हो गया था। पहली ही रात जब वह नूपुर के कपड़े उतार रहा था तो गुत्थम-गुत्था के बीच नूपुर के शृंगार से कोई एक मोती टूटकर कंधों से लुढ़कता हुआ उसकी नाभि के भँवर में आकर नाचने लगा था। तेंदुलकर ने विस्मृत होकर उस अभिनव नृत्य को देखा था। अगले दिन वह बाज़ार से पाँच सौ एक मोती लाया था जिन्हें नूपुर के शरीर पर लुढ़काकर उसने अपनी आँखें नूपुर के शरीर पर टिका दी थीं। नूपुर की त्वचा पर तमाम रंग-बिरंगे मोती थे जो धीरे-तेज़ ढुलककर बिस्तर पर गिर जाते थे। कुछ मोती उसके पेट पर, वक्षों पर, कटि पर टिक गए थे लेकिन वे भी नूपुर के साँस लेने-छोड़ने की प्रक्रिया में फिसलकर गिर जा रहे थे। तेंदुलकर बिस्तर से उन मोतियों को हथेली से उठाता और पुन: नूपुर की काया पर बिखेर दे रहा था।

अगले दिन रविवार को बाज़ार में साप्ताहिक बन्दी थी अत: वह रात को नूपुर की अलग-अलग रंगों की लिपस्टिक लेकर सक्रिय हुआ।

रात को नूपुर की त्वचा थरथराती हुई चमक रही थी। उस पर उसने एक लिपस्टिक से एक फूल बनाया और चूमा। थोड़ी ही देर में अलग-अलग रंगों से बने नूपुर के शरीर के उन पुष्पों को वह बदहवास चूमता जा रहा था। कुछ देर बाद उसने नूपुर को पेट के बल लिटा दिया था और उसकी पीठ, कमर, नितम्बों, जाँघों पर उसने पत्तियाँ, स्वस्तिक, ऊँ, होंठ, आँखें, शुभ बनाए और उन्मत्त होकर नूपुर के शरीर को उलटने-पुलटने लगा था।

एक दिन पायलें ले आया और एक दिन रेशम की लाल-नीली-पीली-हरी-बैगनी डोरियाँ लेकर आया। रात में नूपुर के मस्तक पर, बाँहों पर, गरदन पर, पेट पर, टखनों पर, कलाई पर उन्हें सजाकर प्यार करता रहा। एक रोज़ कुछ नहीं सूझा, नूपुर की देह को चूड़ियों से सजाया। स्थिति यह थी कि नूपुर की नग्न देह का किसी पदार्थ से तेंदुलकर शृंगार करता था और तब उसमें कामावेग का ऐसा ज्वालामुखी फटता था कि वह सँभाले नहीं सँभलता था।

नूपुर संसार की उन चुनिन्दा स्त्रियों में थी जो अपने पति के मस्तिष्क और दृश्य में लगातार एक रहस्य की तरह बनी रहती है। जिनका शरीर सुन्दरता और भेद का ऐसा कथासरित्सागर होता है जिसमें प्रसाधन की कोई कथा पूरी होने के पूर्व नई कथा की सृष्टि कर देती है।

“कैसी चल रही है डॉ. तेंदुलकर की प्रैक्टिस?” सूर्यकान्त बहन से मुख़ातिब था।

“भैया आपसे क्या छिपाना, दाल-रोटी चल रही है।” उन्होंने क्लीनिक में ही एक फ़ोटोस्टेट की मशीन लगा ली है, उसकी भी कमाई है लेकिन जिसे कहते हैं तक़दीर का चमकना वह अभी नहीं हो पा रहा है।”

“क्यों?”

“मरीज़ ज़्यादा नहीं मिलते हैं। आयुर्वेद और होमियोपैथी के डॉक्टर के पास वे लोग आते हैं जो ग़रीब होते हैं जिनसे पैसा नहीं मिलता है। ठीक माली हैसियत के लोग तब आते हैं जब उनको एलोपैथी वाले जवाब दे चुकते हैं यानी उनका मर्ज़ बिगड़कर लाइलाज हो जाता है। ऐसे रोगियों से यश नहीं मिलता है।”

“फिर रास्ता कैसे निकलेगा?”

“कुछ कोशिश कर रहे हैं वह।” नूपुर कहते हुए हल्का-हल्का मुस्करा रही थी जैसे इस बात में कोई रहस्य है।

“क्या कोशिश?”

“अच्छा उन्हीं से पूछिएगा।”

कामना आ गई ट्रे लेकर। चार कप थे और एक केतली थी।

सूर्यकान्त ने चुहल की—“कामना, तुम्हारी तरह मैं भी बता सकता हूँ इस केतली के भीतर क्या है?”

कामना हँसी—“अरे, वाह भाई साहब, इसे तो मैं भी नहीं बता पाती।”

सभी को हँसी आ गई। सभी के बीच कामना केतली से कपों में चाय ढाल रही थी। उसने कप सूर्यकान्त को पकड़ाया—“भाई साहब, इन्हें भी लखनऊ की तरफ़ खींचिए।”

“जी भैया, मेरा बड़ा मन है सुल्तानपुर से निकलने का।” शिब्बू बोला।

“यहाँ क्या कमी है?”

“ये भी रहने की कोई जगह है? सबसे बड़ी बात यहाँ आगे बढ़ने का कोई चांस नहीं है।”

“ये तो है। गाँव वालों को लगता है शहर चलो, शहर वाले को बड़े शहर में चांस दिखता है। बड़े शहर वाला बहुत बड़े शहर का इरादा रखता है और बहुत

बड़े शहर वाला विदेश में बसना चाहता है। यही दस्तूर है आज का—कोई अपनी जगह पर नहीं टिकना चाहता।"

"भैया सीधी बात कहता हूँ।" शिब्बू ने चाय की चुस्की ली—"मुझे एक दिन अमीर आदमी बनना है चाहे जैसे।"

सूर्यकान्त उसे संयत करने के इरादे से बोला—"क्या करोगे इतना पैसा?"

"और ज़्यादा कमाने के लिए इनवेस्टमेंट करूँगा।"

"तब तो वह और बढ़ जाएगा फिर क्या करोगे?" सूर्यकान्त आनन्द लेने लगा।

"उससे और कमाऊँगा।"

"सब ख़ुद ही रख लोगे या अपनी दीदी को भी कुछ दोगे।" नूपुर ने चिढ़ाया।

"दीदी को क्या कमी रहेगी, जीजा जी का तीर बस निशाने पर लगने की देर है, धन की वर्षा होने लगेगी उन पर।"

मच्छरदानी के अन्दर दादी के पास लेटी बिटिया के ज़ोर से रोने की आवाज़ आई। कामना चाय का अपना कप रखकर दादी की चारपाई की तरफ़ चल पड़ी।

दादी रात को आकर मच्छरदानी में घुस गईं और सोने का प्रयास करने लगी थीं। बुढ़ापा आ जाने के बाद उनकी दिनचर्या रात्रिचर्या परिवर्तित हो गई थी। अब उनके पास करने को ज़्यादा काम नहीं रहते थे। कामना के आ जाने के बाद वह और अधिक ख़ाली रहने लगी थीं। इसलिए प्राय: लेटी रहती थीं और सो जाती थीं। थोड़ी देर के लिए जागतीं फिर लेटे-लेटे सो जातीं। कह सकते हैं कि दिन भर नींद और जागरण का चक्र चलता रहता था। कब आँखें झपक जाती थीं कब खुल जाती थीं कुछ तय नहीं रहता था। अत: रात में उन्हें वक़्त पर नींद नहीं आती थी। वह आँखें मूँदे पड़ी रहती थीं। ये करवट वो करवट बदलती रहती थीं और अकसर रात बीतने, सुबह होने का इन्तज़ार करती थीं। रात में वह पेशाब करने, पानी पीने उठतीं तो थाह लेतीं भोर कितनी देर बाद होगी?

दिन में उन्हें प्राय: सोता हुआ पाया जाने पर पूछा गया था—

"जब देखो तब सोई रहती हो अम्मा?"

"क्या करूँ?" जवाब था।

"क्या करूँ मतलब?"

"लेटे-लेटे आँख लग ही जाती है।"

घर में फिर एक अभियान चला उन्हें टीवी दिखाने का। उन्हें बैठाया जाने लगा

टीवी के सामने। लेकिन पिछली बार से इस बार के बीच ज़ाहिर है उनकी अवस्था बढ़ गई थी और अन्य अंगों की भाँति उनके मस्तिष्क में भी कोशिकाएँ क्षरित हुई थीं और क्षीण हुई थीं। नतीजतन अब उन्हें असल ज़िन्दगी में भी चेहरे, आकृतियाँ याद तो रहते किन्तु उनसे जुड़ी बातें, कथाएँ, घटनाएँ, संवाद आदि वह बड़ी जल्दी भूल जाती थीं। अत: जब उनको धारावाहिक दर्शन हेतु बैठाया जाता तो वह दूसरे लोगों का देखना हराम कर देतीं। कहतीं—

"इसको हमने कल देखा है।"

"कल कैसे आया होगा ये तो आज का एपिसोड है।"

"न्न, कैसे मान लूँ। मैंने ख़ुद देखा था, यही आदमी, यही औरत ऐसे बात कर रहे थे।"

अब उनसे कौन झगड़ा करे, सब चुप होकर टीवी देखने लगते थे और वह वहाँ से चली आती थीं—कभी सोने, कभी जागने। कालान्तर में घरवालों ने ग़ैर धारावाहिक मनोरंजक कार्यक्रमों से उनका मन बहलाने, उन्हें व्यस्त रखने, जगाए रखने का जतन किया किन्तु ऐसे मनोरंजक कार्यक्रमों को देखकर वह गाली बकने लगी थीं—"ये गँड़खुल्ली है रे!" कभी कहतीं—"भाग गँड़खुल्ली।" डांस का कोई 'महाप्रोग्राम' आने वाला था, सारा परिवार दादी को बिठाकर इस यक़ीन के साथ वहाँ था कि आज दादी का मनोरंजन होकर रहेगा। उन्होंने टिप्पणी की—"ये नाच है कि सरकस हो रहा है।" फिर बोलीं—"कसरत कर रही है गँड़खुल्ली।" और—"हरामी दंड पेल रहा है।" कहकर वह हँसने लगीं जैसे कोई लतीफ़ा सुन लिया हो।

अन्तत: वह टीवी से विरत होकर दिन भर सोने-जागने के काम को अंजाम देती थीं और रात में सबके सो जाने पर आँखें खोलकर बीते हुए जीवन को याद करती थीं। उनकी स्मृति की क्षीणता का अन्दाज़ा इससे लगाया जा सकता है कि वह जब बीते हुए जीवन को याद करती थीं तो उसे तुरन्त भूल जाती थीं और पुन: याद करने लगती थीं। जैसे उन्होंने अपने दोनों बेटों अवध नारायण और चाचा के स्वभाव की भिन्नता और एकता रेखांकित करने वाली कोई घटना को याद किया। कुछ देर बाद वह उसी घटना को इस प्रकार सोचतीं जैसे वो बहुत दिनों बाद उनके मन में उभर आई हो।

आज वह सोने के लिए मच्छरदानी के भीतर घुसीं तो याद कर रही थीं कि अवध नारायण किस कारण से इतना ग़ुस्सा हुआ था कि सूर्यकान्त को घर से निकाल दिया था। लेट जाने पर उन्होंने अपना बेना इधर-उधर टटोलकर ढूँढ़ा और